LES MARTYRS

DE LA RÉVOLUTION

DANS LE DIOCÈSE DE SÉEZ

TOME TROISIÈME

LES MARTYRS
DE LA RÉVOLUTION

DANS LE DIOCÈSE DE SÉEZ

PAR M. L'ABBÉ J.-B.-N. BLIN

CURÉ DE DURCET

TOME TROISIÈME
Les Martyrs sous le Directoire

BAR-LE-DUC. — TYPOGRAPHIE DES CÉLESTINS
36, RUE DE LA BANQUE, 36

PARIS. — BLOUD ET BARRAL, LIBRAIRES
30, RUE CASSETTE, 30

1876

LES MARTYRS DE LA RÉVOLUTION

DANS LE DIOCÈSE DE SÉEZ

LIVRE TROISIÈME

LES MARTYRS DU DIOCÈSE DE SÉEZ

sous le Directoire

(du 25 octobre 1795 au 8 novembre 1799)

Nous suivrons dans ce troisième livre à peu près le même ordre que dans le second. Soutenu par la grâce de Dieu, que nous implorons humblement, nous rapporterons en abrégé les souffrances de nos martyrs sous ces titres :

CHAPITRE PREMIER. Prêtres morts en exil ;

CHAPITRE II. Prêtres morts dans les prisons de la république ;

CHAPITRE III. Prêtres victimes de la déportation à la Guyane ;

CHAPITRE IV. Prêtres victimes de la déportation aux îles de Ré et d'Oléron ;

CHAPITRE V. Prêtres condamnés à mort ;

CHAPITRE VI. Prêtres et laïques fusillés par les colonnes mobiles ;

CHAPITRE VII. Prêtres et laïques morts de misère, ou victimes des mauvais traitements des persécuteurs.

Puissent ceux qui liront ces pages s'animer par l'exemple de nos martyrs à surmonter tous les obstacles qui s'opposent à leur salut, et par ce moyen fuir les supplices éternels mille fois plus à craindre que les supplices passagers de ce monde ! Car, ici-bas, on ne souffre que pendant quelques instants de l'exil, de la prison, de la faim, du froid, de la maladie, des blessures faites par les balles des persécuteurs ou par le tranchant de la guillotine. Mais l'exil auquel sont condamnés les réprouvés dans l'enfer, est éternel, la faim et la soif qu'ils endurent dans cette horrible prison, sont éternelles, les tourments que leur causent les feux préparés au démon et à ses anges, sont éternels. Oh! malheur, malheur à ceux qui se rendent les esclaves de Satan, et qui méritent d'être abandonnés à ce cruel tyran pour l'éternité ! Voilà, en réalité, le seul supplice à craindre. Les autres ne sont rien en comparaison de celui-là. Cherchons donc avant tout le royaume de Dieu. Soyons fidèles à notre bon Maître jusqu'à la mort, et il nous donnera, comme aux martyrs, la couronne de vie.

CHAPITRE PREMIER.

PRÊTRES MORTS EN EXIL.

Voici les noms de quelques-uns de ces confesseurs de la foi.

MM. André-Martin David, curé de Saint-Pierre de Séez;
Pierre-Jacques-François Dufriche des Genettes, curé de Fleurey;
Noël-Joseph Boulard, curé de Saint-Fulgent-des-Ormes;
Jacques-Julien Onfrai, chapelain des Genettes;
Gilles Gosselin, curé de Barges;
Michel-Jean-François Gourdel, curé de Bazoches-en-Houlme;
Henri-Louis Gérard, curé de Méheudin;
De Thiboult, curé de Sainte-Céronne;
Jean-Baptiste Moissy, capucin, de Saint-Pierre-du-Regard.

I.

M. André-Martin David, né dans le diocèse d'Evreux, était curé de Saint-Pierre de Séez, lorsqu'on publia le décret de la Constitution civile du clergé. Ses vertus douces et aimables lui avaient gagné l'affection de ses paroissiens; mais, quelque bonheur qu'il goûtât au milieu d'eux, il aima mieux y renoncer que de faire le sacrifice de sa conscience, en prêtant le serment constitutionnel. Dès lors plusieurs personnes de sa paroisse, égarées par l'esprit révolutionnaire, ne virent dans ce bon pasteur qu'un ennemi du peuple. Le zèle qu'il mettait à prémunir les fidèles contre les mauvaises doctrines, acheva de le signaler aux persécuteurs comme un adversaire dangereux. Néanmoins, grâce au petit nombre de prêtres, dont disposait l'évêque intrus, M. David put rester à la tête de sa paroisse plusieurs mois après l'installation du clergé constitutionnel à la cathédrale.

Le 6 juillet 1791, un membre du *Club des amis de la constitution*, établi à Séez, proposa au conseil municipal, réuni en séance publique, de fermer les églises paroissiales de Saint-Pierre, de Notre-Dame-la-Place et de Saint-Ouen, et d'en faire remettre les clefs à la municipalité, afin d'en interdire l'entrée aux prêtres non assermentés. « Vainement », dit M. l'abbé Hector Marais (1), « la municipalité représenta l'illégalité de cette suppression; des clameurs séditieuses couvrirent les réclamations, et force fut aux officiers municipaux de céder à la violence pour éviter des rixes et des troubles dangereux. Il fallut, à près de neuf heures du soir, qu'ils se transportassent sur-le-champ précédés du tambour et accompagnés de tous les membres de l'assemblée dans chacune des églises paroissiales. Les officiers muni-

---

(1) *Recherches pour servir à l'histoire de l'Eglise de Séez pendant la Révolution*, publiées dans la *Semaine catholique du diocèse de Soissons*, 3ᵉ année, page 489.

cipaux se saisirent des clefs qu'ils déposèrent à la maison commune. Deux jours après, Lefessier, accompagné de son premier vicaire, venait au conseil réclamer les registres de baptêmes, mariages, etc., ainsi que les clefs de l'église Saint-Pierre, et faisait changer les gardes des serrures de la sacristie, de peur que toutes les clefs n'eussent pas été remises ».

Un arrêté du Directoire de l'Orne, publié le 10 juillet 1791, vint déranger un peu les plans de l'évêque intrus et des *Amis de la constitution,* en ordonnant de laisser ouvertes les églises de Saint-Pierre, de Notre-Dame-de-la-Place et de Saint-Ouen. M. David put continuer de dire la messe dans son église; mais l'évêque constitutionnel envoya un prêtre assermenté pour y remplir les fonctions publiques.

Bientôt la persécution dirigée contre M. David prit un caractère plus alarmant. Comme il disait la messe le dimanche après l'office de l'intrus, les fidèles évitaient d'assister à cet office, et venaient en foule entendre la messe de leur légitime pasteur. Le curé constitutionnel, Dom Alix, lui signifia, au nom de l'évêque de l'Orne, la défense de célébrer ainsi, « pour éviter », disait-il, « un schisme formel, et ne pas priver les paroissiens des instructions qu'on leur faisait pendant la grand'messe; il ne s'opposait pas d'ailleurs à ce que M. David célébrât, s'il le voulait, les portes de l'église fermées ». M. David lui répondit « qu'il ne reconnaissait point l'autorité de l'évêque de l'Orne et qu'il attendrait qu'une défense lui fût notifiée légalement ».

Cinq mois s'étaient à peine écoulés que le procureur de la commune, excité par le *Club des amis de la constitution,* venait au conseil municipal calomnier d'une manière indigne les intentions du bon pasteur et entreprendre contre lui une nouvelle guerre. Le 3 janvier 1792, il parla ainsi au conseil municipal (1) :

---

(1) *Registre des délibérations de la municipalité de Séez.*

« Messieurs, le fanatisme se ménage l'occasion de mettre à profit les poignards qu'il a aiguisés. Depuis longtemps ses manœuvres sont combinées, ses moyens préparés. Il ne lui manque plus que l'occasion : c'est le trouble. Depuis longtemps on cherchait à le susciter dans cette ville, et vous en serez convaincus, lorsque vous apprendrez que des prêtres non assermentés affectent depuis quelque temps de se rendre à l'église succursale de Saint-Pierre, avec un grand nombre d'hommes et de femmes, qui se présentent à l'entrée de la principale porte, au moment où les citoyens sortent de la grand'messe. Les premiers réunis se pressent, cherchent à fendre la foule des citoyens sortants. Ils menacent, troublent ainsi l'exercice du culte salarié par la nation... Vous le savez, nous devons avoir les yeux toujours ouverts sur les intrigues du fanatisme religieux, craindre que la plus petite étincelle ne cause le plus grand embrasement, et, si tout vrai citoyen doit se contenter de suivre avec tranquillité le culte de son choix, sans faire violence à personne sur le choix du sien, si l'honnête homme doit s'en tenir à suivre simplement l'impulsion de sa conscience, au moins il ne doit pas avoir à craindre d'être troublé, soit à l'entrée, soit à la sortie du temple destiné à l'exercice du culte... C'est pourquoi nous nous bornons à vous prier de prendre seulement les précautions de sûreté et de surveillance, en faisant défense à tous prêtres non assermentés de célébrer leurs messes dans les églises de cette ville, soit pendant l'instant de l'office des prêtres constitutionnels, soit à l'issue de leurs offices, en leur laissant la liberté de célébrer avant ou après, mais toujours avec une demi-heure d'intervalle. Nous requérons aussi que vous preniez en considération que notre ville n'est pas assez riche pour fournir à toutes les dépenses de vin ou autres qu'exige la sacristie ; qu'il ne soit rien fourni aux prêtres non assermentés, et qu'ils soient réduits à la simple liberté de célébrer leurs messes dans les églises paroissiales, succursales, ou oratoires, aux termes du décret du 7 mai ».

La municipalité prit un arrêté conforme à ces conclusions et le fit publier à son de tambour. M. David et M. Crosnier, curé de la Place, présentèrent une requête au Directoire d'Alençon, afin d'obtenir les objets nécessaires pour dire la messe. Leurs plaintes ne furent point écoutées.

Des troubles, provoqués par les chefs du club, ayant éclaté dans la ville de Séez, le 29 mars 1792, plusieurs personnes honorables, connues pour leur attachement à la religion catholique, furent promenées sur des ânes, au milieu des applaudissements des révolutionnaires, soumises à d'ignobles traitements, et menacées de mort par les partisans insensés de la nouvelle Constitution.

Hommey, procureur de la commune, saisit cette occasion pour attaquer de nouveau M. David et les ecclésiastiques, nés à Séez, qui étaient venus en grand nombre se réfugier dans leurs familles.

« Messieurs, dit-il aux conseillers municipaux (1), depuis longtemps une horde de prêtres infecte cette ville du poison de leur fanatisme. Leur nombre augmentant de jour en jour, vous aviez cru, dès il y a longtemps, devoir prendre un arrêté qui vous mît à portée d'en connaître le nombre. Inquiets des progrès de cette multitude d'étrangers en habit sacerdotal et séculier, de leur grand nombre, vous arrêtâtes que tous les loueurs de chambres garnies et autres logeurs viendraient dans le jour passer leur déclaration des nombres et qualités des étrangers qu'ils logeraient chez eux. Mais soit affectation, soit complot, soit tout autre motif, beaucoup de personnes qui retirent chez elles un grand nombre d'étrangers ont cru devoir se dispenser de se conformer à cet arrêté. Ces personnes, celles qu'elles retirent chez elles, d'autres particuliers connus depuis longtemps comme ennemis de la Constitution, se réunissent dans des lieux et à des heures convenues, y célèbrent, dit-on, des offices, et administrent le saint viatique, causent par ces assemblements clandestins des inquiétudes, qui doivent d'autant plus alarmer le peuple, que leur conduite privée paraît n'avoir d'autre but que d'exciter des troubles, en mettant à la plus rude épreuve la patience d'un peuple qu'ils insultent journellement.

Cette agitation fébrile, entretenue avec soin par ceux-là

---

(1) *Registre des délibérations de la municipalité de Séez.*

mêmes qui s'en plaignaient le plus en apparence, effraya à tel point les honnêtes gens dans la ville de Séez, que beaucoup de prêtres, n'y trouvant plus d'asile, résolurent dès lors de la quitter. C'était là le but que voulaient atteindre les intrus et les chefs du club. Au nombre des ecclésiastiques qui demandèrent des passeports, on compte M. David, M. Dufriche des Genettes, curé de Fleurey, M. l'abbé Aubry, curé de Neuville, et M. l'abbé Saffray, chapelain de l'hospice. Lorsqu'au mois de juin on dressa l'état des biens des émigrés situés sur la commune de Séez, on constata le départ de ces fidèles serviteurs de Jésus-Christ.

M. David se retira d'abord en Angleterre, puis en Allemagne, où il fut rejoint par M. Crosnier, curé de la Place. La présence de ce vertueux ecclésiastique fut pour lui un grand sujet de consolation au milieu des peines et des privations de l'exil. Il apprécia surtout le cœur de ce fidèle ami pendant une maladie, qu'il fit en 1795, et qui le conduisit lentement au tombeau. Non content de lui donner les secours de la religion, M. Crosnier l'assista jusqu'à ses derniers moments avec toute la tendresse d'un frère, et ce fut lui qui, après avoir reçu son dernier soupir, ferma les yeux à ce vénérable confesseur de la foi (1).

II.

M. Pierre-Jacques-François Dufriche des Genettes, qui l'avait accompagné dans l'exil, le suivit de près dans la patrie céleste. Né à Séez, vers 1730, il avait été promu au sacerdoce en 1757 et nommé curé de Fleurey, en 1761. Il donna dans cette paroisse l'exemple de toutes les vertus. Simple et modeste dans ses habits, dans ses meubles et dans sa table, il ne croyait jamais se priver assez, afin de mieux soulager les pauvres. Sa piété le portait à rechercher

---

(1) Lettre de M. l'abbé Ragot, ancien curé de Notre-Dame-de-la-Place, à Séez.

la solitude et à fuir les visites inutiles. Il consacrait tout le temps dont il pouvait disposer, à la prière, à l'étude et aux bonnes œuvres. Après avoir édifié son troupeau par son extrême régularité, avec quel zèle ne travaillait-il point à son instruction ? Il était véritablement du nombre de ces bons pasteurs, à qui le divin Maître adresse ces paroles : « Vous êtes le sel de la terre, vous êtes la lumière du monde ».

Son zèle parut surtout avec éclat, lorsque l'impiété révolutionnaire ayant résolu d'imposer le serment constitutionnel à tous les prêtres employés dans le ministère, Lepelletier-Ducoudray, procureur-syndic du département de l'Orne, publia un *réquisitoire*, rempli de faits inexacts et de fausses citations, par lequel il cherchait à égarer l'esprit public et à soulever les populations contre les prêtres fidèles à l'Eglise. Animé d'une sainte ardeur pour la défense de la foi, M. Dufriche entreprit la réfutation de ces sophismes méprisables pour les gens instruits, mais dangereux pour le peuple. Il publia un écrit où la plaisanterie la plus fine s'alliait à l'érudition pour couvrir de ridicule les prétentions de Lepelletier à la théologie. Nous croirions manquer à la mémoire du confesseur de la foi, si nous ne reproduisions ici cette belle défense de la foi catholique (1).

Lettre d'un curé du diocèse de Séez, à M. le Procureur-général du département de l'Orne, sur son réquisitoire du sept janvier mil sept cent quatre-vingt-onze.

Monsieur,

« Je suis bien fâché d'être obligé de vous dire, pour la défense de la foi catholique, que le réquisitoire que vous avez joint à l'envoi du décret de l'Assemblée nationale, du 27 novembre dernier, contient plusieurs faits inexacts et plusieurs citations fausses, dans

(1) Cet ouvrage, introuvable partout ailleurs, est conservé dans la riche bibliothèque de M. Léon de la Sicotière, sénateur.

lesquels votre religion a été surprise. 1° Vous avancez que ce fut le concile de Constantinople, qui, en 869, dépouilla le peuple du droit de choisir ses évêques, pour le donner au clergé. Ce fait est absolument inexact.

« Voici les paroles de ce concile, can. 22 : « Le saint et universel « synode définit et statue, conformément aux anciens conciles, « que les promotions et consécrations des évêques doivent être « faites par l'élection et le décret du collége des évêques (1) ».

« Or, si ce statut est conforme aux décrets des anciens conciles, *concordans prioribus conciliis*, comment pouvez-vous dire que c'est ce concile qui a dépouillé le peuple du droit de choisir ses évêques ?

« Si nous consultons les anciens conciles, nous voyons le premier concile de Nicée, en 325, qui s'exprime ainsi dans le canon 4 : « Il convient certainement qu'un évêque soit ordonné par tous les « évêques qui sont dans la province. Mais si cela est difficile, ou « par rapport à la nécessité pressante, ou par rapport à la longueur « du chemin, que l'ordination se fasse cependant alors par trois « évêques qui s'assembleront pour cet effet et qui seront d'accord « en tout, après avoir pris aussi de la même manière l'avis et le « consentement par écrit des évêques absents ; et que la confirma- « tion de ce qui sera fait, soit donnée par chaque province à l'évêque « métropolitain (2) ».

« Le second concile général de Nicée, en l'an 787, dit dans le canon 3 : « Que toute élection d'évêque, de prêtre ou de diacre « faite par les princes, est nulle, et qu'il faut que celui qu'on doit « élever à l'épiscopat soit choisi par les évêques, selon le décret « des saints Pères de Nicée, canon quatrième (3) ».

---

(1) *Promotiones atque consecrationes episcoporum, concordans prioribus Conciliis, electione ac decreto episcoporum collegii fieri, sancta hæc et universalis synodus definit et statuit.* Can. 22.

(2) *Episcopum convenit maxime quidem ab omnibus qui sunt in provincia episcopis ordinari. Si autem hoc difficile fuerit, aut propter instantem necessitatem, aut propter itineris longitudinem, tribus tamen omnimodis in idipsum convenientibus, celebretur ordinatio ; firmitas autem eorum quæ gerantur, per unamquamque provinciam metropolitano tribuatur, episcopo.* Conc. Nicænum, can. 4.

(3) *Omnis electio a principibus facta episcopi aut presbyteri, aut diaconi, irrita maneat ex canone dicente : Si quis episcopus, magistratibus sæculari-*

« Il cite même, à son appui, un ancien canon, qui est le trente-unième des canons apostoliques.

« Vous voyez, Monsieur, par ces anciens canons, que le concile de Constantinople n'a point dépouillé le peuple du droit de choisir ses évêques. Ce droit, dans l'ancienne discipline de l'Eglise, appartenait aux évêques de la province.

« Il est vrai qu'on faisait ce choix en présence du peuple fidèle, et qu'on demandait son suffrage et son témoignage, pour être certain de la probité de celui qu'on voulait élire ; mais l'autorité principale pour l'élection résidait dans les évêques de la province, qui en étaient seuls juges.

« Il est vrai encore que les princes s'arrogeaient quelquefois à eux seuls le droit de choisir les évêques, et c'est pour réformer cet abus que le second concile de Nicée et le concile de Constantinople avaient rédigé les canons que je viens de rapporter. Ainsi ce n'était pas au peuple, mais aux princes que le concile de Constantinople était censé avoir ôté le droit, qu'ils s'étaient arrogé, de choisir les évêques. Ce qui se prouve encore par la condamnation que ce concile porta contre le faux patriarche Photius, qui était un intrus, et qui avait été nommé contre les canons, par l'autorité de l'empereur, et non pas par le peuple.

« 2° Vous avancez hardiment que le règlement arrêté par le concile œcuménique de Nicée est le même que celui que prescrit la Constitution civile du clergé. Mais jugez vous-même de la parité.

« Le second concile de Nicée, en interprétant le premier, veut que celui qu'on doit élever à l'épiscopat, soit non-seulement sacré, mais choisi par les évêques : *Ab episcopis eligatur* ; et la Constitution porte art. 3 du titre 2 : « Que l'élection des évêques se fera dans la forme
« prescrite et par le corps électoral, indiquée par le décret du 22 décembre 1789, pour la nomination des membres de l'assemblée du
« département ».

« Or, dans le corps électoral, non-seulement il n'y aura pas d'évêques, mais même il pourra se faire qu'il n'y ait aucun membre du clergé. Il peut être composé en partie de Juifs, de Luthé-

---

bus usus, per eos ecclesiam obtinuerit, deponatur et segregetur, et omnes qui cum eo communicant. Oportet enim ut, qui promovendus est ad episcopatum, ab episcopis eligatur, quemadmodum a sanctis Patribus, qui apud Nicæam convenerunt, definitum est. Canone quarto conc. Nic. secund., can. 3.

riens, de Calvinistes, d'Anabaptistes et de toutes sortes de sectaires. Pouvez-vous dire de bonne foi que ces électeurs ressemblent à ceux à qui le concile de Nicée attribue la nomination des évêques ?

« Et qu'on ne me dise pas que le premier concile de Nicée ne parle que de l'ordination qui doit être faite par trois évêques.

« Je réponds, en premier lieu, que le second concile de Nicée a interprété le premier, et a déclaré que non-seulement la consécration, mais encore l'élection, appartenait aux évêques.

« En second lieu, le vrai sens du concile s'explique par les termes mêmes du canon, qui font voir qu'il a entendu, par le mot *ordination*, non-seulement la consécration de l'évêque, mais aussi l'élection. Car il requiert le consentement par écrit des évêques absents. Or, ce consentement n'est pas nécessaire pour la consécration, il n'est donc requis que pour l'élection.

« 3° Pour appuyer de plus en plus la prétention de la nouvelle Constitution, vous vous servez de l'autorité de M. l'abbé Fleury, dans son *Institution au droit ecclésiastique*, chap. X.

« Cependant il dit tout le contraire. Voici ses propres paroles au commencement du chapitre :

« Nous voyons dans toute la suite de la tradition, que les évê-
« ques ont toujours été établis par d'autres évêques. Il est vrai que
« l'on appelait à cette action le clergé et le peuple de l'église va-
« cante, afin de ne pas leur donner un pasteur qui leur fût inconnu,
« ou désagréable ». Quelques lignes après : « C'est ce que témoi-
« gne saint Cyprien, quand il dit que les évêques voisins s'assem-
« blaient dans l'église vacante, et lui élisaient un évêque, en pré-
« sence du peuple, dont il était parfaitement connu ».

« Ainsi, selon M. l'abbé Fleury, dans la primitive Église, lorsque les évêques voisins, autrement de la province, s'assemblaient pour l'ordination d'un évêque, ils demandaient à la vérité l'approbation et le consentement du peuple ; mais c'était eux qui faisaient l'élection. Si donc on veut faire revivre la discipline de la primitive Église, qu'on rende aux évêques de chaque province le droit d'élire, à la mort de l'un d'entre eux, celui qui doit être leur collègue.

« 4° Vous citez encore à l'appui du nouveau règlement, le concordat entre François I et Léon X, auquel vous faites dire que, « si le
« Pape refusait sans raison des bulles à celui qui serait nommé par

« le roi, il pourrait se faire sacrer par le métropolitain, suivant « l'ancien usage ».

« J'ai vérifié par deux fois le texte du concordat dans le recueil de la Cambe, et je n'y ai pas trouvé un seul mot qui ait du rapport à cette phrase. Il paraît que vous avez été bien mal servi ; car, je ne pense pas que vous vous soyez donné la peine de le lire.

« Vous nous accusez d'être des théologiens de mauvaise foi ; vous devriez bien plutôt en accuser votre compilateur, qui vous a fourni impudemment de si faux mémoires.

« 5° Vous dites des injures aux évêques ; vous leur reprochez de manquer de pudeur et de refuser un conseil.

« Les évêques ont toujours eu un conseil, mais qu'ils ont choisi eux-mêmes. Aujourd'hui est-ce un conseil qu'on veut leur donner, ou plutôt n'est-ce pas un collége de juges indépendants et dont il faut qu'ils dépendent ?

« Vous leur reprochez de pieux mensonges ; mais comment caractériser ceux dont a voulu vous charger votre compilateur ?

« 6° Vous dites que le décret du 12 juillet reconnaît le Pape pour le chef visible de l'Eglise universelle. Oui, il le reconnaît par l'effet, à peu près comme les Ariens, qui frauduleusement reconnaissaient Jésus-Christ pour le fils de Dieu, mais qui lui ôtaient sa qualité par leurs explications hérétiques.

« 7° Vous qui êtes un enfant de l'Eglise catholique, vous n'avez point honte d'injurier les Souverains Pontifes et d'insulter à la collection des décrétales, qui fait partie du droit canonique.

« Mais, parce qu'il y a quelques décrétales, que des copistes, par erreur ou par un faux zèle, ont attribuées à des Papes d'une antiquité reculée, tandis qu'elles n'ont été données que par des Papes postérieurs, (car voilà en quoi gît toute la fausseté de ces décrétales), s'ensuit-il donc pour cela que toutes ces décrétales soient fausses, et qu'il n'y en ait point qui soient véritablement de l'auteur dont elles portent le nom ?

« Parce qu'il y a eu de faux évangiles, les chrétiens en ont-ils moins cru et révéré les quatre véritables ? Parce qu'il y a eu des livres apocryphes, qu'on a voulu insérer dans la Bible, en a-t-on moins reconnu l'authenticité des livres canoniques ? Parce que dans un Chartrier il se trouve des pièces fausses ou suspectes, s'ensuit-il qu'on doive rejeter tous les bons titres ? Voilà pourtant la manière d'argumenter des adversaires de l'Eglise qui cherchent à fasciner les yeux, et à tout confondre, pour le malheureux plaisir d'embrouiller la vérité.

« 8° Vous nous reprochez de donner pour un dogme, pour un article de foi, que sans le concours du Pape il ne peut y avoir d'évêque.

« Jamais nous n'avons professé une telle erreur. Nous savons que, selon l'ancienne discipline, les métropolitains donnaient la confirmation canonique aux évêques et la recevaient eux-mêmes du patriarche ou du Pape. Mais l'Eglise ayant changé cette discipline et ayant donné au Pape seul le droit de confirmer les évêques, il n'y a qu'elle qui puisse changer la discipline actuelle, et la puissance civile n'a aucune qualité pour rendre ce droit aux métropolitains.

« Mais vous, qui voulez jeter un ridicule sur cette confirmation canonique du Pape, quand vous nous parlez de lettres patentes dûment enregistrées, pour assigner à un évêque son territoire, pour exercer ses fonctions, croyez-vous que saint Remi, qui a baptisé Clovis, et les autres évêques des Gaules, ses contemporains, et leurs prédécesseurs, aient eu des lettres patentes pour travailler dans leurs territoires et y exercer leur ministère ?

« Vous en revenez toujours à un sophisme fastidieux, qui a été répété cent et cent fois, depuis la belle invention de son éloquent auteur, que le ministère des évêques est apostolique et par conséquent universel.

« Oui, le ministère des évêques est apostolique, en tant qu'il dérive des apôtres et qu'ils sont leurs successeurs. Mais cela n'empêche pas qu'ils ne doivent l'exercer que selon les saints canons. Or, les canons leur prescrivent de se borner dans les limites de leurs diocèses, sous peine de nullité de leurs actes, de la même manière qu'un juge qui ne peut exercer sa juridiction que dans son territoire.

« De peur de vous ennuyer, je ne vous citerai que le canon 13° du concile d'Antioche, tenu en 341, dont les canons ont été reçus de toute l'Eglise.

« *Nullus episcopus ex alia provincia audeat ad aliam transgredi, et ad promotionem ministerii aliquos in ecclesia ordinare. Nam, si nullo vocante, inordinato more, properet super aliquibus ordinationibus et ecclesiasticis negotiis ad eum non pertinentibus componendis, irrita quidem quæ ab eo geruntur, existunt, ipse vero incompositi sui et irrationabilis audaciæ subeat ultionem, ex hoc jam damnatus a sancto Concilio.*

« En voilà assez, je crois, Monsieur, pour vous faire connaître une partie des erreurs dans lesquelles vous êtes tombé. Il serait trop long de relever toutes celles dont est rempli votre réquisitoire. Il m'est même impossible de vous les attribuer, dans le fond de mon âme, vous ayant toujours connu pour un homme d'honneur et de probité. J'aime mieux croire que vous avez été indignement trompé.

Je suis bien respectueusement, Monsieur,

Votre très-humble et très-obéissant serviteur,

DUFRICHE, *curé de Fleurey.*

Fleurey, ce 19 janvier 1791.

P. S. Comme je ne crains point d'être repris de mensonge, et que, si j'ai des défauts, je n'ai jamais eu celui-là, j'ai signé hardiment cette lettre, que j'ai l'honneur de vous envoyer, et me résigne à tout événement, étant disposé à faire ma profession de foi devant tous les tribunaux où l'on voudrait me traduire (1).

Cette *Lettre* si éloquente et si noble réduisit au silence le malheureux procureur-syndic. Mais il se rencontra dans les rangs du clergé schismatique un prêtre assez dépourvu de pudeur pour prendre la défense de Pelletier. Ce ministre infidèle, qui se cachait sous le voile de l'anonyme, n'était autre que Fessier, alors curé de Bérus, dans le Maine. Dévoré d'ambition, il soutenait le *réquisitoire* de Pelletier, afin que celui-ci appuyât sa candidature à l'évêché de l'Orne.

Il reprochait à M. Dufriche des Genettes, de parler de la défense de *la foi catholique*, lorsqu'il ne s'agissait pas de *la foi*, dans la question soulevée par Monsieur le procureur général.

(1) Au bas de cette brochure, à la 12ᵉ page, on lit ces mots : « A Paris, de l'imprimerie de la Liberté ».

Il s'engagea à prouver que, si l'ordination d'un clerc, appelé à l'épiscopat, était le droit des évêques, l'*élection* était celui du peuple.

Enfin il soutenait que l'Eglise n'a point de *territoire* et que le territoire est au seul souverain (1).

M. Dufriche des Genettes ne laissa point passer de pareilles inepties sans les combattre. Il publia, le 4 mars 1791, une brochure intitulée : *Réponse de Monsieur le curé de Fleurey à la lettre d'un anonyme* (2). La beauté de cette pièce nous engage à la reproduire dans son entier comme un précieux monument de la controverse catholique dans ce diocèse.

RÉPONSE

DE MONSIEUR LE CURÉ DE FLEUREY A LA LETTRE D'UN ANONYME.

« Monsieur,

« Vous vous dites mon confrère. Je veux bien vous croire sur votre parole, mais, si vous êtes mon confrère, vous ne pouvez être qu'un jureur; car il paraît que nous ne sommes pas tous deux du même sentiment sur cet article.

« Mais quoi ! n'avez-vous point déjà quelque honte et quelque remords de votre serment? Car je ne vois pas qu'il y ait d'autre motif qui vous ait empêché d'honorer votre lettre de votre signature.

« Quoi qu'il en soit, vous me reprochez de parler de *la défense de la foi catholique, lorsqu'il ne s'agit pas de foi*. Voilà justement le langage des jureurs, et de ceux qui veulent nous obliger au serment.

« C'est ce qu'ils ne cessent de nous répéter depuis trois mois, tant de vive voix que par leurs écrits; notamment dans un petit dialogue, bon pour amuser des enfants, où on a affecté de faire

---

(1) Cette brochure est conservée dans la bibliothèque de M. Léon de la Sicotière, sénateur.

(2) On trouve cette *Réponse* dans la bibliothèque de M. Léon de la Sicotière ; dans celle de M. l'abbé Guillou, curé de Vieuxpont, et aux archives du Palais de Justice (dossier de Lacroix, curé intrus de Saint-Laurent).

paraître sur la scène un mauvais interlocuteur, dans la bouche duquel on met de faibles raisons, pour avoir l'avantage de le terrasser à son aise, et de le forcer à confesser sa défaite.

« Vous dites qu'il ne s'agit, dans la question que j'ai élevée contre le *réquisitoire* de Monsieur le procureur-général-syndic, que de faits inexacts et de fausses citations, et vous en concluez que cela ne regarde pas la foi.

« Mais si ces faits inexacts, si ces fausses citations sont présentées pour nous engager à prêter un serment contre la foi, pourrez-vous dire que cela ne regarde pas la foi ?

« La question maintenant se réduit donc à savoir si le serment, pour la prestation duquel le *réquisitoire* a été fait, est contre la foi catholique.

« Pour m'en assurer, vous me renvoyez à M. l'abbé Grégoire et à M. Lecoz. Quant au premier, je n'aime pas à prendre de leçons d'un *docteur de restrictions mentales*. Quant au second, je ne le crois pas docteur en théologie, et je craindrais, si je le surprenais dans quelques fausses citations, qu'il ne me répondît aussi qu'il n'est pas grand lecteur de canons. Je préfère donc m'en rapporter à l'*Exposition des principes sur la Constitution du clergé*, signée par trente évêques, et à laquelle tous les autres évêques de France ont adhéré, à l'exception de trois ou quatre.

« Or, j'y vois que la nouvelle Constitution du clergé attaque les droits spirituels de l'Eglise, non-seulement quant à la discipline, mais même quant aux dogmes de la foi; par exemple, dans le droit que la puissance civile s'arroge d'ôter et de donner la juridiction aux ministres de la religion, dans l'égalité qu'elle veut mettre entre l'évêque et les simples prêtres, dans la primauté de juridiction qu'elle refuse au Souverain Pontife, et qui a toujours été reconnue comme article de foi dans l'Eglise catholique.

« Si vous êtes mon confrère, vous avez dû apprendre dans votre théologie que les évêques ont été établis de Dieu pour nous conduire dans les matières de foi, que nous devons les écouter et leur être soumis, qu'ils sont les pasteurs et les docteurs que Dieu nous a donnés, afin que nous ne soyons pas tournés par tout vent de doctrine.

« Ne trouvez-vous donc pas bien digne d'attention l'autorité de presque tous les évêques de France, qui d'une voix unanime ont condamné la nouvelle Constitution du clergé? Il ne manque plus à sa condamnation que la sentence du Souverain Pontife. Lorsqu'il aura parlé, vous serez obligé de vous rétracter. Autrement, Monsieur l'anonyme, plus de confraternité; vous serez regardé comme un membre séparé de l'Eglise catholique.

« Vous me faites un crime de ce que je n'ai pas rapporté le canon 22 du concile de Constantinople dans son intégrité. Mais, Monsieur l'anonyme, vous êtes bien sévère. Etait-il nécessaire, je vous le demande, de rapporter l'intégrité du canon, puisque je convenais de la loi qu'il avait posée, et que je dis formellement que le concile avait rédigé ce canon pour réformer l'abus où étaient les princes, *qui s'arrogeaient* à eux seuls le droit de choisir les évêques?

« Toute la question est de savoir si le concile de Constantinople avait posé le premier cette loi.

« Or, je trouve le second concile de Nicée environ cent ans auparavant qui avait porté la même loi. J'ouvre les canons apostoliques, qui sont très-anciens, et j'y vois la même défense. Je consulte le premier concile de Nicée, et la pratique de la primitive Eglise; tous me disent que le droit d'élire les évêques, dans les premiers siècles, appartenait aux évêques de chaque province.

« Vous voyez, Monsieur l'anonyme, que je vous cite des autorités solides, et que je n'ai pas recours, comme vous, à la *Gazette de la cour du temps*; d'autant plus que je pense que ce temps-là n'était pas semblable au nôtre, où nous aurons bientôt des gazettes jusque dans les villages.

« Vous parlez de Photius, qui fut condamné, dites-vous, dans le concile de Constantinople, non pas pour son élection par l'empereur, mais bien pour *son intrusion et son usurpation sur un Pontife légitime.* Eh bien! je vous prends par vos paroles, comment qualifierons-nous l'intronisation des nouveaux évêques, qui seront choisis par le peuple, mais qui seront censés usurpateurs sur des Pontifes légitimes?

« Vous me reprochez des gambades. Mais vous en faites faire à votre imprimeur de bien plus jolies, avec son saut par-dessus un passage du Concordat, qui l'a fait tomber par une aventure singulière sur un texte de jurisconsulte.

« Quant à la chicane que vous voulez faire sur le mot *ordinari*, je n'ai pas d'autre réponse à faire que celle que j'ai faite dans la lettre à Monsieur le procureur-général, page 5 ; elle aurait dû vous satisfaire.

« Vous auriez dû y voir que le mot *ordinatio* du premier concile de Nicée est expliqué dans le second par ces deux mots *promotio* et *consecratio*.

« Et véritablement dans le temps que les évêques de la province choisissaient eux-mêmes le nouvel évêque, et que c'était eux, comme dit M. Fleury, qui décidaient de l'élection, alors le mot *ordinatio* signifiait tout ensemble l'élection et la consécration, mais après que l'élection du nouvel évêque eut été abandonnée tantôt au clergé et au peuple conjointement, tantôt au clergé seul, tantôt aux empereurs et aux princes, tantôt aux chapitres des Eglises cathédrales seules, tantôt aux chapitres avec les députés du peuple, alors le mot *ordinatio* ne signifia plus que la consécration.

« Ce qu'il y a de bien remarquable, c'est qu'on ne voit point dans toute l'histoire ecclésiastique que l'élection des évêques ait jamais appartenu au peuple seul.

« Vous me faites encore une autre chicane sur le mot *prioribus* ; mais en vérité elle est puérile.

« Vous convenez vous-même que le second concile de Nicée a précédé celui de Constantinople de près d'un siècle.

« Quand je n'aurais que ce concile pour moi (et certainement il y en a d'autres), une priorité d'environ cent ans ne peut-elle pas être caractérisée d'ancienne ?

« Vous trouvez étrange que je prenne le second concile de Nicée pour interprète du premier, et vous appelez cela *un interprète qui n'arrive que 462 ans après*. Mais cet interprète est bien respectable. C'est l'Eglise universelle assemblée dans un concile général, et je fais plus de cas de son interprétation que de l'esprit particulier de tous nos théologiens modernes.

« Vous faites dire au Père Thomassin, en parlant de l'élection des évêques, *que ce n'est que dans les villes les plus célèbres de l'empire qu'il a été parlé du clergé, et même que ce n'a été que dans les derniers temps.*

« Comme vous ne citez ni page ni chapitre, je crains bien que votre citation n'ait le même sort que celle de Monsieur le procureur-général. Votre M. Lecoz, à qui vous donnez tant de confiance, vous aura joué un mauvais tour. Car le Père Thomassin dit expressément le contraire dans son livre de l'ancienne et nouvelle discipline de l'Eglise, p. 1, liv. 2, ch. 14.

« Voilà comme il commence l'article 2 de ce chapitre : « C'est la
« doctrine constante de saint Cyprien, quand il dit que les évêques
« de l'Eglise catholique ne montent à cette dignité que par le juge-
« ment et le choix que Dieu même en fait, et qu'il exécute par
« l'autorité des évêques qui élisent, et des peuples qui rendent
« témoignage au mérite de celui qui a été proposé. C'est à mon
« avis ce tempérament qu'on gardait autrefois, et que nous
« voyons observé dans les élections qui se faisaient dans ces pre-
« miers siècles. Il est vrai que le peuple y concourait par le témoi-
« gnage qu'il rendait de la capacité notoire de celui qu'on élisait,
« et ratifiait en quelque manière son élection par son consente-
« ment. Il est vrai que le clergé avait encore plus de part aux
« élections ».

« Le passage est un peu long, mais je n'ai rien voulu tronquer, afin que vous ne me reprochiez pas davantage les abréviations. Or, dites-moi, je vous prie, comment pouvez-vous accorder ce passage avec la phrase que vous avez citée du Père Thomassin ? Vous auriez mieux fait de la vérifier vous-même, que de vous en rapporter à M. Lecoz. Mais, Monsieur l'anonyme, je n'aurais jamais cru que vous eussiez eu la hardiesse de citer pour vous M. Fleury ; et ce qu'il y a de plus extraordinaire, c'est qu'en transcrivant ses passages, vous ne vous soyez pas aperçu qu'ils soient contre vous. Il fallait en ce moment que vous eussiez les yeux troublés, ou que vous les eussiez de travers.

« En effet, vous dites qu'il ne parle à chaque page que *du choix, du suffrage, du consentement du peuple*, et vous rapportez son texte, où il est dit qu'on appelait à l'élection des évêques, *le clergé, le peuple*, que le choix se faisait par les évêques les plus voisins *de l'avis du clergé et du peuple*.

« Je pourrais même vous reprocher ici une petite réticence : avant de dire, *on consultait les moines, les magistrats, le peuple*, on lit ces mots : *on consultait le clergé, non de la cathédrale seulement, mais de tout le diocèse*.

« Soyez de bonne foi, Monsieur l'anonyme, est-ce là laisser le choix au peuple seul, comme vous voulez l'insinuer ? Est-ce là remplir votre promesse de prouver que, *si l'ordination était le droit des évêques, le choix, l'élection était celui du peuple?*

« Le correctif même, dont vous vous servez, est contre vous; il est dit que, *si le peuple refusait de recevoir un évêque, même après qu'il était ordonné, on ne l'y contraignait pas, on lui en donnait un autre qui lui fût agréable.*

« Mais, quand on dit qu'on lui donnait un évêque, cela ne veut pas dire que c'était le peuple qui choisissait. Je ne sais pas où vous avez fait votre logique, Monsieur l'anonyme; mais il faut que vous donniez une entorse bien forte à tous ces passages pour attirer à vous le bon Fleury.

« Il en est de même des passages latins de saint Athanase et de Cécilien, évêque de Carthage. Ils prouvent seulement que pour l'élection d'un évêque, on demandait le suffrage, le consentement du peuple, comme le dit le Père Thomassin, mais non pas qu'il faisait seul l'élection.

« Le passage d'Adrien, que vous citez, est contre vous, puisqu'il parle d'une élection faite par le clergé et par le peuple, ce que nous accordons être l'usage de son temps.

« Il me semble, Monsieur l'anonyme, que tous ces passages ont fait quelque impression sur vous; car, après avoir dit que *le choix, l'élection des évêques était le droit du peuple,* vous finissez par confesser que le concours du peuple dans l'élection des évêques est pour vous un article de foi historique.

« Eh bien! Monsieur l'anonyme, nous sommes avec vous, et nous confessons aussi que, dans la primitive Eglise, le peuple avait droit de concourir à l'élection des évêques. Mais concourir avec qui? Avec les évêques de la province, et avec le clergé de l'Eglise vacante; et encore comment concourait-il? En donnant son suffrage et son approbation par acclamation. On ignorait dans ces temps-là la formule des scrutins dans l'élection des évêques.

« Or, si vous voulez être de bonne foi, pouvez-vous dire que c'est ainsi que l'entend la nouvelle Constitution? Dans la primitive Eglise le clergé avait la principale part dans les élections des évêques; aujourd'hui on ne lui laisse aucune part. Car ce serait se moquer que de dire que le clergé y est pour quelque chose, parce que dans certains départements il se trouve quelques ecclésiastiques au nombre des électeurs; puisqu'ils ne sont pas là comme ecclésiastiques, mais comme citoyens civils et actifs, et que d'ailleurs ils n'ont pas été chargés de représenter le clergé.

« Je bornerais là ma réponse, sans une petite maxime par où vous avez terminé votre lettre, et par laquelle vous vous vantez de répondre à toutes les objections qu'on peut faire touchant la distinction du territoire des diocèses.

« *L'Eglise,* dites-vous, *n'a point de territoire, le territoire est au seul souverain.*

« Cette petite maxime est bien générale, et en rétorquant l'argument j'en tirerais contre vous de bien terribles conséquences. Car, si *le territoire est au seul souverain*, on peut conclure que le souverain a droit de disposer des propriétés de tous les particuliers, ce qui serait bien révoltant pour tous les propriétaires français.

« Mais rétorquer n'est pas répondre. Examinons donc, Monsieur l'anonyme, votre petite maxime, avec laquelle vous composez un si joli sophisme.

« *L'Eglise n'a point de territoire,* je distingue l'antécédent, car, sans doute, vous voulez faire un enthymème. L'Eglise n'a point de territoire, si vous prenez le mot *territoire* dans le sens littéral et pour quelque chose de matériel, je vous l'accorde et surtout dans ce temps-ci.

Mais si l'on prend le mot territoire dans un sens figuré, pour le droit qu'a l'Eglise d'exercer sa juridiction spirituelle sur tous les chrétiens, qui habitent un tel territoire, je vous le nie, Monsieur l'anonyme.

« L'Eglise a toujours eu ce droit, même du temps des empereurs païens. Dès ce temps-là elle avait divisé les diocèses, et donné à chaque évêque la portion des fidèles qu'il devait gouverner et administrer.

« Elle a conservé ce droit sous les empereurs chrétiens, et nous voyons, par ce qui se passa dans le concile de Chalcédoine, que l'Eglise refusa de suivre les changements que les empereurs avaient tenté de faire dans la discipline, à l'occasion des deux métropoles de la Phénicie.

« Les rois de France ont aussi reconnu ce droit, et il ne s'est jamais fait dans l'Eglise gallicane d'union ou de division d'évêchés sans le concours de la puissance ecclésiastique, comme nous l'assure d'Héricourt, dans son traité des lois ecclésiastiques, part. II, chap. 21.

« Maintenant, Monsieur l'anonyme, il me semble que vous devriez retrancher, dans votre balance, de la charge que vous avez mise de mon côté.

« Pour le premier article, vous me mettez une petite faute de réticence, et vous n'avez rien mis de l'autre côté. Vous auriez dû y mettre une grosse faute d'anachronisme, que vous avouez être de près d'un siècle, mais que je porte bien plus haut.

« Pour le second article, vous me mettez une grosse faute pour avoir rapporté l'un après l'autre les deux conciles de Nicée. Mais le réquisitoire n'avait point spécifié qu'il parlait du premier concile de Nicée ; ainsi, pour ne point me tromper, j'ai cru qu'il était bon de les rapporter tous les deux. D'ailleurs je crois que le second concile de Nicée avait qualité suffisante pour interpréter le premier ; ainsi, ayez la complaisance de rayer la note dure que vous m'avez mise sur cet article.

« Pour ma traduction peu fidèle, vous m'avez mis une grosse faute, vous auriez dû tout au plus en mettre une bien petite.

« Votre quatrième note est un double emploi répété de l'article 2. Cela n'est pas pardonnable, même dans un mémoire d'apothicaire. Ainsi rayez.

« Pour le bon Fleury, à moins que vous ne vouliez aller contre l'évidence, vous êtes obligé de rayer, et de mettre la faute sur le compte du *réquisitoire*.

« Pour les fausses décrétales, vous devez encore rayer. Car, si vous voulez vous donner la peine de relire ma lettre, vous verrez que je conviens qu'il y a eu des décrétales qui ont été faussement attribuées à quelques anciens papes.

« Cependant ne croyez pas que j'aie pris en mauvaise part votre badinage. Excusez de même le mien. Vous me demandez mon amitié, mais vous savez le proverbe *qu'il faut connaître avant d'aimer*. Quand vous vous serez fait connaître, je suis persuadé que je ne pourrai vous la refuser, ne fût-ce que pour votre talent admirable pour la plaisanterie. J'y mettrai pourtant une condition, c'est que vous commenciez par rétracter votre serment. En attendant, *vale et resipisce*.   « DUFRICHE, *curé de Fleurey.*

« De Séez, ce 4 mars 1791 ».

La polémique engagée entre M. Dufriche et Fessier ne se termine point par cette lettre si piquante et si incisive. Devenu évêque constitutionnel de l'Orne, Fessier publia, le 6 août 1791, une prétendue *Lettre pastorale*, où il revenait sur la question des élections des pasteurs par le peuple. « Ce point avait d'abord excité des clameurs violentes », disait-il insolemment, « mais enfin le silence a été commandé par la multiplicité des autorités. Une de ces autorités, elle est bien imposante, celle de Thomassin, a été suspectée par un de vos collègues. Eh bien ! ouvrez ce savant auteur (part. II, liv. II, p. 6, édition latine), et vous verrez que c'est une nouvelle erreur à mettre sur le compte du critique (1) ». Il entassait ensuite les erreurs les plus grossières sur l'autorité du Pape, sur les circonscriptions des diocèses et des paroisses établies par l'autorité civile, sur la juridiction ecclésiastique, sur les caractères du schisme, et sur les véritables sentiments du clergé catholique touchant la validité des sacrements, lorsqu'ils sont donnés par des ministres indignes. Mettant le comble à son effronterie, il osait accuser les prêtres fidèles à la sainte Eglise romaine d'être les ennemis de leur patrie, d'y fomenter la guerre civile et d'y appeler même l'étranger. « Religion de mon Dieu », s'écriait-il hypocritement, « cache ton front dans la poussière ! tes ministres ont trahi ton esprit, corrompu ta morale. Une joie cruelle étincelle dans leurs yeux, anime leur visage à l'approche du fléau qui nous menace. On les accuse d'accélérer par leurs vœux, de susciter, de fomenter la guerre et la guerre civile; on les accuse d'enhardir par leurs complots, même de soudoyer les lâches qui nous apportent des fers... A ces traits, re-

---

(1) Quoi qu'en dise Fessier, le Père Thomassin, à l'endroit cité, affirme et prouve une seule chose : c'est que *le peuple chrétien avait quelque part à l'élection des évêques : Nonnullæ semper fuere populi partes in electione episcoporum.* (Voir Thomassin, t. II, 2ᵉ part., p. 4, 5, 6, édit. de 1688). Il fallait être effronté, comme sont tous les renégats, pour se faire une autorité de ce passage.

connais-tu les ministres d'un Dieu de paix? Non, ce sont les complices de l'enfer, les dignes coopérateurs des furies (1) ».

L'apostat était loin de s'attendre à la réponse foudroyante que lui attira sa *pastorale*. M. Dufriche, abattant sous les coups terribles de la logique unie à l'éloquence, la mauvaise foi orgueilleuse de ce mercenaire vendu à la révolution, publia, le 22 août, la lettre suivante, qui fit jeter les hauts cris à tous les partisans du schisme (2).

« Monsieur, dans votre *lettre pastorale* du 6 de ce mois, vous reprochez à un de mes collègues d'avoir suspecté l'autorité du P. Thomassin, que vous citez pour vous.

Permettez-moi de répondre pour lui, et de vous dire que, malgré votre dernière citation, où vous faites mention du livre et de la page, mais où vous ne rapportez point les paroles de l'auteur, nous continuons encore de la suspecter.

« En effet, de quoi s'agissait-il, vis-à-vis de mon collègue ? Il s'agissait de lui prouver que l'élection des évêques appartenait au peuple seul, et pour cela, dans un certain écrit, on alléguait contre lui l'autorité du P. Thomassin, fondé seulement sur le témoignage de M. Lecoz, sans qu'on eût vérifié le texte par soi-même.

« Mon collègue répondit que, comme on ne citait ni page ni chapitre, il avait droit de suspecter cette citation, d'autant plus qu'il prouvait par d'autres passages du P. Thomassin, que son sentiment était contraire à cette opinion.

« Maintenant, quoique vous nous renvoyiez à sa partie II, livre II, page 6 de son édition latine, que nous n'avons point, nous la suspectons encore, jusqu'à ce que vous ayez rapporté ses propres paroles, que nous nous réservons en ce cas de vérifier.

« En effet, cette édition latine du P. Thomassin n'est, selon

---

(1) On peut voir la *Lettre* de Fessier dans la *Semaine catholique du diocèse de Séez*, 3ᵉ année, nᵒˢ 35 et 36.

(2) Elle a pour titre : « Lettre d'un curé du diocèse de Séez à M. l'évêque constitutionnel du département de l'Orne ». C'est une brochure in-8º de 14 pages d'impression, sans nom d'imprimeur. Je dois la communication de cette pièce intéressante à M. Léon de la Sicotière.

Moreri, qu'une traduction de son ouvrage faite par lui-même ; mais cette traduction n'est pas, sans doute, différente de l'original français.

« Or, nous voyons dans l'édition française de la *Discipline de l'Eglise*, du P. Thomassin, que dans le second livre de sa seconde partie il ne parle des élections des évêques que dans le chapitre XXIX : et dans ce chapitre, art. II, il dit : « que quelque par-
« ticipation qu'on donnât au clergé et au peuple, c'était toujours
« les évêques qui avaient la souveraine autorité dans les élections,
« et surtout le métropolitain ».

« Dans le chapitre XXX, art. III, il dit : « Il résulte de ces preuves
« que les ducs et les gouverneurs des villes et des provinces, les
« nobles qui faisaient un corps à part comme à Naples, le sénat et
« le peuple concouraient à l'élection, mais que le clergé y avait la
« plus grande autorité ».

« Il commence le chapitre XXXI par ces paroles : « Quoiqu'on
« ait pu remarquer dans le chapitre précédent que la souveraine
« puissance des élections était toujours entre les mains des évê-
« ques, il ne sera pas inutile d'établir plus au long cette
« maxime, qui nous a toujours paru être d'une extrême impor-
« tance ».

« Et après avoir rapporté plusieurs autorités il conclut par ces mots : « D'où il est évident que c'était du clergé principalement
« que dépendait l'élection, et que le métropolitain qui devait la
« confirmer en était encore le souverain arbitre ».

« Enfin, de peur qu'on me dise que dans tous ces passages il ne parle pas des élections des premiers siècles, en voici d'autres tirés du chapitre XIV de sa première partie, livre II, qui a pour titre : *Des élections avant Constantin*.

« C'était donc les évêques de la province qui faisaient l'élection
« en présence du peuple, *præsente plebe*, aux yeux duquel il était
« impossible que les crimes auxquels l'irrégularité était attachée
« puissent échapper... Les peuples rendaient des témoignages
« certains et sincères de la vie et des mœurs d'un chacun ; les
« évêques étaient les juges et les arbitres de l'élection ».

« Vous voyez, Monsieur, par tous ces passages que le sentiment du Père Thomassin n'est pas que le peuple eût seul le devoir de faire l'élection des évêques, puisqu'il dit formellement que le clergé et surtout les évêques avaient dans ces élections la principale autorité.

« Après cela nous ignorons quel est le passage latin de votre édition page 6, que vous pourrez nous opposer pour prouver le contraire. Mais nous disons d'avance que pour connaître le vrai sens d'un auteur il ne faut pas en juger par un passage isolé, mais par plusieurs passages combinés et composés ensemble. Or, nous présentons plusieurs passages du Père Thomassin qui disent tous la même chose et qui annoncent la même vérité ; nous ne pouvons donc pas concevoir comment il y aurait quelque passage qui y serait contradictoire.

« Mais après l'autorité du Père Thomassin que vous avez alléguée vaguement, vous en rapportez d'autres pour prouver que le pasteur doit être choisi par tous ceux qu'il doit paître, et vous en concluez que, *comme c'est le peuple qui doit être guidé, qui doit être nourri, c'est au peuple à choisir*.

« Mais permettez, Monsieur, que nous vous fassions observer que cet argument n'est pas concluant. Car le peuple ne compose pas tout le troupeau d'un évêque, le clergé en fait partie et même la première, il doit donc aussi avoir son droit dans l'élection.

« Il ne suffit donc pas de citer un auteur pour faire triompher son opinion ; il faut encore que la citation soit exacte et précise, que l'application en soit juste, et qu'il n'y ait rien de captieux, ni qui puisse être un prestige pour le peuple, incapable d'apprécier par lui-même la solidité d'un argument.

« Or, Monsieur, c'est ainsi que vous en avez encore usé dans votre même lettre pastorale, dans la citation que vous faites du chapitre x de l'*Institution canonique* de M. Fleury, et que vous avez osé en même temps nous reprocher que nous en imposons au peuple avec effronterie.

« Eh bien ! Monsieur, voyons qui sont ceux qui sont coupables d'effronterie et qui cherchent à séduire le peuple ? Vous nous renvoyez au chapitre x de M. Fleury, pour nous persuader que *l'institution canonique ou confirmation n'est qu'une formalité qui précédait la consécration, et conséquemment qui ne conférait pas des pouvoirs spirituels*.

« Mais vous confondez ensemble l'institution ou confirmation des évêques, et l'institution canonique des curés. Or, le chapitre x de

M. Fleury ci-dessus cité ne parle que de la première, et il ne dit point de la seconde qu'elle soit un pur examen, *un acte, une formalité purement civile*.

« Au contraire, M. Fleury, dans le chapitre xv de la partie II de la même institution, dit, en parlant de la collation des cures... Qu'à l'égard de ces personnes qui ne peuvent avoir de juridiction spirituelle, comme les religieux et les chevaliers de Malte, il faut que l'évêque donne son institution, que l'on appelle autorisable : c'est-à-dire la mission pour prêcher et administrer les sacrements.

« Vous avez donc tort de vous servir de l'autorité de M. Fleury pour appuyer votre sentiment erroné, que la collation ou *visa* de l'évêque ne donne aucun pouvoir spirituel aux prêtres qui, par leur ordination, sont censés avoir reçu tous les pouvoirs généraux et illimités.

« A l'égard de ce que vous avancez que, jusqu'en 1676, il y avait des curés en pleine collation laïcale, qui gouvernaient spirituellement leur paroisse, sans institution, sans confirmation canonique, sans *visa* de l'évêque, cette allégation est une erreur de votre part : car ce fait est absolument faux, et contraire, comme vous voyez, à la doctrine de M. Fleury.

« Il en est de même de ce que vous avancez au sujet du concile de Chalcédoine. Vous dites généralement que ce concile, dans son 17e canon, a ordonné que *l'Eglise dans ses distributions suivrait la marche tracée pour les dispositions civiles*. Cette assertion est trop générale, et est tout à fait opposée à l'esprit du Concile.

« Voici donc ce canon si fameux qui a fait tant de bruit et sur lequel se fondent principalement les auteurs de la nouvelle Constitution du clergé. Il est tiré de la collection du P. Labbe.

« *Quæ sunt in unaquaque provincia, rurales vicinasque parochias, firmas et inconcussas manere apud eos qui illas tenent episcopos : et maxime si triginta annorum tempore eas sine vi detinentes administraverint. Si autem intra triginta annos fuit aliqua vel fuerit de iis controversia, licere iis qui injuriam sibi fieri dicunt, de iis litem movere apud synodum provinciæ. Si quis autem injuria afficiatur a proprio metropolitano, apud exarchum diœcesis, vel Constantinopolitanam sedem litiget, sicut prius dictum est. Sin autem etiam civitas aliqua ab imperatoria auctoritate innovata est, vel deinceps innovata fuerit, civiles et publicas formas ecclesiasticarum quoque parochiarum ordo consequatur.*

« On peut le traduire ainsi : « Nous voulons que les paroisses de
« campagne, qui sont dans chaque province et qui en font les li-
« mites, demeurent incontestablement aux évêques qui en ont la
« possession, surtout s'ils les ont administrées pendant l'espace de
« trente ans, sans violence et par une possession pacifique. Mais si
« dans l'intervalle de trente ans il s'élève quelque différend à leur
« sujet, qu'il soit permis à ceux qui se disent lésés, de porter leurs
« plaintes au synode de la province. Que si quelqu'un a à se plain-
« dre de son métropolitain, qu'il porte la cause à l'exarque de la
« province ou au siége de Constantinople, comme il a été dit. Mais
« si les empereurs par leur autorité ont fait des innovations, des
« changements dans quelque ville, ou s'ils en font par la suite,
« nous voulons que l'ordre des paroisses ecclésiastiques suive les
« formes civiles et publiques ».

« Il est aisé de voir qu'il s'agit, au commencement de ce canon,
de différends qui s'élevaient entre des évêques voisins au sujet des
paroisses de la campagne qui faisaient leurs limites, et que le concile voulait qu'on jugeât par la règle de la possession pacifique de
trente années. La fin de ce canon doit être expliquée de même des
paroisses de la campagne, qui devaient suivre l'ordre des dispositions civiles, dans le cas où les empereurs feraient des innovations, des changements dans les villes où il y avait des évêchés.

« C'est donc un cas particulier qu'on ne doit pas étendre plus
loin que ne porte le texte, et quand vous en concluez généralement
que l'Eglise *doit* suivre dans ses distributions toutes les dispositions civiles, permettez-moi de vous dire, Monsieur, que la conclu-
sion n'est pas juste, et qu'il paraît que vous aussi bien que M. Camus
avez oublié une des premières règles de la logique, qui est que du
particulier au général on ne doit rien conclure, *a particulari ad
generale nil concluditur*.

« C'est donc un erreur de croire que ce canon a établi une loi
générale pour tous les changements qu'on voudrait faire dans le
gouvernement de l'Eglise, et dans la juridiction ordinaire des évêques et des métropolitains. Pour s'en convaincre il ne faut que lire
les actes de ce concile.

« On y voit deux différends qui furent portés au concile au sujet
de deux nouvelles métropoles érigées par les empereurs, l'une dans
la province de Phénicie, l'autre dans la province de Bythinie. Le

concile ordonna qu'on ne suivrait point les lettres impériales pour l'ordre ecclésiastique, et qu'on se conformerait aux anciens canons, qui avaient statué qu'il n'y aurait qu'un métropolitain en chaque province.

« En conséquence il fit le douzième canon où, par égard pour l'empereur, il laisse aux villes qu'il a décorées du titre de métropole, le nom et l'honneur aussi bien qu'à leur évêque ; mais où il ordonne que le droit et la juridiction seront conservés au véritable métropolitain.

« *Quæcumque autem civitates per litteras imperatorias metropolis nomine honoratæ sunt, solo honore fruantur, et qui ejus Ecclesiam administrat Episcopus, servato scilicet veræ metropoli suo jure.*

« Vous voyez, Monsieur, qu'il y aurait contradiction dans les décisions du concile, si, après avoir posé une telle loi, il eût fait dans le dix-septième canon une loi générale pour approuver tous les changements que pourrait faire la puissance civile dans les provinces et dans les diocèses. Comment aurait-il approuvé la suppression et les changements des métropoles et des évêchés, tels qu'ils sont ordonnés par la nouvelle Constitution, pendant qu'il ne voulait pas même qu'on démembrât une province et qu'on ôtât à un métropolitain une partie de ses suffragants? Mais si l'Eglise a toujours cru que la puissance civile n'avait pas le droit d'ôter aux évêques et à ses autres ministres leur titre et leur juridiction, conséquemment ceux qui ont été élus et ordonnés à leur place sont de véritables intrus.

« En effet, selon M. Durand de Maillane, qui distingue trois espèces d'intrusion, *la seconde espèce est de se mettre en possession d'un bénéfice avec un titre non-seulement vicieux, mais nul*. Or, c'est un titre bien nul que de recevoir la collation d'un bénéfice qui n'est pas vacant et dont le titulaire n'a pas été déposé juridiquement.

« En vain objecte-t-on que la puissance civile a le droit de destituer les ministres de l'Eglise. Nous répondons que la destitution des ministres de l'Eglise n'appartient qu'à ceux qui ont le pouvoir de les instituer. *Illius est destituere cujus est instituere.*

« De là il suit par une conséquence naturelle que ceux qui ont accepté les places des pasteurs vivants et ceux qui communiquent avec eux, sont tombés dans le schisme.

« Vous avez beau dire, Monsieur, que pour être schismatique il faut avoir la volonté de se séparer de l'Eglise, mais que pour vous vous avez protesté, par votre lettre au Souverain Pontife, que vous vouliez demeurer attaché à la chaire de Saint-Pierre, au centre de l'unité.

« Nous répondons avec saint-Cyprien, qu'on devient schismatique par le seul fait, malgré toutes les protestations du contraire, quand on élève chaire contre chaire, autel contre autel.

« Oui, dit ce saint docteur, on ne peut regarder comme pasteur celui qui prétend occuper le siége d'un pasteur vivant : ne succédant à personne et commençant par lui-même, il devient un profane et un étranger à l'Eglise de Dieu : il doit être considéré comme un ennemi de la paix et de l'unité, et comme ne demeurant point dans la maison de Dieu, c'est-à-dire dans l'Eglise.

« *Pastor haberi quomodo potest qui manente vero pastore, nemini succedens, et a seipso incipiens, alienus sit et profanus, dominicæ ac divinæ unitatis inimicus, non habitans in domo Dei, id est in Ecclesia?* (Epist. 76 *Ad Magnum*.)

« C'est ainsi que saint Optat convainquait les Donatistes de schisme, par le seul fait de Majorin, leur chef, établi évêque de Carthage du vivant de Cécilien.

« Il est manifeste, leur disait-il, que Majorin et les évêques qui « l'ont ordonné, se sont séparés de l'Eglise ».

« *Manifestum est exiisse de Ecclesia et ordinatores qui tradiderunt et Majorinum qui ordinatus est.* (Saint Optat *contra Parmen.*, lib. 1.)

« Il s'ensuit pareillement qu'on ne peut communiquer avec vous, sans devenir schismatique. C'est encore saint Cyprien qui nous l'apprend.

« *Si quis ad partes Felicissimi concesserit, sciat se postea ad Ecclesiam redire et cum episcopis et plebe Christi communicare non posse.* (Epist. 40.)

« En vain vous vous reposez sur la lettre modeste que vous avez écrite au Souverain Pontife en signe d'unité. Pour faire voir que vous êtes en communion avec le Saint-Siége, il ne suffit pas de représenter cette lettre ; vous auriez dû aussi faire imprimer la réponse du Souverain Pontife et son acceptation. Car la communion est un acte de réciprocité qui dépend de deux parties.

« Ce qu'il y a de singulier, c'est qu'après avoir dit que vous vous glorifiez de reconnaître l'autorité du Souverain Pontife, vous vous moquiez généralement, dans le paragraphe qui suit, des bulles qui viennent de sa part. Vous auriez dû, au moins, réserver les bulles purement dogmatiques et même celles de discipline, qui sont conformes aux anciens canons reçus dans l'Eglise gallicane, lorsqu'elles sont acceptées par le corps des évêques de France.

« Enfin, il ne me reste plus de toutes les difficultés que vous avez effleurées, que l'examen de la dernière, dans laquelle vous voulez nous donner le change, et faire croire aux peuples que, selon nous, la validité des Sacrements dépend *des dispositions de la foi*, et de la dignité des ministres.

« Jamais nous n'avons professé une telle erreur. Nous croyons que les mauvais ministres, même les excommuniés, quoique se rendant coupables de profanation et de sacrilége, administrent validement les sacrements. Mais nous faisons une distinction avec l'Eglise pour les sacrements qui demandent dans le ministre une juridiction, tels que les sacrements de Pénitence et de Mariage, et nous disons qu'ils ne peuvent être administrés validement de la part des ministres qui n'ont point cette juridiction.

« Ainsi l'exclamation que vous faites contre les Apôtres du mensonge, qui n'ont pas horreur *de débiter une théologie erronée, blasphématoire*, ne tombe point sur nous. Mais nous, nous prions Dieu pour la conversion de ces apôtres du mensonge qui calomnient si impudemment leurs frères.

« Au reste, Monsieur, nous n'aurions jamais cru que des ministres des autels, sous le beau prétexte de prêcher *l'union, la paix, la charité*, eussent cherché à armer contre nous nos concitoyens, en voulant leur persuader que nous sommes leurs ennemis ; *que nous accélérons par nos vœux, suscitons, fomentons la guerre, et la guerre civile : que nous enhardissons par nos complots et même soudoyons les lâches qui leur apportent des fers.*

« Vous direz peut-être que ce n'est pas vous qui nous faites ces imputations, que vous avez dit seulement qu'on nous accuse de ces horreurs.

« Mais comment avez-vous pu donner accès dans votre esprit à des calomnies si infâmes sur le compte de vos confrères, et ajouter foi à des faits si invraisemblables et dénués de tout fondement? Et si vous ne les avez pas crus, comment avez-vous la malignité de les répandre dans un écrit public, que vous avez ordonné de lire au prône de toutes les églises qui reconnaissent votre autorité ? Est-ce donc pour accréditer ces impostures, pour les confirmer par votre témoignage, pour exciter la vengeance des peuples sur nous ?

« On nous reproche des complots !... Hélas ! quels complots avons-nous jamais faits ? A-t-on jamais entendu parler que nous ayons tramé des conspirations pour troubler le bon ordre, pour trahir nos concitoyens, pour nous opposer aux décrets de l'Assemblée ? Ne nous a-t-on pas toujours vus soumis, dociles, prêchant l'obéissance aux peuples, et leur en donnant l'exemple ? Obéissance cependant qui n'a pu être que passive, la religion nous défendant d'un côté de faire aucune résistance, et de l'autre de donner notre approbation aux lois qui blesseraient notre conscience.

« Ah ! ceux qui font des complots, ce sont ceux qui sont à la tête de ces sociétés tumultueuses, où l'on ne respire que la violence et le carnage : ce sont ceux qui conspirent avec des étrangers contre des citoyens paisibles, qui leur donnent des rendez-vous pour des fêtes criminelles, où l'on doit consommer des projets iniques, qui les excitent à faire des menaces à nos officiers municipaux et nationaux, et à ne plus reconnaître aucune loi que celle qu'ils feront eux-mêmes : ce sont ceux qui non contents de nous avoir chassés de nos maisons, de nos possessions, voudraient encore nous chasser du reste du royaume, ou nous voir exterminés.

« Car, permettez-moi, Monsieur, de vous répéter une parole qui est dans la bouche de tous les honnêtes citoyens, c'est que les prêtres catholiques n'ont point de plus grands ennemis que les ministres de la nouvelle Eglise. Et pour preuve de votre haine, vous nous appelez *complices de l'enfer, les dignes coopérateurs des furies*.

« Ah ! les complices de l'enfer !... Ce sont ceux qui prêchent hardiment l'insurrection, la violence, qui annoncent aux peuples la guerre civile, qui les y préparent d'avance, qui les y excitent dans leurs sermons, à l'exemple de Luther.

« Les complices de l'enfer !... Ce sont ceux qui disent dans leur prône (1) *que le plus agréable sacrifice qu'on puisse faire à Dieu, c'est de tremper ses mains dans le sang des aristocrates.*

(1) Un curé constitutionnel voisin de Séez.

« Les complices de l'enfer !... Ce sont ceux (1) qui dans les serments qu'ils prêtent à leur réception dans les clubs, *jurent une haine éternelle au trône et au sacerdoce.*

« Les complices de l'enfer !... Ce sont ceux, oserai-je le répéter ? qui poussent le fanatisme jusqu'à dire dans la chaire sacrée (2) que, *si Satan sortait des enfers et qu'il fût élu par le peuple, évêque ou curé, il pourrait consacrer et offrir le saint Sacrifice ?* Quelle horreur ! a-t-on jamais ouï sous les cieux de pareils blasphèmes ? Etait-il donc réservé à notre siècle pervers d'entendre de si horribles abominations !

« Et avec tout cela, vous osez encore faire le parallèle des prêtres catholiques et des fidèles qui leur demeurent attachés, avec ceux de votre secte ! Vous demandez de quel côté sont ceux qui fréquentaient le plus assidûment nos temples, nos sacrements, ceux dont la conversation était la plus édifiante, les mœurs les plus sévères, la société la plus réglée. Nous n'entreprendrons point un tel parallèle, nous le laissons à faire au public impartial.

« Nous nous contenterons donc seulement de faire des vœux au ciel, pour qu'il rende à la France sa tranquillité, pour qu'il daigne donner aux chefs de l'administration publique un esprit de paix, de concorde, de conciliation ; enfin, pour qu'il vous inspire à vous-même et à tous vos adhérents des sentiments plus pacifiques, plus humains et plus conformes à cette sainte religion que vous vous vantez de professer dans sa pureté ».

A Séez, ce 22 août 1791.

Les ouvrages polémiques de M. Dufriche des Genettes n'étaient guère capables de lui assurer des jours tranquilles dans la ville de Séez, où il avait été obligé de se retirer, dès le mois de février 1791. Quoiqu'il fût du caractère le plus doux et le plus pacifique, les chefs du club, excités par les vicaires épiscopaux de Fessier, ne purent le souffrir longtemps au sein de sa famille. Comme ils menaçaient continuellement sa vie, et l'obligeaient de fuir de maison en

---

(1) Fauchet, évêque constitutionnel du département du Calvados.
(2) Pontard, évêque constitutionnel du département de la Dordogne, prêchant dans la ville de Bergerac (Notes de M. Dufriche).

maison, il quitta la ville de Séez, vers la fin du mois de mai 1792. L'édit de proscription lancé contre tous les prêtres catholiques fut un nouveau coup porté à la tendresse de ce bon pasteur, qui trouvait le moyen d'aller de temps en temps visiter son troupeau, malgré l'active surveillance des révolutionnaires. Ne voulant exposer la vie de personne pour sauver la sienne, il quitta sa patrie au mois de septembre 1792, et se retira en Angleterre avec presque tous les prêtres du clergé de Séez. Il était à Londres en 1793, lorsque l'abbé Barruel composait l'*Histoire du clergé français* pendant les trois premières années de la révolution. M. Dufriche donna à cet historien de précieux renseignements sur la persécution dans notre diocèse (1).

Vers le mois de mai 1794, M. Dufriche et un grand nombre de prêtres du diocèse de Séez, réfugiés à Londres, s'embarquèrent avec Mgr d'Argentré pour la Belgique, espérant y trouver plus de liberté pour l'exercice de leur religion. Ils étaient fixés à Bruxelles depuis quelques semaines, lorsque les victoires remportées par les généraux républicains, Jourdan et Pichegru, vinrent de nouveau répandre l'alarme parmi les pieux confesseurs de la foi. L'armée française envahissant la Belgique de plusieurs côtés à la fois, chassait devant elle les armées alliées et menaçait de couper la retraite à des milliers d'émigrés. Bientôt ils s'enfuirent dans toutes les directions pour passer en Allemagne. M. Dufriche partit du côté d'Anvers avec Mgr d'Argentré. Ils eurent à peine le temps d'y prendre un peu de nourriture. Le bruit de l'approche des Français les força de songer de nouveau à la fuite. Un prêtre du diocèse de Séez, qui habitait Anvers depuis plusieurs mois, rapporte dans ses Mémoires, qu'on n'entendait dans les rues de cette ville

---

(1) Dans la collection des manuscrits de Barruel, on conserve deux lettres de M. le curé de Fleurey. Dans l'une, il rapporte le martyre de M. Guillaume de Saint-Martin, vicaire de Marcé ; l'autre contient une relation du martyre de M. Gallery, curé de la Baroche, près Domfront.

que ces cris sinistres : Les Français !... les Français !... sauve qui peut ! Heureusement, ajoute-t-il, que l'Escaut et les vaisseaux sont à portée. Trois ou quatre cents ecclésiastiques, jeunes, vieillards, s'avancent vers l'Escaut, trousseau sous leur bras. Des femmes sous le voile et sous la guimpe, celles-ci vigoureuses, celles-là caduques, les unes courageuses, les autres éplorées, suivent la rive, et vont aussi aux vaisseaux. Ceux qui n'ont pas vu ce remuement excité par la frayeur et le chagrin ne s'en feront pas une juste idée. Dans la réalité il y avait de quoi avoir peur. Un de nos pauvres confrères, qui n'avait pu ou n'avait pas voulu fuir, fut découvert et fusillé. Nos évêques avaient pris le devant ; ils étaient à Bois-le-Duc. Ce qui augmenta encore la détresse de ces pieux confesseurs de la foi, c'est qu'ils furent impitoyablement rançonnés par les mariniers et les loueurs de voitures à qui ils s'adressèrent pour mettre leur vie en sûreté ».

M. Dufriche se retira à Munster en Westphalie. Dans cette contrée de l'Allemagne, l'hospitalité la plus désintéressée paraissait un droit acquis à l'infortune. Le saint prêtre eut cependant beaucoup à souffrir, à cause de l'épuisement de ses ressources, et de son âge avancé. Mgr d'Argentré, qui l'honorait de son amitié et qui l'invitait souvent à sa table, lui envoya plusieurs fois des secours, avec une délicatesse et une charité admirables (1). Après avoir supporté avec beau-

(1) Plusieurs autres prêtres du diocèse de Séez éprouvèrent les effets de la charité de ce vénérable évêque. L'abbé Marre, dans ses *Mémoires*, nous donne quelques détails sur un moyen qu'il employait avec succès pour soulager la misère des ecclésiastiques de son diocèse. « Monseigneur », écrit-il, « possédait, à une lieue de la ville d'Hildesheim une métairie où l'abbé Blanche et un abbé Perdriel étaient très-bien hébergés. Il m'engagea amiablement à y aller passer autant de temps que bon me semblerait. Monseigneur, respecté, aimé de son chapitre et de son clergé, n'était ridiculisé par personne, pas même par les protestants, pour s'être livré à une spéculation qui, en France, l'aurait déshonoré. Il tenait, à titre de redevance, un moulin et une porcherie. Il gageait un meunier et un porcher, qui lui rendaient compte. Sur la fin de l'automne, les campagnards amenaient, de huit à dix lieues à la ronde, marquées de leurs estampes, des centaines de cochons sous la garde

coup de patience les douleurs de l'exil, M. Dufriche, appelant une dernière fois en ce monde les miséricordes du Seigneur sur sa patrie, rendit tranquillement son âme à Dieu.

III.

M. Noël-Joseph Boulard, né au Mans en 1740, fut nommé curé de Saint-Fulgent-des-Ormes (1), le 6 novembre 1773, sur la présentation de l'abbesse de Notre-Dame-du-Pré, au Mans. Doux et humble de cœur, mais ferme et intrépide dans la foi, il ne se contenta pas de refuser le serment schismatique de 1791, il fit tous ses efforts pour conserver ses paroissiens dans l'obéissance due au Souverain Pontife. Son zèle excita la fureur des révolutionnaires, qui le chassèrent de son église après la lecture du mandement de Mgr d'Argentré *portant adoption de l'instruction pastorale de Mgr l'évêque de Boulogne sur l'autorité spirituelle de l'Eglise.* Ce bon pasteur partit en priant le Seigneur de veiller sur son troupeau. Il était depuis quelques mois retiré à Champaissant dans sa famille, lorsqu'il y fut arrêté par des gendarmes du département de la Sarthe et conduit au séminaire de la Mission converti en prison pour les prêtres insermentés (2). En entrant dans cette maison le vénérable curé de Saint-Fulgent remercia Notre-Seigneur d'avoir bien voulu l'associer aux souffrances de deux cent cinquante prêtres du diocèse du Mans, qui s'y trouvaient incarcérés par ordre des persécuteurs.

Le 26 et le 27 août 1792, la populace du Mans, ameutée par les calomnies infâmes que les révolutionnaires répandaient

---

du porcher, qui, pendant tout l'hiver, leur permettait d'errer dans de vastes contrées, où ils s'engraissaient en se saoûlant de fênes et de glands, cochons gras moyennant huit francs par animal, chair de qualité supérieure, jambons délicieux, comme le sont ceux de Mayence, si renommés ».

(1) Canton de Bellême, arrondissement de Mortagne (Orne).

(2) Ce séminaire était situé près de la ville du Mans.

contre le clergé, fit entendre des cris de mort autour du séminaire de la Mission. Le directoire départemental, pour garantir la vie des prisonniers, ordonna leur déportation immédiate. Parmi les ecclésiastiques atteints, comme M. Boulard, par cette injuste sentence, on remarquait M. Nicolas Bourdon, religieux Prémontré de Vaas, né à Séez en 1739 (1); M. François Bonhomme, vicaire de la Chapelle-Huon, né à Banvou en 1739; M. Michel-Bonaventure Leménager, vicaire de Ségrie (Sarthe), né à Magny-le-Désert, en 1756; M. Papillon, curé de Notre-Dame de Saint-Cosmes, né à Ciral, en 1733; M. François-Philibert Pineau, curé de Vallon, né à Ceton en 1729, et M. Michel-Pierre Courveaulle, ancien curé de Montsor, à Alençon.

On croirait peut-être que nous exagérons les mauvais traitements qu'eurent à souffrir pendant ce voyage le vénérable curé de Saint-Fulgent et ses compagnons de captivité, si nous entreprenions d'en faire nous-même le récit. Pour dissiper tous les doutes, nous allons reproduire une relation de leurs souffrances, qui a été écrite par un des prêtres déportés avec M. Boulard (2). Elle est confirmée par le témoignage de sept autres ecclésiastiques, qui nous ont laissé des mémoires pleins d'intérêt sur leur déportation. L'auteur de la relation que nous avons annoncée (3) s'exprime ainsi :

« Nous partîmes, le 28 août, au matin. Le prétexte dont on se servit pour nous renvoyer, fut une lettre sans signature et cachetée avec du levain, qu'on adressa au curé de Courcelles (4), au nom des femmes de sa paroisse, qui lui marquaient qu'elles n'avaient pu encore venir à bout du projet de se défaire de leurs hommes démocrates ; qu'elles seraient peut-être plus heureuses une autre fois.

(1) Il était frère du Père Bourdon, capucin, déporté à Rochefort en 1794.
(2) Elle a été publiée par le R. P. Dom Piolin, dans son magnifique ouvrage intitulé : *L'Eglise du Mans durant la Révolution*.
(3) M. l'abbé Courte, curé de Saint-Jean-de-la-Cheverie.
(4) François-Charles-René Perdrigeon. La lettre portait le timbre de la Flèche.

Cette lettre, décachetée par la garde nationale, qui était à la porte du séminaire, l'inquiéta. Elle en fit part au procureur du séminaire, qui crut, pour ne pas exposer la maison, la devoir porter à la municipalité. Celle-ci fit arrêter et mettre en prison, dans la nuit, le curé de Courcelles, et communiqua la lettre aux différentes sections assemblées pour l'élection des députés à l'Assemblée nationale (c'est-à-dire la Convention). Les sections conclurent à ce que nous fussions renvoyés dès le lendemain (lundi, 27 août) ; et, dans la journée, sous le prétexte de notre conservation, on amena deux canons, que l'on braqua contre la maison. Le sieur Bachelier, membre du département, s'y transporta sur les six heures du soir et ne nous donna que jusqu'à quatre heures du lendemain matin pour faire nos préparatifs, qui ne purent s'étendre qu'aux choses les plus indispensables ; car, autrement, on ne s'en serait pas chargé. La milice, au nombre de deux cents, se rendit à l'heure indiquée, conduite par Levasseur. Elle se mit sur deux lignes. On nous fit entrer au milieu ; on plaça un canon au-devant et un canon derrière, chargés à mitraille, mèches allumées. On nous conduisit dans cet équipage jusqu'à Foulletourte. On nous distribua dans les auberges, vingt dans chaque chambre, gardée par des sentinelles, d'où on ne nous permettait de sortir que bien accompagnés pour satisfaire aux besoins de la nature. Dans chaque chambre étaient deux, trois ou quatre lits, tout au plus ; et c'est ainsi que nous passâmes la nuit. Il est à propos de faire remarquer que le curé de Courcelles a été depuis renvoyé de prison, déchargé de toute accusation, par sentence du tribunal du district.

« Le 29, nous nous mîmes en route pour la Flèche, dans le même ordre que le jour précédent où nous arrivâmes sur le midi, et où l'on nous plaça dans l'église des Capucins, qui servait de club. Les dames de la Visitation et de l'*Ave* nous avaient fait bien préparer à dîner et à souper ; mais nous n'en pûmes profiter qu'en partie : les plats étaient enlevés par la garde nationale. Le collège nous envoya les matelas des pensionnaires, sur lesquels nous couchâmes ; et il ne m'y fut pas permis de dormir : j'étais voisin d'une chapelle, où il y avait des gardes qui faisaient du bruit exprès, lorsqu'ils s'apercevaient qu'on se laissait aller au sommeil.

« Le 30, la garde de la Flèche succéda à celle du Mans, et nous conduisit de même. Cependant elle eut pour nous quelques attentions. Elle put donner des voitures à tous ceux qui ne pouvaient marcher à pied. Nous fûmes déjeuner à Durtal, où nous fûmes assez bien reçus, et coucher à Suet, où nous commençâmes à pressentir ce que l'on nous préparait à Angers. On nous servit à souper dans l'écurie et on nous y fit coucher sur la paille.

« Le 31, la garde nationale d'Angers vint à notre rencontre à un quart de lieue ou environ. Bien loin de nous prêter main-forte contre les insultes de la populace, le commandant et les officiers furent les premiers à nous insulter. Elle nous fit passer par toutes les rues habitées par la plus vile canaille, monter par la rue Baudrière. Elle nous conduisit par devant Saint-Maurice, à la place du château, où s'étaient rassemblés tous les jeunes gens et clubistes, qui vomissaient contre nous toutes les injures, et y ajoutaient les plus effrayantes menaces. La garde était disposée de manière que les derniers d'entre nous n'étaient plus protégés par elle. Toute cette troupe de forcenés se mêlait avec nous; et de la manière dont elle était montée, il était à craindre qu'elle ne se portât aux derniers excès. Cependant, à la fin, nous entrâmes dans le château. On nous déposa dans la chapelle; et nous n'y fûmes pas mieux traités par la garde intérieure que par celle du dehors. Nous trouvâmes, en y entrant, toutes les statues des Saints enlevées, leurs images défigurées, et, au lieu de sentences de l'Ecriture qui étaient au dessus, des têtes de mort peintes avec des épées en sautoir et des vers injurieux au clergé. Un geôlier vint fermer la porte, et pour nourriture nous y laissa du pain noir et de l'eau. Un baquet et quelques botteaux de paille faisaient tout notre ameublement. Deux heures après notre arrivée, on ouvre la porte : nous voyons entrer sept ou huit bandits, le sabre nu à la main, qui font tout le tour de la chapelle et font semblant de signaler quelques-uns d'entre nous comme des victimes qu'ils se réservent. Sur les six heures, des clubistes et des femmes se présentent dans la tribune de la chapelle, et essaient à plusieurs reprises de lier conversation avec nous ; mais chacun se tint dans sa place sans dire un seul mot. Voyant leurs efforts inutiles, ils se retirèrent, en nous disant qu'il fallait nous laisser au pain et à l'eau. Je crus aussi entendre que, pour nous mettre à la raison, il fallait nous tirer du sang. Cependant, sur les huit heures, on nous apporta du pain blanc, du vin et une omelette.

« Le 1ᵉʳ septembre, nos confrères, restés au Mans, et qui n'avaient pu aller à pied, arrivèrent, sur les dix heures, après avoir eu à peu près la même réception que nous. Nous restâmes dans la chapelle du château pendant trois jours, au nombre de cent quarante-six, sans qu'on ouvrit les fenêtres ; l'air était infecté de l'odeur des baquets.

Quelques-uns d'entre nous tombèrent malades. Les médecins, qui vinrent les voir représentèrent que la peste pourrait se mettre parmi nous, et de là se communiquer au reste de la ville. On prit donc le parti d'ouvrir, et de nous laisser prendre l'air dans la cour pendant deux ou trois heures ; ce qui fut exactement exécuté, en mettant des gardes de tous les côtés de la cour. Des dames honnêtes de la ville eurent compassion de notre état, et nous nourrirent à leurs dépens pendant tout le temps que nous demeurâmes au château ; et nous pouvons dire, à leur louange, qu'il ne nous manqua rien de ce côté-là.

« Le 9 septembre, le sieur Bachelier vint nous trouver au château, et nous dit que les évêques et les prêtres renfermés aux Carmes à Paris, au nombre de cent cinquante, avaient tous été massacrés ; qu'après une pareille action, il n'y avait plus de sûreté pour nous dans le royaume ; qu'il allait partir pour Nantes, pour nous y faire transférer, et là retenir un vaisseau pour nous transporter hors le royaume. Effectivement, nous avons appris depuis qu'il fut question, au club d'Angers, de nous traiter comme les prêtres de Paris ; que la question y fut fort agitée pendant plus de six heures ; que le moment proposé pour cette exécution était la nuit de la Nativité au dimanche ; mais, ce qui l'arrêta, fut la manière dont le duc de Brunswick en avait usé à l'égard du bataillon d'Angers, fait prisonnier par lui à Verdun.

« Le 11 septembre, à midi, la municipalité vint nous faire lecture d'un arrêté du département, qui lui ordonnait de faire une fouille dans nos malles et sur nos personnes ; de s'emparer de tout notre numéraire et de toutes les matières d'or et d'argent que nous pourrions avoir, et de ne laisser à chacun de nous que sa montre et deux louis d'or pour son voyage. Cet ordre fut exécuté sur-le-champ. On nous fit sortir de la chapelle avec nos malles ; on nous cantonna dans le jardin du château ; on nous fouilla les uns après les autres, pendant toute l'après-midi, et on nous prit environ quarante mille livres, tant en or et en argent qu'en bijoux. J'y fus pour ma part pour trois cent deux livres.

« Le 12, nous apprîmes, au matin, la mort de M. Michel-Pierre Courveaulle, chanoine de Sillé, et ancien curé de Montsor, qu'on avait transporté, à cause de sa maladie, dans une chambre particulière du château. Un détachement de la milice d'Angers se rendit dans la cour, pour nous conduire à Nantes. Avant de nous faire sortir de la chapelle, on nous attacha deux à deux avec des cordes comme des galériens. Lorsque nous fûmes entrés dans la cour, le commandant fit charger à balles sa troupe, lui fit défense de nous parler, et ordonna de tirer sans miséricorde sur le premier de nous qui s'écarterait. On nous fit sortir du château dans cet équipage, et on nous conduisit ainsi jusqu'à la porte Saint-Nicolas, où étaient nos voitures, et où nous fûmes obligés d'attendre environ deux heures les prêtres d'Angers, qui étaient au séminaire, et à qui on faisait la même cérémonie. Lorsqu'ils furent arrivés, nous partîmes tous conjointement. Dans notre route, nous rencontrâmes des gendarmes (des volontaires), qui se rendaient aux frontières. Notre vue sembla ranimer leur fureur. L'abbé Masée, de la Flèche, pensa en être la victime, et le sabre de l'un d'entre eux ne passa qu'à deux lignes de sa gorge. Nous dînâmes dans le cloître d'une maison de chanoines réguliers (1), proche le château de Serrant, où nous trouvâmes du pain et du vin. Nous en repartîmes sur les trois heures, pour aller coucher à Ingrandes, et où on nous entassa dans le grenier à sel et dans deux chambres au dessus. Nous étions si à l'étroit, que la plupart n'avaient pas d'espace pour se coucher : nous pûmes à peine nous procurer du pain et du vin. Nous avions un vicaire d'Anjou, auquel la milice en voulait spécialement (2). On l'avait placé seul dans un appartement donnant sur la rivière, dans le dessein de l'assassiner dans la nuit et de jeter son cadavre dans la rivière. Heureusement il en fut averti. Il fit venir le maire : il lui fit connaître le complot ; et le maire lui donna une garde de douze hommes de confiance, qui fit avorter le projet.

« Le 13, nous partîmes d'Ingrandes pour nous rendre à Ancenis.

(1) L'abbaye de Saint-Georges.
(2) Il se nommait Pierre Lancelot, chapelain de la petite chapelle de Saint-André-des-Jubeaux, sur la paroisse de Denée. (Voir Dom François Chamard, *Les saints personnages de l'Anjou*, t. III, p. 447.)

On nous y plaça dans l'église des Cordeliers, où était le club. On nous laissa tout le reste de la journée dans le cloître, qui y était contigu, pour nous y promener. Nous ne pûmes nous procurer qu'avec bien de la difficulté les choses nécessaires pour la vie, quoique des âmes charitables nous en envoyassent avec abondance. La garde en interceptait la plus grande partie. Sur les onze heures du soir, elle entra dans le cloître, força tous ceux qui y étaient couchés de rentrer dans l'église, avec défense à qui que ce fût d'en sortir, même pour les besoins de la nature. La garde d'Angers fut remplacée par celle d'Ancenis, à la tête de laquelle on plaça un jacobin de Paris, qui commença à la faire mettre dans l'orgue et à lui faire charger ses fusils. Un autre clubiste se mit dans la chaire; et alors ces deux hommes commencèrent une conférence, où les menaces furent mêlées aux propos les plus infâmes, les plus abominables, les plus blasphématoires et les plus impies. Heureusement aucun de nous ne bougea ni ne parla. Le moindre signe ou la moindre parole aurait pu devenir le signal d'un massacre général. La plupart d'entre nous se crurent à leur dernière heure. Cette scène affreuse dura jusqu'à quatre heures du matin.

« Le 14, on nous fit partir à six heures pour Nantes. Nous rencontrâmes dans notre route une grande quantité de canons, qu'on transportait à Paris. Ceux qui les conduisaient nous accueillaient à peu près comme les gendarmes. Nous dînâmes à la Maison-Blanche, où nous pûmes à peine nous procurer du pain et de l'eau.

« A Nantes, nous fûmes plus favorablement traités que partout ailleurs. La milice fut indignée de nous voir liés avec des cordes. Elle nous les fit ôter. Nous n'eûmes à essuyer que les cris de quelques clubistes qui nous suivaient. Arrivés au château, on donna des lits à quatre-vingts d'entre nous.

« Nous eûmes toute la liberté de nous promener dans l'intérieur, et de voir les personnes qui venaient nous visiter. Les personnes pieuses y venaient aisément, et elles donnèrent libéralement des chemises et des vêtements à ceux qui n'en avaient point. Nous y restâmes cinq jours, et pendant ce temps nous négociâmes nos assignats avec des commerçants de Nantes, qui se chargèrent de nous les faire passer en lettres de changes dans les endroits où nous serions déportés. Je fis des tentatives pour obtenir un passeport individuel pour la Hollande, où je savais que mes frères (1) devaient se rendre; mais je ne pus jamais l'obtenir.

« Le 17, le commissaire d'Angers et Bachelier nous réunirent dans la cour du château, sur les six heures du soir, pour nous lire le décret de l'Assemblée, du 10 août précédent, qui privait de tout traitement les ecclésiastiques qui ne prêteraient pas le serment d'être fidèles à la nation, de soutenir la liberté et l'égalité, ou de mourir en les défendant. Personne n'ayant répondu, Bachelier promit une pension de cinq cents livres à tous les vicaires de son département qui le prêteraient; et, observant toujours le même silence, il nous remit jusqu'au lendemain à faire nos réflexions, jour auquel la municipalité viendrait, sur les dix heures, pour le recevoir.

« Le 18, deux Angevins, dont l'un était Bernardin et directeur des Dames de Sainte-Catherine, succombèrent et prêtèrent le serment (2).

« Le 19, au matin, le sieur Bachelier se hâta de nous faire passer dans les hourques, avec nos malles et nos équipages, pour nous rendre par la Loire à Paimbœuf. La milice de Nantes avait pris des précautions pour s'emparer des ponts, afin que nous ne fussions pas insultés par la populace en passant par dessus. Nous passâmes la nuit dans nos hourques, fort mal approvisionnés et exposés à une pluie continuelle, et nous n'avions pour nous en préserver que la voile du navire étendue sur le mât abaissé. Nous laissâmes au château environ trente sexagénaires ou malades, qu'on a fait passer depuis aux Carmélites, et de là aux Ursulines du Mans, du nombre desquels était l'abbé Pottier, ancien vicaire de Saint-Pavin-des-Champs, qui est mort, à Nantes, de pleurésie.

« Le 20, nous arrivâmes à Paimbœuf, où rien n'était prêt sur nos vaisseaux. Nous n'y montâmes que sur le soir, à savoir : cent quatre-vingt-cinq Angevins sur la *Didon*, qui a débarqué à Santander (3), soixante-quatre sur le *Saint-François*, et tous les Manceaux sur l'*Aurore*. Nous y passâmes une seconde nuit aussi mauvaise que la première. Nous n'y occupâmes que l'entre-pont; et à peine pouvait-il contenir la moitié du monde. Nous restâmes à la

---

(1) L'un curé de Bignou et l'autre de Conflans.
(2) Ce serment ne fut jamais condamné par le Saint-Siége.
(3) Santander, *Fanum sancti Andreæ*, dans la Vieille-Castille.

rade pendant dix jours, pendant lesquels on approvisionna notre vaisseau, toujours retenu par les vents contraires. Nous y reçûmes de la part de bonnes âmes bien des secours; mais elles en furent punies par les patriotes, qui cassèrent leurs vitres et pillèrent leurs maisons. Pendant notre séjour, on célébra à Paimbœuf la fête de la destitution du roi et de l'établissement de la république.

« Le 1ᵉʳ octobre, nous mîmes à la voile pour Saint-Nazaire, à trois lieues en avant de Paimbœuf. Dans la traversée, nous fûmes accrochés par le *Saint-François*; et aussitôt que nous fûmes arrivés, nous essuyâmes une nouvelle visite de la part de la gendarmerie nationale. Nous crûmes que c'était pour nous dépouiller du reste qu'on nous avait laissé à Angers; mais nous nous trompions : on cherchait des prêtres qui n'étaient point avec nous.

« Le 2 octobre, nous mîmes à la voile pour gagner la pleine mer, poussés par un vent favorable, après lequel nous eûmes un calme le jour de Saint-François, auquel succéda, les jours suivants, un gros temps qui dura deux fois vingt-quatre heures. Le mal de mer prit à presque tout notre monde. A peine pouvait-on trouver quelqu'un pour porter des secours aux autres. Le vent ayant changé dans la nuit du 6 au 7, nous aperçûmes les côtes de l'Espagne : ce qui réjouit bien tout le monde. Mais, comme notre capitaine ne connaissait pas assez les côtes de la Galice, il ne voulut pas entrer de nuit dans le port de la Corogne (1). Il cargua toutes les voiles, et attendit le matin pour continuer sa route. Nous entrâmes sur les deux heures dans le port de la Corogne, le 8, dans l'incertitude si nous serions reçus ou refusés. Le *Saint-François* y était entré avant nous, qui nous tira d'inquiétude. Le lendemain, dans la journée, on nous descendit à terre, et on nous logea dans le Consulat, où nous sommes restés environ huit jours ».

« A la Corogne, le 12 décembre 1792 ».

Plusieurs des confesseurs de la foi, partis du séminaire du Mans, le 28 août 1792, succombèrent aux mauvais traitements qu'ils avaient endurés pendant ce long voyage. De ce nombre fut le vénérable curé de Saint-Fulgent. Touchés de ses souffrances et de sa piété, les Carmes du Cou-

(1) Ville maritime d'Espagne, en Galicie.

vent de Padron lui avaient offert l'hospitalité dans leur pauvre monastère. Il les édifiait depuis trois ans par sa patience, sa douceur et son amour de la prière, lorsqu'au grand regret de ces bons Pères, il fut enlevé par une maladie de langueur, dont il avait contracté le germe dans les prisons de la république. Sa mort précieuse devant Dieu arriva le 10 décembre 1795 (1).

IV.

Quelques mois après le ciel s'ouvrit pour un autre confesseur de la foi, M. Jacques-Julien Onfrai, chapelain des Genettes, près Tinchebray. N'ayant pas voulu se déshonorer aux yeux de Dieu par la prestation du serment constitutionnel, il avait été dépouillé de son bénéfice, et chassé même de sa famille, où il s'était retiré quelque temps. Il partit alors pour l'exil avec plusieurs de ses confrères des paroisses de Tinchebray, de Flers et de la Lande-Patry. Il se retira en Angleterre, où les malheurs de France, plus encore que les siens propres, lui firent verser bien des larmes. Malgré l'épuisement de ses forces et la fureur de la persécution, il espérait pouvoir revenir un jour dans sa patrie, afin d'y travailler à la conversion des âmes égarées par l'impiété voltairienne. Mais Dieu, trouvant remplie la mesure de ses bonnes œuvres, l'appela à lui le 11 août 1796.

V.

Vers la même époque mourut M. Gilles Gosselin, de la paroisse de la Lande-Patry. Il avait été nommé curé de Barges (2), près Exmes, le 23 avril 1787 (3). Sa paroisse, qui

(1) Lettre de M. l'abbé Viquesnel, ancien curé de Saint-Fulgent-des-Ormes ; — *L'Eglise du Mans durant la Révolution*, t. II.

(2) Réuni aujourd'hui à Villebadin, canton d'Exmes, arrondissement d'Argentan.

(3) Il fut présenté à cette cure par l'abbesse et le couvent de la Sainte-Trinité-de-Caen.

était une des plus petites du diocèse, ne comptait que quatre-vingt-cinq habitants. Il travaillait cependant à la sanctifier par ses catéchismes et ses prédications fréquentes, comme si elle eût été une des plus considérables ; il savait que ce n'est pas le chiffre élevé de la population qui fait les grandes paroisses aux yeux de Dieu ; mais l'esprit religieux et la pratique des vertus chrétiennes. Vénéré de tous les fidèles à cause de sa tendresse pour les malheureux, il aurait facilement trouvé un asile dans sa paroisse. Mais les limiers révolutionnaires ne purent l'y souffrir, après qu'il eut refusé le serment. Obligé de dire adieu à son troupeau, il le réunit une dernière fois à l'église et le conjura de demeurer fidèle au Pape, de fuir les intrus comme des loups ravissants, et de faire en sorte, par leur persévérance dans le bien, qu'après la mort le pasteur et le troupeau se retrouvassent dans la patrie céleste. Il acheva ensuite la sainte messe, et sortit de son église en recommandant au Seigneur les âmes qui lui étaient confiées. Il se retira pendant quelques mois à la Lande-Patry, veillant et priant sans cesse, afin qu'il plût au Seigneur de rendre la paix à son peuple. Après le décret du 26 août 1792, la crainte de compromettre sa famille l'obligea de s'en séparer. Il partit pour l'Angleterre avec son frère, qui exerçait le ministère dans la paroisse du Châtellier, et qui avait aussi refusé le serment constitutionnel (1). Ils eurent l'un et l'autre beaucoup à souffrir par suite de l'extrême indigence à laquelle ils étaient réduits. Ils n'avaient pour vivre que le mince produit de la vente de chaussons de laine qu'ils fabriquaient eux-mêmes avec des lis de drap, rejetés par les tailleurs. Plusieurs prêtres du canton de Flers étaient associés avec eux pour faire ce petit commerce. Ces pauvres de Jésus-Christ se réunissaient fréquemment pour conférer sur les matières spirituelles, se donner mutuellement les

---

(1) Il devint curé de la Lande-Patry, après le Concordat.

consolations de la charité, et s'encourager à la patience par de pieuses instructions. Vers la fin de 1796, M. le curé de Barges, qui était un des membres les plus édifiants de ces conférences, fut enlevé par la mort à la tendresse de ses confrères. Il alla au ciel prier pour ceux qu'il laissait sur la terre.

VI.

L'année suivante, le diocèse de Séez perdit un grand nombre d'autres prêtres exilés pour la foi, parmi lesquels on remarque M. Gourdel, curé de Bazoches-en-Houlme, et M. Gérard, curé de Meheudin.

M. Michel-Jean-François Gourdel, né à Falaise, fut ordonné prêtre en 1756. Il était curé de Bazoches-en-Houlme (1), depuis vingt-trois ans, lorsque l'impiété révolutionnaire vint mettre le désordre dans sa paroisse. N'ayant point voulu trahir sa conscience par la prestation du serment constitutionnel, il fut obligé de quitter son église et de se retirer en Angleterre. Ce bon vieillard fut accompagné dans l'exil par M. l'abbé Fournier, son vicaire, qui ne l'abandonna jamais, et lui témoigna le dévouement le plus filial. Mais, malgré ses soins empressés, M. Gourdel ne put supporter longtemps les souffrances de l'exil. Vers la fin de 1797, il sortit de cette vallée de larmes pour se rendre dans la patrie céleste (2).

VII.

M. Henri-Louis Gérard, de Carrouges, entra de bonne heure dans la Compagnie de Jésus et s'y fit remarquer par sa ferveur. Après la suppression de son Ordre, ce bon religieux revint dans sa famille, et pendant quelques mois il

(1) Bazoches-en-Houlme, canton de Putanges, arrondissement d'Argentan.
(2) Lettre de M. l'abbé Louisfert, aumônier de l'hospice de Morlagne.

exerça les fonctions de vicaire de Sainte-Marguerite-de-Carrouges. Nommé curé de Meheudin près Ecouché, en 1764, il se distingua entre tous ses confrères par son zèle, sa science et sa charité envers les pauvres. Aussi était-il vénéré comme un saint par tous les membres du clergé. Lorsqu'au mois de janvier 1791 on voulut exiger le serment constitutionnel de tous les prêtres employés dans le ministère, il s'attira la haine des ennemis de Dieu par sa fidélité inébranlable au chef de l'Eglise. Cependant ils le souffrirent quelque temps encore comme curé provisoire dans sa paroisse, parce qu'elle était très-petite et que l'évêque constitutionnel n'avait point de prêtre pour le remplacer. Au mois d'août 1791 le serviteur de Dieu reçut, en qualité de curé, une *Lettre pastorale* de l'évêque constitutionnel, avec injonction de la lire au prône de sa messe paroissiale. Il ne se contenta pas de renvoyer à son auteur cette pièce impertinente, il publia pour la réfuter une brochure qui est un chef-d'œuvre d'éloquence. Elle a pour titre : *Le curé un peu franc à M. Lefessier, évêque constitutionnel du département de l'Orne*. Comme ce titre le fait pressentir, elle est pleine de cette noble indignation que devait inspirer naturellement l'effronterie de ce misérable apostat, qui, pour s'affermir sur le siége épiscopal, et se faire nommer député à l'Assemblée nationale, semait les calomnies les plus atroces contre les prêtres restés fidèles à l'Eglise catholique. Nous voudrions pouvoir mettre sous les yeux du lecteur un travail qui fait tant d'honneur à la science et à la piété du serviteur de Dieu. Mais la longueur de cet écrit et la crainte d'ennuyer le lecteur par l'exposé de vérités théologiques déjà traitées plusieurs fois dans le cours de cet ouvrage, nous force de remettre à un autre temps la publication de ce travail (1). Qu'il suffise de dire que toutes les erreurs commises par Fessier sur les élections des ministres de l'Eglise,

(1) Il sera publié à la fin de ce volume parmi les pièces justificatives.

sur l'autorité du Pape, sur l'étendue de la juridiction épiscopale, sur la nature de l'intrusion et du schisme, et sur la validité des sacrements, sont réfutées avec tant de force par le confesseur de la foi, que son ouvrage excita en même temps les applaudissements des catholiques et une clameur générale parmi les partisans de l'évêque constitutionnel.

On se doute bien qu'ils ne laissèrent pas longtemps en repos le bon pasteur, après ce coup porté à leur idole. Obligé de quitter sa patrie, au mois de septembre 1792, il se réfugia en Angleterre, avec M. Dufriche, curé de Fleurey et M. Gourdel, curé de Bazoches.

Il était parvenu à dérober une modique somme d'argent aux recherches des révolutionnaires, qui fouillaient les prêtres sur la route de l'exil. Cet argent servit beaucoup plus à ses confrères qu'à lui-même. Car, touché de compassion à la vue de leur misère, il s'abandonna à la Providence et, dès les premiers jours de son arrivée en Angleterre, il se dépouilla de tout pour subvenir aux besoins des confesseurs de la foi. En récompense de sa charité, Dieu versa dans son âme ses plus douces consolations. Il lui fit supporter avec joie les souffrances de l'exil, il l'environna du respect et de l'affection de ses confrères qui le vénéraient comme un saint, et, après quelques années d'épreuves sur la terre étrangère, il lui ouvrit les portes de la véritable patrie du chrétien.

VIII.

On rapporte à l'année 1798 la mort de M. Jean-Jacques Thiboult de la Fresnaye, curé de Sainte-Céronne. Sa famille, qui était alliée aux premières maisons du diocèse, était encore plus illustre par sa piété que par sa noblesse. Il en faisait lui-même l'ornement par sa sainteté. Le zèle avec lequel il travaillait au salut des âmes confiées à sa vigilance pastorale, sa grande dévotion pour sainte Céronne, patronne de sa paroisse, sa charité pour les pauvres et sa profonde humilité lui attiraient la vénération de tous les fidèles. En 1791, il résista avec beaucoup de fermeté à la persécution, et il confirma ses confrères dans la foi par son exemple. Après avoir fait le bien dans sa paroisse pendant seize ans, obligé de prendre le chemin de l'exil, il partit pour l'Angleterre en priant pour son troupeau. Quelques mois après, le district de Mortagne vendit les biens qu'il avait dans la contrée, et le serviteur de Dieu se trouva, comme son divin Maître, réduit à la pauvreté. Mais il supporta avec une grande patience toutes les privations de l'exil, en vue des richesses inestimables que Dieu prépare dans l'éternité à ceux qui l'aiment. Il mourut, en bénissant Notre-Seigneur de l'avoir associé en ce monde à ses souffrances.

IX.

M. Jean-Baptiste Moissy, né à Saint-Pierre-du-Regard (1), en 1759, mourut quelques mois après M. de Thiboult. Il était depuis plusieurs années profès de la maison des Capucins de Caen, lorsque la révolution vint troubler la paix de son monastère. Obligé de quitter cette maison bénie, qui était pour lui le paradis sur la terre, il prit le chemin de l'exil et se retira à Londres. Après avoir suivi fidèlement son divin Maître dans la carrière des souffrances, il vit arriver avec joie le terme de ses travaux. Il expira le 29 août 1799.

Introduits, nous en avons la douce confiance, dans la véritable patrie du chrétien, ces pieux confesseurs de la foi se réjouissent maintenant dans le Seigneur et nous disent avec saint Paul (2) : « Vous voyez par quelles afflictions nous avons passé, quelles cruelles persécutions nous avons souffertes, et comment le Seigneur nous a délivrés de tous nos maux. Tous ceux qui veulent vivre pieusement en Jésus-Christ seront

---

(1) Canton d'Athis, arrondissement de Domfront (Orne).
(2) II Tim., III et IV.

aussi persécutés. Les hommes méchants et les imposteurs se fortifieront de plus en plus dans le mal, s'abandonnant à l'erreur et y faisant tomber les autres. Quant à vous, demeurez fermes dans les vérités que vous avez apprises et qui vous ont été confiées, sachant de qui vous les avez apprises. Nous vous en conjurons devant Dieu et devant Jésus-Christ, qui jugera les vivants et les morts, prêchez la parole de Dieu, pressez les hommes à temps et à contre-temps... Veillez, souffrez constamment toutes sortes de travaux, faites les fonctions d'évangélistes, et remplissez fidèlement votre ministère. L'œil de l'homme n'a pas vu, son oreille n'a pas entendu, son cœur n'a pas compris ce que Dieu a préparé à ceux qui l'aiment (1) ».

CHAPITRE II.

PRÊTRES MORTS DANS LES PRISONS DE LA RÉPUBLIQUE.

Saint Cyprien, parlant des confesseurs de la foi, qui mouraient dans les prisons pour la cause de Jésus-Christ, disait : « Ils n'ont pas moins de vertu et d'honneur que les autres martyrs, et ils doivent être mis parmi ceux-ci, parce qu'ils ont souffert, autant qu'il était en eux, tout ce qu'ils étaient prêts et disposés à souffrir effectivement. Celui qui s'est offert aux tourments et à la mort sous les yeux de Dieu, a souffert d'avance tout ce qu'il a voulu supporter. Ce n'est pas lui qui a manqué au dernier supplice; c'est le supplice qui lui a manqué. Puisque le terme de sa vie est arrivé, tandis que dans les chaînes et la prison il confessait Jésus-Christ, avec la volonté de mourir pour lui, rien n'a manqué à la gloire de son martyre (2) ». Plusieurs prêtres de ce diocèse ont eu, sous le Directoire, l'in-

---

(1) I Cor., II, 9.
(2) S. *Cypriani epistola* 27 *ad Clerum.*

signe honneur de mourir dans les chaînes pour la cause de Jésus-Christ et celle du Saint-Siége. Nous voudrions pouvoir faire connaître à la postérité les noms de tous ces fidèles serviteurs de Dieu. Mais nous n'avons pu retrouver qu'un petit nombre des registres d'écrou de la prison d'Alençon. Ceux des prisons de Domfront, de Mortagne et d'Argentan, où tant de ministres du Seigneur et de pieux fidèles furent conduits par les satellites des persécuteurs, ne nous ont pas été communiqués. Les seuls confesseurs de la foi, détenus dans les prisons de la république, dont la mort nous soit connue, sont :

MM. Charles-Julien Roussel,
Charles-Guillaume Leclencher,
Charles-Jean Bonvoust.

I.

M. Charles-Julien Roussel, né à Domfront, le 4 novembre 1769, était sous-diacre à l'époque de la révolution. N'ayant point voulu souiller sa conscience par le serment schismatique, il fut arrêté le 8 avril 1793, et conduit dans la prison de Laval. Il participa aux cruelles souffrances que les confesseurs de la foi, détenus à la maison de Patience, eurent à supporter dans le pénible voyage de Laval à Chartres. Il fut ensuite transféré avec eux à Rambouillet, et passa par toutes les épreuves auxquelles la cruauté des tyrans républicains soumit les fidèles serviteurs de Dieu. Mis en liberté après deux années de détention, il en profita pour se faire ordonner diacre et prêtre par un prélat catholique réfugié à Paris. C'était probablement Msr Jean-Baptiste de la Tour-Landry, évêque de Saint-Papoul. Le confesseur de la foi revint ensuite dans son diocèse et, tout brûlant de zèle, il se livra à la grande œuvre du salut des âmes.

D'autres épreuves attendaient ce fidèle disciple de Jésus crucifié. Arrêté une seconde fois, le 22 ventôse an IV (12 mars 1796), il fut traduit, au Mans, devant un conseil de guerre, comme *émigré* rentré sur le territoire français. La loi barbare de la république portait la peine de mort contre tout prêtre convaincu de ce prétendu crime. M. Roussel proposa un déclinatoire, et demanda à être jugé par le tribunal criminel. Mais on n'eut point d'égard à sa réclamation, et les juges du tribunal criminel du Mans, invités à faire reconnaître leurs droits sur sa personne, gardèrent le plus profond silence.

En vain le confesseur de la foi protesta qu'il n'avait jamais quitté le territoire français, qu'il avait même été déporté à Chartres et à Rambouillet, en 1793; le conseil de guerre se disposait à porter une sentence de mort. Son défenseur, prenant alors la parole devant ces hommes de sang, peint énergiquement combien est terrible la responsabilité d'une sentence de mort basée sur des preuves aussi peu solides que celles qui sont alléguées par l'accusateur, puisque la déportation du citoyen Roussel à Rambouillet, sa détention et sa mise en liberté, au mois de mars 1795, sont des faits certains et faciles à prouver. On lui propose de faire à ses frais et à l'instant le voyage de Rambouillet pour aller chercher un certificat de résidence, mais d'autres accusés réclament sa présence au Mans, il ne peut accepter ; cependant à force d'énergie il obtient un délai.

Les pièces justificatives venues, le conseil de guerre, à la pluralité de cinq voix contre quatre, qui votent pour la mort, constate que l'on ne peut faire à Charles-Julien Roussel d'autre reproche que celui d'être prêtre et en conséquence le condamne à la détention jusqu'à la paix (27 avril 1796). Traîné dans un des plus obscurs et des plus humides cachots de la prison du Mans, le fidèle serviteur de Jésus-Christ se sentit bientôt attaqué dans le principe même de la vie. Quoique ses persécuteurs le vissent accablé par la maladie et prêt de succomber aux miasmes pestilentiels qu'il respirait dans ce cloaque affreux, ils ne lui firent donner aucun soulagement. Il fut bientôt emporté par la violence du mal, qui fut pour lui le chemin royal du ciel (1).

II.

L'année suivante, mourut dans la prison d'Argentan M. Charles-Guillaume Leclencher. Il était né à Séez, en 1738. Ordonné prêtre, en 1764, il fut pourvu presque aussitôt de la cure de Saint-Germain-de-Montgommery (2), au diocèse de Lisieux. Il y avait vingt-six ans qu'il y travaillait à l'œuvre de Dieu, lorsque la révolution vint le mettre dans la dure nécessité d'abandonner son troupeau ou de prêter le serment. Ce dernier parti eût été à ses yeux une lâcheté et une apostasie. Il résolut donc de rester fidèle jusqu'à la mort au chef de l'Eglise. Bientôt il fut obligé par les persécuteurs de quitter sa paroisse, et pendant cinq ans il erra de commune en commune sans pouvoir trouver de domicile fixe. Réduit plusieurs fois à se cacher dans les forêts ou à s'ensevelir vivant dans des antres humides, il eut à souffrir à la fois toutes les horreurs de la captivité, du froid et de la faim.

En 1796, il trouva un asile chez M. Gabriel Avenel, boulanger, en la commune de Brésolettes (3). Malgré les précautions dont on environna la retraite du saint prêtre, le comité de surveillance parvint à le découvrir. Quelques heures après M. Leclencher et son bienfaiteur étaient entre les mains des gendarmes. Conduit à Alençon et traduit à la barre de Joseph Provost, le 21 ventôse an IV (11 mars 1796), il confessa la foi de Jésus-Christ avec une noble fermeté. Nous croirions faire injure à ce fidèle serviteur de Dieu, si

---

(1) Dom Piolin, *L'Eglise du Mans durant la Révolution*, t. III, p. 317 et suiv.
(2) Canton de Livarot, arrondissement de Lisieux (Calvados).
(3) Canton de Tourouvre, arrondissement de Mortagne (Orne).

nous ne rapportions ici son interrogatoire que l'on trouve au Palais de Justice.

Le Président. — « Quels sont vos nom, âge, profession et de-« meure (1) ? »

— Le ministre de Jésus-Christ. — « Je m'appelle Charles-Guillaume Leclencher, prêtre de l'Eglise catholique, apostolique et romaine. Je suis âgé de cinquante-huit ans, et sans domicile fixe.

— « Avez-vous fait des fonctions publiques ecclésiastiques ? Y a-t-il longtemps que vous avez quitté votre bénéfice et pourquoi l'avez-vous abandonné.

— « J'ai été curé de Saint-Germain-de-Montgommery, district d'Argentan, je fus chassé de mon bénéfice pour non prestation de serment, le 14 juillet 1791.

— « Avez-vous prêté les serments exigés par la loi ?

— « J'ai prêté le serment d'être fidèle à la nation, à la loi et au roi, et de soutenir toute constitution acceptée par le roi, en exceptant formellement tous les objets dépendant de la religion et réservés au Saint-Siége apostolique, m'obligeant de le maintenir autant qu'il dépendrait de moi, suivant les règles de la doctrine catholique, apostolique et romaine.

— « N'avez-vous pas émigré ?

— « Non, je n'y ai pas seulement pensé. J'ai appris le décret de la déportation quinze jours après qu'il a été rendu.

— « Pourquoi ne vous êtes-vous pas déporté aux termes de la loi, qui ordonnait la prestation du serment ou la déportation ?

— « Je n'avais pas d'argent.

— « Vous vous servez là d'un mauvais prétexte, puisque la loi ordonnait que la nation subviendrait aux frais de la déportation de ceux qui ne prêteraient pas le serment qu'elle prescrivait.

— « Ecoutez, qu'il soit bon ou mauvais, ç'a été le motif.

— « Où vous êtes-vous arrêté ?

— « A Brésolettes.

— « Chez qui ?

— « Chez un appelé Avenel, boulanger ; il est mon ami de cir-

---

(1) Dès l'année 1795, le président du tribunal criminel d'Alençon avait cessé de tutoyer les prêtres qu'on lui présentait.

constances. Dans le temps de la paix, les habitants m'arrêtèrent et me prièrent d'administrer les sacrements de baptême et de mariage.

— « N'avez-vous pas aussi administré les sacrements de Pénitence et d'Eucharistie ?

— « Est-ce qu'on marie les gens sans les confesser ?

— « Oui. On marie les gens sans confession, et les mariages sont aussi bons qu'avec la confession.

— « Je n'ai pas de réponse à faire à cela.

— « Avez-vous tenu des registres des baptêmes et des mariages que vous avez faits ?

— « Oui, et ces registres sont entre les mains de celui qui m'a conduit.

— « N'avez-vous reçu aucun traitement de la nation ?

— « Aucun.

— « Avez-vous passé votre déclaration de soumission aux lois de la république ?

— « Non.

— « Avez-vous un défenseur ?

— « Je ferai prier le citoyen Savary l'aîné de prendre ma défense (1) ».

Les juges du tribunal révolutionnaire ordonnèrent de mettre en liberté M. Avenel, « attendu qu'aucune loi ne lui était applicable. Les lois de la Convention contre les suspects et les personnes qui recélaient des prêtres, étaient alors abrogées.

Pour le fidèle ministre du Seigneur il avait piqué trop vivement Joseph Provost par la fermeté de ses réponses pour que le tribunal ne le condamnât pas aux peines les plus graves. On trouve sur les registres du tribunal criminel la sentence suivante portée contre lui :

« Vu par le tribunal criminel du département de l'Orne, séant en la commune d'Alençon, la procédure criminelle instruite contre

(1) Dossier de M. Leclencher, au Palais de Justice.

Charles-Guillaume Leclencher, ci-devant curé de Saint-Germain-de-Montgommery, âgé de cinquante-huit ans, sans domicile fixe ;

« Entendu la lecture publiquement faite des pièces de la procédure ;

« Considérant que le prêtre Leclencher était fonctionnaire public à l'époque de la révolution ;

« Considérant qu'il n'a prêté aucun des serments exigés par les lois des 24 juillet 1790, quoiqu'il y fût assujéti.

« Le tribunal condamne ledit Charles-Guillaume Leclencher à la peine de la déportation, conformément aux dispositions de la loi.

« Ordonne le tribunal que le présent jugement sera mis à exécution à la diligence de l'accusateur public.

« Fait et arrêté à Alençon, le vingt-troisième jour de ventôse de l'an IV de la république française une et indivisible (13 mars 1796), en l'audience publique du tribunal, où étaient les citoyens François-Joseph Provost, président, Jean-Baptiste-Claude-Joseph Piarron-Monderie, Jacques-François-Alexis Got, Pierre-René-Léonard Delauney, Louis-César Lautour-Mezeray, juges près de ce tribunal, Etienne Leroyer La Tournerie, substitut du commissaire du Pouvoir exécutif, Jules Leclerc, accusateur public, et Nicolas-Charles Audollent, greffier.

« Signé Fr. Provost, etc. »

Le confesseur de la foi était malade, lorsque les juges du tribunal criminel portèrent contre lui cette injuste sentence. Par un reste de commisération le Directoire de l'Orne ne le fit point déporter, comme l'avaient ordonné les juges du tribunal criminel. Conduit à Argentan, sur l'ordre des administrateurs, il fut enfermé dans la maison des Capucins. Il y supporta avec une résignation toute chrétienne les souffrances de la captivité. Mais sa patience n'empêcha pas sa santé de s'altérer complétement. Comme la plus douce des victimes, il rendit tranquillement son âme à Dieu, le 3 germinal an V (23 mars 1797). Cette date est confirmée par les registres de l'état civil d'Argentan, sur lesquels on lit :

« Charles-Guillaume Leclencher, ex-prêtre décédé à la

maison d'arrêt d'Argentan, le 3 germinal an V, âgé de 59 ans (1) ».

III.

Deux ans plus tard, la prison d'Alençon, sanctifiée déjà par la présence de tant de confesseurs de la foi, vit mourir une autre victime de la fidélité religieuse, M. Charles-Jean Bonvoust. Il était né à Alençon en 1747. Epris d'un noble amour pour la vie monastique, il entra de bonne heure dans l'Ordre de Saint-Benoît, où il édifia ses frères par ses vertus douces et aimables. Au mois d'août 1790 l'impiété révolutionnaire essaya vainement de le séduire en lui promettant les misérables jouissances du siècle ; il déclara aux officiers municipaux qu'il voulait vivre et mourir dans son ordre. Il était occupé à prier pour son infortunée patrie, lorsque les persécuteurs vinrent l'arracher de sa cellule, et l'obliger de reparaître au milieu d'un monde mauvais, auquel il avait renoncé. Il sortit en pleurant de son monastère, et continua de suivre dans sa pieuse famille les exercices de sa communauté. Il jeûnait, priait, méditait, célébrait chaque jour le saint sacrifice, passait une partie de la nuit dans les veilles, enfin travaillait de toutes ses forces à désarmer la colère de Dieu. Notre-Seigneur récompensa ce digne enfant de Saint-Benoît en lui donnant la couronne du martyre.

Arrêté, dans le cimetière d'Almenêches, la nuit du troisième jour complémentaire de l'an V (19 septembre 1797), il fut écroué à Alençon, le 11 frimaire an VI (1er décembre 1797). Cinq semaines après, il comparut devant les membres du Directoire, et quoiqu'il ne fût pas astreint aux lois de la république, relatives aux prêtres employés dans le ministère, il fut condamné à la déportation à l'île de Ré (5 janvier

(1) Lettre de M. l'abbé Le Cois, ancien vicaire d'Argentan, aujourd'hui curé d'Occagnes.

1798). Ce bon religieux étant tombé malade quelques jours après cette condamnation, les membres du Directoire départemental ordonnèrent de différer son départ pour l'île de Ré jusqu'à ce que ses forces fussent un peu rétablies. Mais sa santé ne fit que décliner à cause du régime affreux auquel on soumettait les prêtres fidèles à Dieu dans les prisons de la république. Le confesseur de la foi vit arriver avec bonheur le jour où il lui serait donné de quitter cette vallée de larmes. Le 19 germinal an VII (8 avril 1799), il rendit doucement son âme entre les mains de son créateur (1).

(1) Nous terminerons ce chapitre par un extrait des *Registres d'écrou* de la prison d'Alençon. Il contient les noms de presque tous les ecclésiastiques qui furent condamnés à la réclusion pour la foi catholique, de 1797 à 1799.

Pierre Legoux, prêtre de la commune de Damemarie, 64 ans, écroué le 7 frimaire an VI.

Jean-Louis Châtel, prêtre non-assermenté de la commune de Vitrai, 60 ans, écroué le 8 frimaire an VI (28 novembre 1797), conduit à Argentan le 30 frimaire an VII, dans la maison des Capucins ;

Clément Lesage, prêtre réfractaire de la commune de la Chapelle-Viel, arrondissement de Moulins, 63 ans, écroué le 11 frimaire an VI (1er décembre 1797), mis en liberté le 8 pluviôse an VI (27 janvier 1798) ;

Jean-Baptiste Ravaux, prêtre non-assermenté de la commune de Bellême, écroué le 17 frimaire an VI (7 décembre 1797), mis en liberté le 16 prairial an VIII (4 juin 1800) ;

Jean Hamel, prêtre réfractaire de la commune de Tinchebray, 68 ans, écroué le 27 nivôse an VI (14 janvier 1798), mis en liberté le 16 prairial an VIII ;

Jacques Ledoyen, prêtre réfractaire, de la commune d'Almenêches, 42 ans, écroué le 24 nivôse an VI (13 janvier 1798), conduit à Argentan, à la maison des Capucins, le 21 messidor an VI (9 juillet 1798) ;

François Chalaux, ex-prêtre, de la commune de la Ferté-Macé, écroué le 3 messidor an VI (21 juin 1798) ;

Guillaume Vaudoré, prêtre rétracté, de la commune de Sérans (arrondissement d'Argentan), 43 ans, écroué le 9 germinal an VI (29 mars 1798), mis en liberté le 12 germinal an VI (1er avril 1798) ;

François-Robine Lafosse, prêtre insermenté, de la commune de la Fresnaye-aux-Sauvages, 50 ans, écroué le 9 germinal an VI (29 mars 1798), conduit à la maison des Capucins d'Argentan, le 23 germinal an VI (11 avril 1798) ;

Louis-Alexandre Launay, rétracté, 32 ans, écroué le 9 germinal an VI (29 mars 1798), mis en liberté le 12 germinal an VI (1er avril 1798) ;

Pierre-Jean Rossignol, prêtre insermenté, de Vimoutiers, écroué le 15 germinal an VI (4 avril 1798) ;

« Voici ce que dit Celui qui est le Premier et le Dernier, qui a été mort et qui est vivant : Je sais ton affliction et ta

Mathurin-Jacques Valframbert, ex-curé de Coulonges-sur-Sarthe, prêtre réfractaire de la commune de Séez, 68 ans, écroué le 25 thermidor an VI (12 août 1798), mis en liberté le 6 floréal an VIII (21 avril 1800) ;

Jérôme-René Levain, ex-curé de la commune de Valframbert, prêtre réfractaire, 55 ans, écroué le 25 thermidor an VI (12 août 1798), mis en liberté le 16 prairial an VIII (4 juin 1800) ;

Jacques-Charles Lavie, prêtre réfractaire, de la commune de Séez, 57 ans, écroué le 25 thermidor an VI (12 août 1798), mis en liberté le 16 prairial an VIII (4 juin 1800) ;

Jacques Lecomte, prêtre réfractaire, de la commune de Séez, 57 ans, écroué le 25 thermidor an VI (12 août 1798), mis en liberté le 16 prairial an VIII (4 juin 1800) ;

Thomas Charpentier, prêtre réfractaire, de la commune de Beston (Manche), 36 ans, écroué le 17 vendémiaire an VII (8 octobre 1798), conduit au département du Calvados le 9 brumaire an VII (30 octobre 1798) ;

Goday, prêtre réfractaire, de la commune de Noucelet (Eure), 93 ans, écroué le 4 brumaire an VII (25 octobre 1798), conduit à Evreux le 15 frimaire an VII (5 décembre 1798) ;

Goday, prêtre réfractaire, de la commune de Nonancourt (Eure), arrondissement de Verneuil, 63 ans, écroué le 3 nivôse an VII (23 décembre 1798), mis en liberté le 16 prairial an VIII (4 juin 1800) ;

Jacques-Pierre Clogenson-Létang, ex-chapelain de l'Union à Alençon, réfractaire, 70 ans, écroué le 15 nivôse an VII (4 janvier 1799), mis en liberté le 16 prairial an VIII (4 juin 1800) ;

Louis-Alexandre Auguste, prêtre, de la commune d'Exmes, 83 ans, écroué le 14 ventôse an VII (4 mars 1799), mis en liberté le 28 germinal an VII (17 avril 1799) ;

René Guivier, ex-capucin Sigismond, non-assermenté, de la commune d'Alençon, 60 ans, écroué le 27 ventôse an VII (17 mars 1799), mis en liberté le 16 prairial an VIII (4 juin 1800) ;

Michel-Victor-Dominique Fleury, prêtre réfractaire, de la commune d'Echauffour, 26 ans, écroué le 29 ventôse an VII (19 mars 1799), mis en liberté le 13 frimaire an VIII (3 décembre 1799) ;

Jacques-Pierre-Jean Vallet, prêtre réfractaire, de la commune de Bonneval, arrondissement de Sap, 60 ans, écroué le 29 ventôse an VII (19 mars 1799), mis en liberté le 16 prairial an VIII (4 juin 1800).

Noël-François Germond, prêtre réfractaire, de la commune de Séez, 75 ans, écroué le 4 germinal an VII (24 mars 1799), mis en liberté le 16 prairial an VIII (4 juin 1800) ;

Jean Masson, prêtre réfractaire, de la commune de Séez, 54 ans, écroué le 4 germinal an VII (24 mars 1799), mis en liberté le 16 prairial an VIII (4 juin 1800) ;

Michel Binet, prêtre réfractaire, de la commune de Magny-le-Désert, 63 ans, écroué le 11 germinal an VII (31 mars 1799), mis en liberté le 19 prairial an VIII (4 juin 1800) ;

pauvreté ; tu es riche. Ne crains rien de ce que tu auras à souffrir. Sois fidèle jusqu'à la mort, et je te donnerai la couronne de vie ». (Apoc., II, 8-10.)

CHAPITRE III.

PRÊTRES DÉPORTÉS A LA GUYANE.

La loi du 5 septembre 1797 ayant autorisé le Directoire à déporter à la Guyane les prêtres catholiques, un grand nombre de fidèles serviteurs de Dieu furent tirés des prisons, où la persécution les avait replongés, et traînés vers Rochefort avec la même barbarie qu'en 1794. Cent soixante y furent embarqués, le 12 mars 1798, sur la frégate *la Charente*, d'où, après quelques jours de mise à la voile, on les fit passer sur la frégate *la Décade*, qui alla les jeter sur les côtes de Cayenne. Cent vingt autres ecclésiastiques, arrivés plus tard à Rochefort, montèrent au mois d'août suivant, la corvette *la Bayonnaise* qui les porta bientôt à la même destination (1).

Jean Beaufils, prêtre, de la commune de Longny, 40 ans, écroué le 15 germinal an VII (4 avril 1799), mis en liberté le 18 thermidor an VII (5 août 1799) ;

Joachim-Julien Sénéchal, prêtre, de la commune d'Ecouché, 40 ans, écroué le 25 germinal an VII (14 avril 1799), mis sous la surveillance de Julien Sénéchal, son père, et de l'administration municipale d'Ecouché, le 4 pluviôse an VIII (23 janvier 1800) ;

Philippe-Arnoul Hébert, prêtre réfractaire, de la commune d'Ecorches, canton de Trun, écroué le 1er thermidor an VII (19 juillet 1799), mis en liberté le 16 prairial an VIII (4 juin 1800) ;

Marin Hébert, prêtre réfractaire, de la commune de Ségrie-Fontaine, 55 ans, écroué le 16 thermidor an VII (3 août 1799), mis en liberté le 16 prairial an VIII (4 juin 1800).

(1) On essaya de déporter à Cayenne d'autres ecclésiastiques ; mais le vaisseau qui les portait fut capturé par les Anglais, qui mirent en liberté les prêtres catholiques, et condamnèrent aux pontons tous les marins français. Cette nouvelle mit en fureur les membres du Directoire. Ils ordonnèrent de retenir, dans les îles de Ré et d'Oléron, tous les prêtres qui devaient être déportés.

Les serviteurs de Dieu avaient souffert cruellement pendant la traversée. Un laïque, L. Pitou, qui, pour une cause politique, fut déporté avec les ministres de Jésus-Christ, a dit, en parlant de *la Décade*, sur laquelle il se trouvait, et qui était plus grande que *la Bayonnaise* : « Nous n'avions dans l'entrepont qu'un espace de trente pieds de long et quatre pieds six pouces de hauteur, occupé par deux rangs de hamacs l'un sur l'autre. Ajoutez à cela les valises, qui remplissaient le tiers de l'espace, et les piliers qui, de trois pieds en trois pieds, supportaient les hamacs. Il restait seulement aux déportés, qui étaient couchés, cinq pieds en longueur sur deux de hauteur, d'où encore il faut déduire la place des valises, ce qui réduisait leurs cinq pieds à moins de trois. Quelles nuits, grand Dieu, quelles nuits! L'échafaud est un trône auprès de ce genre de supplice... La vue de ce gouffre vous ferait seul invoquer la mort. Aujourd'hui même que je suis accoutumé au malheur, sans qu'il ait toutefois endurci mon âme, je ne puis réfléchir à la situation où nous étions, sans que toutes mes idées se confondent (1) ».

Presque tous les confesseurs de la foi arrivèrent malades au port de Cayenne.

« Quelques-uns », dit M. l'abbé Guillon (2), « ne pouvant être transportés plus loin, l'agent du Directoire à Cayenne fut obligé de les y laisser à l'hôpital. Quelques autres, un peu moins exténués et favorisés par lui, furent envoyés en des cantons voisins, où ils pouvaient trouver dans les maisons des colons, quelques faibles ressources contre l'insalubrité du climat. Mais le plus grand nombre eut une destination plus cruelle. Ce fut pour les uns le désert de Sinnamary, et pour les autres la contrée plus affreuse encore de Konanama.

« Ceux des prêtres qui devaient être relégués à Konanama

(1) *Voyage à Cayenne*, par L. Pitou. Paris, 1805.
(2) *Martyrs de la Foi*, t. I, p. 454.

furent aussitôt embarqués sur une goëlette. Ils avaient à parcourir vingt-sept lieues maritimes pour arriver au point de la côte le plus rapproché de ce canton, et, pendant le trajet qui dura trois jours, ils n'eurent pour se désaltérer que l'eau de la mer. Mis enfin à terre, ils devaient encore faire trois lieues et demie à pied, leur valise sur le dos, pour atteindre Konanama. Mourant de soif ils ne trouvèrent, pour apaiser cette souffrance, que l'eau saumâtre d'un fleuve, sur les bords duquel ils étaient obligés de se coucher, pour en aspirer quelques gouttes. Lorsque, dans cette pénible route, ils demandaient quelques soulagements au chef de l'escorte qui les conduisait, cet homme féroce leur répondait : « Taisez-vous, chiens de déportés, ou je vous ferai taire à coups de fusil ».

« Enfin, ils arrivèrent au lieu sauvage qui devait les voir presque tous périr. On leur y fixa pour demeure une butte sur laquelle, en été, les feux du soleil tombent perpendiculairement, et dont la terre rougeâtre, comme si elle était embrasée, en réfléchit les rayons avec toute leur ardeur, et fait en même temps jaillir de son sein les exhalaisons pestilentielles que ce brûlant soleil semble lui demander. Quand le soir il paraissait las de tourmenter les déportés, des essaims d'insectes venimeux venaient les assaillir. La piqûre des moustiques les couvrait d'ampoules purulentes, et les toits qu'on leur offrait pour la nuit ne consistaient qu'en une misérable cabane, appelée hôpital, et des carbets plus misérables encore, où ils n'avaient que des feuilles desséchées pour couvert et pour murailles. Encore y avait-il si peu de carbets dans le commencement que chacun d'eux vit se réfugier jusqu'à vingt-cinq et trente prêtres dans son étroite enceinte. Les moins malheureux obtinrent ensuite des hamacs suspendus aux pieux de cette triste cahute, et la pauvre nourriture (1) qu'on leur donnait n'était

---

(1) « On avait fixé leur ration journalière à huit onces de pain, douze de cassave

qu'un moyen de prolonger leur supplice en prolongeant leur vie.

« Les déportés n'ont encore passé qu'une nuit dans ce séjour dévorant, et le lendemain, quand ils se regardent les uns les autres, ils ne se reconnaissent presque plus, tant l'horreur de leur sort a déjà changé leur visage. Ils errent comme des spectres, leur bréviaire à la main, sans savoir où ils vont, ils se rencontrent, se touchent, s'entre-choquent et ne s'aperçoivent même pas. Un d'eux, surpris par le délire de la fièvre chaude, s'est déjà précipité dans une rivière pour éteindre le feu qui le consume, et son corps qu'on leur rapporte le quatrième jour de leur arrivée leur fait comprendre que l'*habitation* qui leur est la plus nécessaire en ce lieu est un cimetière consacré par la religion. Ils se le procurent à l'instant.

« Quinze jours se sont à peine écoulés, et les carbets ainsi que l'hôpital sont pleins de malades ; les ongles se détachent de leurs doigts, leurs jambes, leurs corps mêmes sont enflés et couverts de pustules. Les chiques (1) se sont introduites en si grande quantité dans la chair des uns qu'elle tombe en lambeaux ; la dyssenterie a tellement épuisé les autres qu'ils n'ont pas même la force de changer de place ; et l'odeur qui s'exhale de leurs corps en disso-

(farine de racine de manioc desséchée), huit onces de viande, deux onces de riz, quatre trente-deuxièmes de tafia, quinze onces d'huile qu'on ne leur a jamais données, et jamais ils ne reçurent les objets précédents suivant le poids indiqué. De peur qu'ils n'allassent chercher des aliments chez des indigènes peu éloignés, qui peut-être auraient eu pitié de leur détresse, on leur avait défendu de sortir de l'enceinte qui leur était assignée, « ne voulant pas », disait-on, « qu'ils allassent « soulever les habitants par la superstition », c'est-à-dire leur parler de Dieu et les édifier par leurs vertus. Cette défense les empêchait aussi de chercher à pourvoir à leur subsistance par la pêche ou la chasse à l'arc. Ceux qui échappaient à la vigilance des gardes dans ce dessein ne pouvant atteindre leur but sans passer dans les forêts, y couraient le risque d'être dévorés par les bêtes féroces ». (*Voyage à Cayenne*, par L. Pitou.)

(1) Ces insectes sont de véritables puces d'une extrême petitesse, qui s'insinuent dans la peau par un des pores qu'elles dilatent. Elles y déposent des œufs, qu'on retire avec la pointe d'une épingle, mais non sans de grandes douleurs.

lution est si repoussante qu'il n'y a plus que leurs confrères, animés de la plus héroïque charité, qui aient le courage d'approcher d'eux pour les servir. La plupart, attaqués de peste et de scorbut, ne cessent de vivre qu'après une cruelle agonie longtemps prolongée, et lorsque les vers qui les rongent ont pénétré dans leurs intestins. On voit alors ces reptiles sortir de leurs corps, devenus trop dégoûtants pour leur servir de pâture.

« Les prêtres aimaient mieux expirer dans leurs carbets qu'à l'hôpital, parce que les infirmiers barbares qui les desservaient, les accablaient d'outrages au lieu de leur donner des soins. Le malade qu'on y déposait se voyait enlever en entrant tous ses effets par un garde-magasin, et, lorsqu'il réclamait ensuite quelque objet que son mal lui rendait indispensable, le garde-magasin lui répondait : « Vous êtes mort, ce que vous avez doit vous suffire ».

« Pour comprendre toute l'horreur de la situation des prêtres déportés à Konanama, il suffirait de savoir que leurs gardes, quoiqu'ils n'eussent guère à supporter que les inconvénients du climat, ne pouvaient plus y résister. Leur commandant s'en plaignait à l'agent directorial dès le 22 octobre 1798. Il demandait à passer à Sinnamary, qui est à la distance de quatre à cinq lieues. Cette remontrance eut pour les prêtres un effet qu'ils n'auraient pas obtenu, s'ils eussent demandé ce déplacement pour eux-mêmes. Ce fut le 25 novembre qu'ils partirent pour Sinnamary, marchant péniblement vers cet autre lieu de douleurs, qui semblait leur devoir être moins cruel que le précédent. Mais, dès leur arrivée, cette consolante illusion cessa, quand ils virent ceux de leurs confrères qui l'habitaient. Quoique plusieurs eussent fait avec eux la traversée des côtes de la Charente à Cayenne, ils ne pouvaient les reconnaître, tant ceux-ci avaient souffert à Sinnamary même. Ce désert est aussi meurtrier que l'autre, et n'a pour le rafraîchir, ou plutôt pour l'humecter, que l'eau saumâtre d'une rivière qui le cotoye. A celui-là même, qui, la veille, semblait plein de vie, il ne fallait qu'un jour de cette fièvre chaude qui est si commune en ce lieu, pour que le lendemain il n'existât plus, que déjà même il fût enterré ; et les mêmes insectes de Konanama dévoraient vivantes les victimes de Sinnamary.

« Quarante-cinq prêtres y perdirent la vie. Il en mourut en outre cinquante-deux tant dans l'hôpital de Cayenne que dans les cantons de Roura, d'Aprouagua, de Makousia, etc., et chez les colons charitables, qui les avaient logés dans leurs maisons ; de sorte qu'avec les soixante-six qui avaient perdu la vie à Sinnamary, et les huit qui avaient péri pendant la traversée, le nombre des prêtres morts dans cette déportation depuis le 12 mars 1798 jusqu'au 1er janvier 1801, ne fut pas moindre de cent soixante-neuf. De ceux auxquels, à cette dernière époque, Bonaparte, devenu chef du gouvernement, en qualité de premier consul, permit de quitter ces contrées homicides, très-peu en sortirent sans y avoir contracté des infirmités qui devaient les entraîner bientôt dans la tombe.

I.

Le premier prêtre du diocèse de Séez qui reçut la couronne du martyre sur cette terre sanctifiée par les souffrances de tant de glorieux serviteurs de Dieu, fut M. Pierre Brétault, né à Alençon, en 1742. Il était curé de la Pouèze(1), dans le diocèse d'Angers, lorsque l'Assemblée constituante déclara la guerre à l'Eglise catholique. Il ne fit aucun des serments prescrits par l'impiété révolutionnaire, et parvint à se soustraire à la terrible persécution de 1794. Pendant les trois années qui suivirent, voyant que l'Eglise avait recouvré un peu de tranquillité, il donna plus d'essor à son zèle. C'était un pasteur digne des premiers siècles, et

(1) Canton du Lion-d'Angers, arrondissement de Segré (Maine-et-Loire).

sa charité, sa patience, sa grandeur d'âme ne l'abandonnèrent jamais, pas même quand les exécuteurs de la cruelle loi du 19 fructidor an V (5 septembre 1797), se furent emparés de sa personne. Condamné à la déportation à la Guyane, il fut conduit à Rochefort, et embarqué sur la frégate *la Charente*, le 12 mars 1798.

Après avoir eu mille fois l'occasion d'exercer sa patience, il arriva épuisé de forces au port de Cayenne. De là il fut envoyé avec un grand nombre de ses confrères dans l'affreux désert de Konanama. Bientôt la plupart de ces vénérables prêtres se virent attaqués de la peste et du scorbut. M. Brétault, quoique atteint lui-même d'une maladie putride, ne cessa de secourir ses confrères que lorsqu'il ne lui fut plus possible de se tenir debout. Il fut alors transporté à la cabane appelée l'hôpital.

Comme on savait qu'il ne lui restait pour toute fortune que trois francs, aucun des infirmiers ne faisait attention à lui, et depuis trois jours il était dévoré d'une fièvre brûlante. La voix lui manquait, et il faisait signe de la main à tous ceux qui passaient de venir étancher sa soif. Un militaire, sensible à ce geste, dont il comprend la signification, va partout chercher de l'eau ; et il n'en trouve que de très-malpropre chez le garde-magasin, dans un grand bassin où l'on avait lavé de la vaisselle. Ce bassin est apporté au moribond, qui le saisit à deux mains, boit deux ou trois gorgées, et s'écrie : « Ah ! mon Dieu, que cela me soulage, vous me faites revivre » : il reprend le vase, aspire avidement. « Au moins », dit-il, « j'ai encore vécu ; mais… Ah ! mon Dieu ». Il retombe dans son hamac, et expire à l'âge de 56 ans (4 novembre 1798).

II.

Trois semaines après, du désert de Sinnamary s'élevait au ciel l'âme d'un autre martyr de ce diocèse, M. Joseph-Charles Carret. Né à la Courbe, dans le canton d'Ecouché, en 1750, il devint prêtre et religieux de Saint-Dominique. Il ne fit ni le serment révolutionnaire de 1791, ni celui de 1792. Pendant la Terreur, il échappa aux recherches des satellites de Danton et de Robespierre. Après la mort de ces tyrans, il reparut dans la ville de Metz, où il exerça le saint ministère. Les limiers du Directoire exécutif l'ayant arrêté, à la fin de 1797, il fut condamné à la déportation à la Guyane. On l'embarqua à Rochefort, sur la frégate *la Charente*, le 12 mars 1798. Epuisé de fatigues et de privations, il eut encore la douleur, à son arrivée à Cayenne, de se voir séparé de M. Brétault, son compatriote. Il offrit à Dieu ce nouveau sacrifice et partit pour le désert de Sinnamary. Il y fut bientôt atteint de la fièvre chaude, fléau mortel qui règne presque continuellement dans cette contrée. Ses compagnons le transportèrent à l'hôpital, mais, malgré tous les soins qu'ils lui prodiguèrent, il ne tarda pas à succomber à la violence du mal. Il rendit son âme à Dieu, à l'âge de quarante-huit ans, le 29 novembre 1798 (1).

III.

M. François-Nicolas Magnier, sous-prieur de la Trappe (2), fut aussi, nous assure-t-on, une des victimes de la déportation à la Guyane. Il édifiait sa communauté par sa piété angélique, sa douceur envers ses frères, et le zèle avec lequel il travaillait à leur sanctification, lorsque l'Assemblée constituante porta la loi aussi injuste que funeste à la société, qui supprimait les monastères. Un ennemi des com-

(1) *Martyrs de la Foi*, par M. l'abbé Guillon.
(2) On lit sur le *Registre des professions* de l'abbaye de la Trappe, conservé aux archives de l'Orne : « F. Jérôme, dit dans le monde François-Nicolas Magnier, prêtre, fils de défunt Louis-François Magnier, greffier, et de défunte Catherine Robert, natif d'Aumale, diocèse de Rouen, âgé de 38 ans 9 mois, a reçu l'habit de novice de chœur des mains de Dom Palémon, le 20 novembre 1773. Signé : F. Jérôme Magnier ; — F. Théodore, abbé de la Trappe ».

munautés religieuses n'a pu s'empêcher de reconnaître à sa manière l'influence que ce vénérable religieux exerçait sur ses frères par la sainteté de sa vie, la confiance qu'il leur inspirait et les louables efforts qu'il fit pour sauver son monastère de la suppression générale. M. D... écrivait dans *l'Annuaire de l'Orne* pour 1809 (1) :

« En novembre 1790, le Directoire du département de l'Orne envoya à la Trappe deux commissaires, pour prévenir les religieux qu'ils étaient libres de sortir, recevoir leurs déclarations, et faire un rapport sur la situation de l'établissement. Mais Jérôme Magnier, sous-prieur, qui remplaçait, à la tête de la communauté, le prieur absent, Gervais Brunet, prévint les effets qu'auraient pu produire les propositions des commissaires ; suggestions adroites, point d'honneur, incertitude de l'avenir, il mit habilement tout en usage pour retenir ses religieux sous la loi qu'ils s'étaient imposée. Aussi les commissaires trouvèrent-ils les Trappistes fort prévenus contre eux et le majorité décidée à ne pas profiter de la liberté qu'on offrait ».

Il aurait sans doute fallu, pour plaire aux disciples de Voltaire, que le vénérable sous-prieur eût dit à ses religieux : « Vous avez fait des promesses à Dieu qui vous jugera. Vous êtes liés par des vœux solennels en face de son Eglise. Foulez tout cela aux pieds, pour faire plaisir à ces bons Messieurs, qui vous enlèveront tout dans quelques mois, tout, jusqu'au dernier morceau de pain, et qui vous jetteront ensuite sous le tranchant de la guillotine ou sur les pontons de Rochefort ».

Si le bon religieux n'eut pas la consolation d'obtenir des misérables, qui tenaient alors la France sous un joug de fer, la conservation de son monastère, si, quelques mois plus tard, il se vit, comme ses frères, chassé impitoyablement de son pieux asile, il eut du moins la joie de travailler

(1) Page 77.

de toutes ses forces à l'œuvre de Dieu pendant la sanglante époque de la Terreur. Dieu, qui le destinait à un autre genre de martyre, ne permit pas qu'il tombât alors sous le fer des bourreaux. Mais, en 1798, il fut arrêté et condamné par le Directoire exécutif à la déportation. Arrivé dans l'île de Ré, le 7 août 1798, il fut embarqué presque aussitôt pour la Guyane, où il arriva vers la fin de septembre. Il avait alors 53 ans.

Comme ce bon religieux avait sans cesse en vue cette éternité de bonheur et de gloire, que le Seigneur prépare dans sa magnificence à ceux qui l'aiment, il se donnait bien de garde de se plaindre de cet instant de souffrance, au prix duquel il achetait la béatitude céleste. Sa gloire, sa joie, ses délices sur la terre n'étaient-elles pas depuis longtemps de souffrir pour Jésus-Christ et de lui rendre sacrifice pour sacrifice ? On croit que ce digne enfant de saint Bernard avait terminé ses jours à la Guyane, lorsque le premier consul envoya chercher les confesseurs de la foi qui survivaient à la persécution.

« O justes, réjouissez-vous maintenant dans le Seigneur, chantez à sa gloire un nouveau cantique, parce que la Providence du Seigneur est admirable, et sa justice éclate dans toutes ses œuvres. Heureuse la nation qui reconnaît le Seigneur pour son Dieu ; heureux le peuple qu'il choisit pour son héritage (Ps. XXXII).

CHAPITRE IV.

PRÊTRES DÉPORTÉS AUX ÎLES DE RÉ ET D'OLÉRON.

Les premiers ecclésiastiques, qui furent conduits d'Alençon à l'île de Ré, y arrivèrent le 17 juin 1798. Parmi eux se trouvaient M. Claude-Alexandre Legros, trappiste ; M. Sébastien Gadeau, de Regmalard ; M. François Bouiller, de Sainte-

Gauburge ; M. Claude Poirier, vicaire de Saint-Germain-de-la-Coudre ; M. Jean-Noël-François Lamperière, de Saint-Hilaire-de-Briouze. Un grand nombre d'autres ecclésiastiques, condamnés par le tribunal révolutionnaire ou le Directoire exécutif pour leur fidélité au Saint-Siége, furent embarqués plus tard pour l'île de Ré et celle d'Oléron.

« Les premiers prêtres qui débarquèrent à l'île de Ré », écrit M. l'abbé Guillon (1), « eurent pour logement une partie des casernes, et dans chacune de leurs petites chambres on entassa quatorze d'entre eux. Quand elles furent ainsi comblées, on relégua les autres prêtres dans les galetas, dont les fenêtres sans châssis et les toits ruinés les livraient à toutes les injures de l'air, que les vapeurs de la mer rendaient très-malfaisants. Là, pendant l'hiver, ils étaient abandonnés à toutes les rigueurs de la saison, et, pendant l'été, ils nageaient pour ainsi dire dans un atmosphère méphitique. Aucun lit n'était donné pour le repos de la nuit, ni aux uns ni aux autres, et ils n'eurent, pour se coucher, que la paille, quand toutefois ils avaient pu en acheter, et, lorsque la vermine s'y introduisait, ils n'avaient pas toujours les moyens de la faire renouveler. La nourriture qu'on leur distribuait chaque jour, ne consistait que dans une livre et demie de pain noir et grossier, des haricots, des fèves, de la merluche, le tout en mauvaise qualité, de la viande une fois par décade, encore choisissait-on le vendredi pour la leur donner. Pour leur boisson, l'on distribuait à chacun trois verres environ d'un vin âpre et répugnant. Quel sort pour douze cents prêtres déjà exténués par un pénible voyage et par leur cruel séjour dans les prisons, pour des prêtres dont beaucoup étant accablés d'infirmités, ne pouvaient se mouvoir ou marcher qu'avec des béquilles... Condamnés, au nom de la France, à toutes les privations, en proie aux souffrances les plus vives, ils ne faisaient des vœux que pour

---

(1) L'abbé Guillon, *Martyrs de la Foi*, t. I, p. 469.

le bonheur de cette même France, et, maudits par leurs bourreaux, ils ne leur répondaient que par des bénédictions. Eh ! que parlons-nous de simples malédictions ? Pourquoi ne dirions-nous pas les barbares vexations que se plaisaient à leur faire ceux-là même qui n'avaient d'autre commission que celle de les garder ? Le commandant du fort non-seulement les insultait à tout propos, mais encore les traitait avec la plus extrême brutalité, et les soldats, excités par ses exemples et ses discours, devenaient pour eux autant de persécuteurs. Combien de fois ne se donna-t-il pas le féroce plaisir de les confiner, sous de frivoles et même de faux prétextes, en des cachots presque entièrement obscurcis par d'épaisses grilles, et qui étaient ce qu'il y avait de plus rigoureux dans les prisons même de la citadelle ?

« Le fort de l'île d'Oléron regorgeait également de prisonniers. On y avait de même entassé quatorze prêtres dans chaque chambre, quoiqu'elle pût à peine en loger deux un peu commodément. Leur nourriture n'était pas meilleure que celle de leurs confrères du fort de Ré, et l'air salin et dévorant de l'île, auquel ils n'étaient point accoutumés, leur occasionnait aussi des maladies, qui, lorsqu'elles ne les conduisaient pas au tombeau, leur léguaient des infirmités incurables, par lesquelles, sans doute, devait être raccourcie la durée de leur vie.

« Leurs sentiments n'étaient pas moins angéliques et leur conduite moins édifiante que les sentiments et la conduite des prêtres de l'autre fort. Dans l'intervalle de leur prière, ils s'entretenaient ensemble des sciences de leur état, et des moyens de se rendre plus parfaits dans la pratique des vertus du sacerdoce ».

Un arrêté du 6 nivôse an VIII (27 décembre 1799) permit à tous les prêtres détenus aux îles de Ré et d'Oléron de retourner dans leurs foyers à condition de faire une promesse de fidélité au gouvernement consulaire. Bien des prêtres détenus aux forts de Ré et d'Oléron, s'étant soumis à la condition exigée, furent rendus aussitôt à la liberté, mais, à la fin de février 1800, il y en avait encore 120 dans l'île de Ré, et une centaine dans le fort d'Oléron. Ils ne croyaient pas pouvoir en conscience faire une promesse de fidélité à un gouvernement qui, dans une instruction adressée, le 12 janvier 1800, aux administrations des départements, déclarait que « tous les cultes étaient égaux, mais que les lois qui en réglaient l'exercice continueraient d'être sévèrement exécutées ». Ces lois étaient celles de la Convention. Ces nobles confesseurs de la foi furent retenus aux îles de Ré et d'Oléron jusqu'à l'époque où Bonaparte conclut le Concordat avec le Saint-Siége.

Nous ne connaissons point tous les ecclésiastiques de notre diocèse qui furent victimes de cette cruelle déportation. Les seuls, dont la mort soit constatée par le témoignage de leurs contemporains, sont M. Claude-Alexandre Legros, trappiste, et M. Julien Tison, curé de Feings.

M. Claude-Alexandre Legros naquit à Paris, en 1865. Ayant embrassé la vie religieuse à la Trappe (1), et reçu le sacerdoce, il resta dans cette sainte maison jusqu'au moment où l'impiété révolutionnaire employa la force pour chasser les religieux. Comme il était doué d'une grande énergie de caractère, il se rendit à Mortagne peu de temps après son expulsion de son abbaye, et, se présentant aux familles de cette ville comme chef d'institution, il établit un collége dans le couvent de Saint-Eloi, que les Trinitaires venaient d'évacuer. Cette entreprise hardie lui réussit parfaitement. Son collége eut bientôt de la réputation, il faisait de bons élèves et il était suivi. Les révolutionnaires aussi bien que les honnêtes gens, ignorant la profession religieuse et le

(1) Voici l'acte de profession de ce bon religieux : « F. Léopold, dit dans le monde Claude-Alexandre Gros, fils de Claude Gros, bourgeois de Paris, et d'Aimée-Philiberte Frontineau, natif de Paris, paroisse Saint-Sulpice, âgé de 21 ans, a fait profession entre les mains du Révérend Père abbé, en présence de toute la communauté, le 28 juin 1787. Signé : F. Léopold Gros; — F. Pierre, abbé de la Trappe ; — L'Herminier ; — Guillet.

caractère sacerdotal de M. Legros, lui confiaient volontiers l'éducation de leurs enfants. Cependant ce bon religieux excitait les soupçons de quelques sans-culottes par le soin avec lequel il apprenait à ses élèves à prier Dieu matin et soir. Si les honnêtes gens applaudissaient à sa conduite, les hommes de désordre en étaient vivement contrariés. En effet, il ne paraissait jamais ni aux cafés, ni aux clubs, ni aux assemblées révolutionnaires. Cependant personne ne voulut dénoncer ce bon instituteur avant la fin de l'année 1797. A cette époque il y avait à Mortagne un avoué, borné d'esprit et de cœur, nommé G..... qui, à force de basses délations contre les gens honnêtes et de persécutions contre les prêtres catholiques, cherchait à devenir un personnage important. Ce Marat de province dénonça M. Legros au comité révolutionnaire et le fit arrêter comme suspect de sacerdoce.

Traduit devant les juges révolutionnaires, ce bon religieux ne cacha point les titres qui faisaient sa gloire aux yeux de Dieu. Pour prix de sa fidélité, il fut condamné par le Directoire exécutif à la peine de la déportation, le 16 nivôse an VI (5 janvier 1798); plusieurs autres prêtres du diocèse de Séez, restés constamment fidèles à l'Eglise, ou revenus de leurs erreurs, étaient frappés de la même peine. On trouve sur les registres du Directoire de l'Orne l'arrêté suivant relatif à ces nobles confesseurs de la foi :

« Le 26 floréal l'an VI de la république française une et indivisible (15 mai 1798).

« En la séance de l'administration centrale du département de l'Orne, présidée par le citoyen Vangeon, ex-président, où étaient les citoyens Deshayes, Josselle, administrateurs, et Levé, faisant par *intérim* les fonctions de commissaire du Directoire exécutif.

« Lecture prise d'une lettre adressée à cette administration, le 30 germinal dernier, par laquelle le ministre de la police générale prévient cette administration que la citadelle de l'île de Ré est désignée pour être à l'avenir le lieu de la réunion des individus qui doivent être déportés, et invite à y faire diriger *tous les prêtres insoumis* ou perturbateurs de ce département, atteints par les art. 23 et 24 de la loi du 17 fructidor dernier.

« Vu l'état des ecclésiastiques détenus dans ce département et condamnés à la déportation par le Directoire exécutif.

« Vu aussi la lettre écrite par le ministre de la police générale au commissaire du Directoire près de cette administration, par laquelle ce ministre recommande à ce commissaire de se concerter avec l'administration aux fins de constater ceux des ecclésiastiques condamnés à la déportation, auxquels leur âge ou leurs infirmités ne permettraient pas d'appliquer la peine dont il s'agit.

« Considérant que, sur le nombre des prêtres condamnés à la déportation par le Directoire exécutif, il n'y a d'arrêtés que François Hochet (1), Bouillié (2), Legros, ex-trappiste, Claude Poirier (3), Noël-François Lampérière (4), Petitbon (5), Ravaux (6), Legoux (7), Sébastien Gadeau (8), et Charles-Jean Bonvoust ; que les nommés François Chalaux (9), François Hochet, Jean Petitbon, Jean-Baptiste Ravaux, Pierre-François-Jacques Legoux, et Jean Hamel (10), sont plus que sexagénaires, et d'ailleurs hors d'état d'être déportés, et que du certificat des officiers de santé, nommés par cette administration aux fins de constater l'état où se trouvent les ecclésiastiques détenus condamnés à la déportation, il résulte que Louis-François Robine, dit la Fosse (11), Charles-Etienne-Théodore Rosey (12), Marin-Guillaume Guérin (13), Pierre Beauchet (14), et Charles-Jean Bonvoust, ont des infirmités qui ne permettent pas, au moins quant à présent, d'appliquer la peine prononcée par le Directoire

(1) Prêtre à Saint-Front, déjà déporté à Rambouillet, âgé de 77 ans.
(2) Prêtre à Sainte-Gauburge, âgé de 39 ans.
(3) Vicaire à Saint-Germain-de-la-Coudre, âgé de 51 ans.
(4) Curé de l'Hermitière, âgé de 37 ans.
(5) Chapelain de la prison de Bellême, âgé de 60 ans.
(6) Religieux de Bellême, âgé de 61 ans.
(7) Curé de Damemarie, âgé de 64 ans.
(8) Prêtre de Berd'huis, né à Regmalard, âgé de 35 ans.
(9) Curé de la Ferté-Macé, déporté déjà à Rambouillet, âgé de 68 ans.
(10) Prêtre de Tinchebray, déjà déporté à Rambouillet, âgé de 68 ans.
(11) Curé de la Fresnaye-aux-Sauvages, âgé de 50 ans.
(12) Vicaire de Ticheville, déjà déporté à Rochefort, âgé de 33 ans.
(13) Prêtre habitué de Saint-Martin-l'Aiguillon, âgé de 37 ans.
(14) Prêtre de Séez, âgé de 32 ans.

exécutif, et qu'enfin au nombre de ceux qui sont actuellement arrêtés, il n'y a que Bouillié, Legros, ex-trappiste, Sébastien Gadeau, prêtre, Noël-François Lamperière, prêtre, et Claude Poirier, prêtre, qui puissent, sans que l'humanité soit blessée, supporter la peine dont est question ;

« L'administration centrale du département de l'Orne, après avoir entendu le citoyen Levé, faisant, par *interim*, les fonctions de commissaire du Directoire exécutif, arrête que les nommés Bouillié, prêtre, Legros, ex-trappiste, Sébastien Gadeau, Noël-François Lamperière, prêtre, et Claude Poirier, prêtre, seront sur-le-champ conduits de brigade en brigade au château de l'île de Ré, et que le capitaine de gendarmerie à la résidence d'Alençon demeure chargé de l'exécution de cet arrêté.

« Arrête encore que les nommés Chaleaux, Hochet, Petitbon, Ravaux, Legoux, Hamel, Robine, Rosey, Guérin, Beauchet, Ledoyen (1), Levêque (2), et Bonvoust resteront reclus dans le lieu où ils sont actuellement jusqu'à ce qu'il en soit autrement ordonné (3) ».

« Une expédition du présent arrêté sera adressée au ministre de la police générale pour lui faire connaître les mesures que l'administration a cru devoir prendre en conséquence des lettres précitées ».

« Signé : Josselle, Levé, Deshayes, et Vangeon ».

Dès le lendemain, le bon religieux partit, avec ses compagnons d'infortune, ou plutôt de gloire, pour l'île de Ré, où il arriva le 17 juin 1798. Deux mois après, il vit arriver dans cette île, pour y partager sa dure captivité, M. Magnier, ancien sous-prieur de son bien-aimé monastère de la Trappe. Mais il ne jouit pas longtemps des consolations que lui causaient sa présence et ses pieuses exhortations ; car ce bon frère lui fut enlevé pour être déporté à la Guyane. M. Legros, épuisé par la souffrance, ne survécut pas long-

---

(1) Curé de Condé-le-Butor, près Séez, âgé de 43 ans ;
(2) Curé de Moulicent, âgé de 37 ans.
(3) Presque tous ces ecclésiastiques furent conduits à l'île de Ré quelques mois après. Le Directoire exécutif les trouvait trop bien portants.

temps au départ de son saint ami. Il rendit son âme à Dieu avec toute la résignation qui convenait à un religieux de la Trappe, immolé volontairement depuis bien des années à la gloire de son créateur.

En mourant, il put dire avec le Roi-Prophète (1) : « Entre, ô mon âme ! dans ton repos, puisque le Seigneur t'en fait la grâce. Car il a délivré mon âme de la mort, mes yeux des larmes, mes pieds de la chute. Je bénirai le Seigneur dans la terre des vivants ».

M. Julien Tison, le second martyr de la déportation à l'île de Ré, fut nommé curé de Feings, le 27 août 1753, sur la présentation de M. Jacques Baril, seigneur temporel de cette paroisse. « La cure de Feings, écrit M. l'abbé Marre, dans ses Mémoires, était une des meilleures des environs ; cependant M. l'abbé Tison n'avait pas toujours les moyens de s'acheter une culotte. Les pauvres absorbaient tous ses revenus ». En 1791, ce vénérable vieillard ne se contenta pas de refuser le serment constitutionnel ; afin de justifier sa conduite et celle de ses confrères aux yeux d'un peuple aveugle, toujours prêt à murmurer contre le clergé, il publia une instruction familière, qu'il avait adressée à ses paroissiens le jour où l'autorité civile l'avait pressé d'obéir aux décrets de l'Assemblée nationale.

Nous avons eu le bonheur de retrouver cette pièce intéressante, qui eut alors beaucoup de retentissement dans le diocèse, et nous la mettons sous les yeux du lecteur.

Prône d'un bon curé sur le serment civique exigé des évêques, des curés et des prêtres en fonctions.

« *Reddite ergo quæ sunt Cæsaris, Cæsari, et quæ sunt Dei, Deo.* Rendez donc à César ce qui est à César, et à Dieu ce qui est à Dieu. Depuis trente-cinq ans que je suis votre curé, mes très-chers Frères, je vous ai souvent expliqué ces paroles de notre divin

---

(1) Ps. CXIV, 7.

Maître. Je vous ai fait voir comment il avait su renfermer dans ces mots toute la doctrine qui fait en même temps et le citoyen et le chrétien; qui assure la paix et la prospérité des empires sur la terre, et notre bonheur à venir dans le ciel. Grâces immortelles en soient rendues à Notre-Seigneur Jésus-Christ; j'ai toujours eu lieu de me féliciter de votre fidélité à sa doctrine. Je vous ai toujours vus pleins d'amour pour notre bon Roi, pleins de soumission pour les lois, payant les impôts avec exactitude, obéissant avec exactitude aux magistrats. Je vous ai toujours vus rendant à Dieu ce qui est à Dieu, remplissant avec une exactitude exemplaire vos devoirs de religion. Aussi la paix a-t-elle régné dans cette paroisse, lors même que nous entendions dire qu'elle était malheureusement troublée dans quelques autres.

« Je viens donc encore vous le répéter : Rendez à César ce qui est à César, et à Dieu ce qui est à Dieu. Mais vous voyez les larmes qui coulent de mes yeux, et les vôtres commencent à couler avec les miennes. Je sais, mes chers Paroissiens, je sais, mes chers Enfants, que vous êtes en peine pour votre pasteur, que vous partagez mon inquiétude. Vous m'avez toujours vu soumis aux décrets de notre Assemblée nationale, sanctionnés par notre bon roi, dans tout ce qui regarde la puissance civile; mais vous ne m'avez pas encore entendu prononcer le serment civique. Hélas ! vous ne pensiez pas même à me le demander. Vous saviez bien que je n'ai pas besoin de jurer, pour veiller avec soin sur vos âmes qui me sont confiées, pour vivre et pour mourir fidèle à ma patrie et à mon roi, et pour être toujours soumis aux lois des hommes, tant qu'elles n'auront rien de contraire à la loi de notre Dieu, à sa religion.

« J'ai peur, en ce moment, de vous scandaliser. Quand je vous commandais si souvent, au nom de Jésus-Christ, d'obéir à César, je vous le commandais sans exception ; je ne vous disais pas : La loi des hommes peut être quelquefois en opposition avec la loi de Dieu. Je ne supposais pas que cela dût jamais arriver dans un royaume très-chrétien, et très-certainement cela ne serait pas arrivé non plus, si malheureusement les circonstances n'avaient pas entraîné nos législateurs à traiter de matières que Dieu n'a pas commises au jugement de César, mais aux décisions de l'Eglise. De quelque manière que Dieu l'ait permis, voilà, mes très-chers

Frères, que je suis obligé de vous le dire, non pour que vous manquiez de respect envers l'Assemblée nationale, ou envers notre bon roi ; pour que vous vous éleviez jamais contre le magistrat, ou contre les exécuteurs de la loi ; Dieu me préserve de vous inspirer jamais de pareils sentiments ! Dieu me préserve d'exciter les divisions, de nourrir, de fomenter les insurrections des citoyens les uns contre les autres, mais pour que vous soyez moins étonnés de me trouver moi-même indocile, et, j'ose l'espérer, invincible, à des lois émanées de César.

« Le ciel, pour m'éprouver, permet en ce moment qu'on m'intime des ordres que je ne pourrai suivre sans restriction, qui gênent ma conscience, qui contrarient ma foi. Au nom de l'Assemblée nationale et de notre bon roi, Monsieur le maire est venu ce matin m'annoncer qu'il fallait purement et simplement faire, en votre présence, le serment de défendre, de toutes mes forces, la Constitution, sous peine d'être privé de mon traitement pécuniaire, et de vous voir donner un autre curé... De mon traitement pécuniaire ! ce n'est pas ce qui m'afflige ; mais de vous voir donner un autre curé, de voir vos âmes livrées à un pasteur qui ne serait pas votre pasteur, et d'être séparé de vous, pour vous livrer à un prêtre qui n'aurait pas, pour conduire vos âmes dans les voies du salut, l'aveu et la mission, l'autorité que l'Eglise seule peut donner sur les âmes ! Voilà ce qui déchirerait mon cœur ; voilà ce que je conjure le bon Dieu d'écarter loin de vous.

« Je vous entends, mes Frères, votre affection pour moi me dit ici : pourquoi vous retirer ? Faites donc ce serment, et restez avec nous... Faites donc ce serment ? vous le voulez, mes Frères. Eh bien, recevez-le : Je jure devant Dieu de veiller avec soin sur ma paroisse, sur vous tous, mes enfants, dont les âmes me sont confiées ; je jure devant Dieu d'être toute ma vie inviolablement attaché à ma nation, à mon roi, et soumis à toute loi compatible avec les devoirs de la justice et de la religion ; je jure de rendre à César ce qui est à César, et à Dieu ce qui est à Dieu.

« Vous n'êtes pas contents ; vous vous attendez encore que j'ajoute le serment de défendre de toutes mes forces la Constitution. Vous l'attendez, je suis encore votre curé pour ce quart d'heure au moins ; c'est peut-être pour la dernière fois qu'il m'est permis de vous parler du haut de cette chaire, souffrez que je vous instruise.

Avant de me presser, apprenez, je vous prie, à concevoir vous-mêmes ce que vous exigez.

« Si la dernière partie du serment qu'on me prescrit s'accorde, si elle est compatible avec ce premier serment que j'ai déjà fait de veiller avec soin sur vous, mes paroissiens, et sur vos âmes, j'ajoute volontiers que je serai fidèle à la Constitution ; mais si dans cette Constitution, dans la partie qui me regarde, moi, votre curé, votre pasteur, il est des objets incompatibles avec ces soins que je vous ai voués, vous n'exigerez pas sans doute que dans la chaire de vérité je vous jure à la fois, et le oui et le non, et le pour et le contre. Or, écoutez, mes Frères.

« Lorsque j'ai fait serment de veiller avec soin sur vos âmes, qu'ai-je promis par là ? De vous prêcher toujours la pure vérité de l'évangile ; d'écarter loin de vous toute fausse doctrine, tout danger du salut ; de vous retenir de toutes mes forces dans le bercail de Jésus-Christ, et sans cesse attachés à son Eglise catholique, apostolique, romaine ; et à ses vrais pasteurs.

« Je l'ai fait, je le fais encore ce serment ; et c'est en conséquence de cette obligation que je vous ai prêchée tant de fois, que je vous prêche encore que, parmi vos pasteurs, il en est un surtout, notre Saint-Père le Pape, auquel tous les chrétiens doivent soumission, obéissance dans la foi, comme au vicaire de Jésus-Christ, comme au vrai successeur de saint Pierre, auquel ont été confiées les clefs du royaume des cieux ; auquel il a été donné un vrai pouvoir spirituel sur chacun de nous ; qui, par cette raison, a une véritable juridiction sur chaque Eglise, qui, par cette raison, peut donner la mission à nos évêques, vous donne à vous-mêmes toutes les dispenses dont vous pouvez avoir besoin ; qui, par cette raison, a aussi le pouvoir de délier lui seul, et d'absoudre de certains crimes, dont l'absolution lui est réservée. C'est avec toute cette puissance que je vous ai toujours peint l'autorité de notre Saint-Père le Pape ; dans tout ce que j'en dis, il n'est pas un seul objet qui ne soit un article de foi pour les catholiques. Je vous l'ai enseigné, j'ai dû vous l'enseigner, et à présent vous voulez que je fasse serment de maintenir de toutes mes forces une Constitution qui ne laisse au Pape qu'un vain nom de chef de l'unité, sans la moindre autorité sur vos âmes, une Constitution qui défend à nos évêques de recourir au Pape pour obtenir la confirmation de leur élévation à l'épiscopat ; qui vous défend, à vous, de recourir au Pape pour vos dispenses, qui détruit, par une assemblée laïque, le pouvoir que Jésus-Christ avait donné au Pape, et les réserves que l'Eglise avait ordonnées, statuées, pour maintenir l'idée de cette autorité que Jésus-Christ avait donnée à Pierre et à ses successeurs. Vous voyez bien, mes chers Frères, que je ne puis admettre une pareille doctrine sans contredire celle de toute l'Eglise catholique ; vous voyez qu'il n'est pas question ici de simples formalités, comme on peut vous le dire, mais de nos vérités essentielles, de nos dogmes ; et que, par conséquent, je ne puis faire cette seconde partie du serment, sans contredire la première, sans mentir contre Dieu, contre la foi, et contre moi-même. Je ne jurerai pas de maintenir une Constitution opposée au vicaire de Jésus-Christ.

« Une autre vérité bien essentielle que je vous ai apprise, c'est que Jésus-Christ seul étant l'auteur du salut, et n'ayant donné qu'à son Eglise le pouvoir de remettre les péchés, d'administrer les sacrements, et de vous fournir les moyens du salut, il faut que tous vos prêtres, vos évêques, vos curés et vos vicaires tiennent de Jésus-Christ, par son Eglise, toute leur autorité sur vos âmes. De là, il suit évidemment que des laïques ne peuvent ni donner, ni ôter aucun pouvoir conféré par l'Eglise relativement au salut. Cependant l'Assemblée nationale prétend avoir détruit l'autorité de votre évêque, sans le concours du Pape, sans aucun concile, et contre la volonté bien connue de vos pasteurs ; elle détruit bien d'autres évêques, elle vous en donne un autre à vous-mêmes, elle vous en donne un qui n'ayant point sur vous de juridiction, vous enverrait bientôt des curés et des vicaires qui n'en auraient pas davantage ; qui vous donneraient des absolutions toutes fausses ; qui, détachés de l'Eglise, dont ils n'auraient pas reçu leur pouvoir, vous en détacheraient vous-mêmes. Je ne puis donc encore adhérer à cet article de la Constitution, sans manquer à toute autre chose qu'à une simple formalité, sans tomber dans cette hérésie formelle de Luther qui accorde aux laïques le droit de donner des missions dans l'Eglise. Je ne jurerai pas de maintenir une Constitution qui transporte aux laïques un droit que Jésus-Christ n'avait donné qu'à son Eglise.

« Une troisième vérité, mes Frères, que je vous ai si souvent prêchée à l'occasion de nos pieuses religieuses, et de nos braves

Chartreux qui sont dans notre voisinage (1); c'est que leur profession est sainte, et toute conforme aux sublimes conseils de Jésus-Christ. L'Assemblée nationale déshonore cette profession. La Constitution la regarde comme opposée au bonheur de l'Etat; elle proscrit la solennité de ces vœux évangéliques. Eh ! je pourrais jurer de la proscrire aussi, sans manquer à mon premier serment, de vous prêcher toujours les grandes vérités de l'Evangile, de vous inspirer tout le respect et toute la foi qu'elles méritent ? Vous sentez bien, mes très-chers Frères, que je ne peux, en face des autels et de mon Dieu, déshonorer ainsi la religion, dont il a daigné me faire auprès de vous son principal ministre. Je ne jurerai pas de maintenir une Constitution qui flétrit un état que Jésus-Christ proclame un état de sainteté et de perfection.

« Résolu de me taire sur les biens qu'on nous enlève, je ne vous dirai pas que c'est une hérésie condamnée par le concile de Constance, contre le malheureux Wicleff, d'imaginer que l'Eglise ne peut point posséder; de penser que, malgré l'excommunication du concile de Trente, on peut la dépouiller de ce qu'elle possède; mais je vous prierai au moins de ne pas exiger que je jure de maintenir de toutes mes forces une Constitution qui la prive de ses possessions les plus anciennes et les plus légitimes. Je ne demande pas les biens enlevés à ma cure; je désire bien sincèrement qu'ils soient plus utiles entre les mains de l'Etat qu'ils ne l'étaient entre les miennes; mais, je vous le demande, pouvez-vous bien penser qu'il me serait permis de jurer que jamais je ne permettrai que ces biens retournent à ma cure, pour y être employés comme, grâces à Dieu, je crois l'avoir fait, à soulager mes pauvres et mes malades ? Sans être ambitieux ou avare, je ne jurerai pas de maintenir la spoliation de quatre-vingt mille églises, et l'anéantissement de toutes les fondations pieuses.

« Je ne vous ferai pas observer bien d'autres articles qui contrarient également ma conscience et ma foi; je ne vous dirai pas qu'une Constitution toute contraire à l'autorité que Jésus-Christ a donnée aux évêques, en les faisant nos supérieurs, qu'une Constitution qui soumet les évêques aux presbytères, est encore une Constitution hérétique et presbytérienne que je ne peux jurer de maintenir.

(1) Les Chartreux du Val-Dieu.

« Je ne vous dirai pas, qu'après tant d'articles contraires, non pas simplement aux formes canoniques, ce qui serait déjà un mal dont il ne m'est pas permis de jurer le maintien, mais contraires surtout à nos dogmes, à notre hiérarchie, à notre morale, la même Constitution nous en présentera peut-être bientôt d'autres et sur le mariage et sur le divorce, et sur d'autres objets qu'on ne saurait prévoir, qu'on ne saurait au moins jurer de maintenir, sans blesser les devoirs de la conscience. Mais je vous prierai d'observer, mes chers Paroissiens, que déjà un grand nombre d'évêques ont manifesté leur doctrine et leur opposition à toute cette partie de la Constitution; que je ne puis pas vous enseigner une autre doctrine que celle des évêques. Je ne jurerai pas de maintenir ce qui afflige l'Eglise, ce qui la contrarie, et surtout, ce qui est dans une évidente opposition avec ses dogmes, ce qui peut à chaque instant détruire quelque nouvel article de la foi ou de la discipline.

« Pardonnez-moi donc, mes chers Frères, cette invincible opposition de ma conscience; et qu'elle ne soit point pour vous un sujet de scandale. Croyez que s'il était possible d'obéir à César, je continuerais de vous en donner l'exemple; mais il est question d'obéir à Dieu, et de suivre la foi; je suis votre pasteur, puisque le Seigneur m'a placé dans ces circonstances, je vous dois un exemple de fermeté et de constance, j'espère le donner. Si je suis dépouillé de mes biens, le Seigneur y pourvoira, je me jette dans ses bras et dans les vôtres; si l'on veut me fermer les portes de ce temple, je vous préviens que je ne cesse pas d'être votre pasteur; que celui qui serait envoyé à ma place, ne sera qu'un intrus, qu'il n'aura point d'autorité sur vos âmes; qu'il vous jette dans un schisme fatal, et vous sépare de la véritable Eglise, de la communion des vrais fidèles, s'il n'a point auprès de vous une mission canonique. Je ne vous quitte point; riche ou pauvre, je veux vivre auprès de mes chers paroissiens. Je ne disputerai point avec la force, mais ceux de vous qui voudront suivre leur vrai pasteur, me trouveront toujours prêt à leur porter tous les secours de mon ministère; vos âmes me sont trop chères pour les abandonner à un intrus... Mais vous pleurez sur moi ! Ah ! non, mes Frères, que le spectacle de votre douleur, que vos sanglots n'ébranlent point ma résolution. Puisqu'un moment d'épreuve est arrivé, souvenons-nous de celle des martyrs, nous n'avons point encore résisté jusqu'au sang ; nous n'avons pas encore supporté, comme eux, la soif, la nudité, et les tourments les plus affreux. Nous n'avons pas, comme eux, des tyrans à vaincre, jusque sur l'échafaud. Une erreur d'un moment a pu séduire des législateurs moins occupés que vos pasteurs, de la doctrine sainte. Ils en seraient plus fâchés que nous, s'ils connaissaient l'erreur qu'ils nous commandent. Apprenons-leur au moins comment le vrai chrétien résiste, lorsque sa conscience et son Dieu ne lui permettent pas d'obéir. Plus nous aurons montré de fermeté sur ces objets, plus aussi (1)...

. . . .

Cette publication n'était guère propre à recommander ce bon pasteur à l'indulgence des hommes de désordre. Enlevé quelques mois après de son presbytère par une douzaine de révolutionnaires de sa paroisse, il fut gardé à vue pendant quelques heures dans une chaumière, puis conduit à Mortagne, et promené dans les rues sur un âne au milieu des huées de la populace. Un de ses anciens élèves jouait du violon en avant du cortége.

Quelques jours après, les gendarmes de Mortagne transférèrent le confesseur de la foi à Alençon, où il fut enfermé dans l'ancien couvent des filles de Sainte-Claire. Il y était encore, le 15 octobre 1792, avec M. l'abbé Brad, curé de Champs, dont il partageait la cellule et le lit. Ces vénérables vieillards étaient obligés de se nourrir à leurs frais, quoique les persécuteurs leur eussent presque tout enlevé.

M. l'abbé Marre, à qui nous empruntons ces détails, rapporte aussi avec quelle charité il fut accueilli par le vénérable curé de Feings, lorsqu'il fut conduit lui-même (le 15 octobre 1792) à la prison de Sainte-Claire.

« Nous y entrâmes », dit-il, « à onze heures du soir (2), par une

---

(1) La dernière feuille de cette brochure est perdue.

(2) « On n'osait faire entrer les prêtres pendant le jour dans la ville d'Alençon, lors même qu'ils étaient escortés par des gendarmes, de peur qu'ils ne fussent assassinés par le peuple ». (Note de M. l'abbé Marre.)

pluie battante. Le concierge, d'un mutisme glacial, nous dirigea...
où? Dans l'ancien laboratoire, dont les fenêtres étaient ouvertes,
par cette raison qu'il n'y restait plus que les ouvertures... Debout,
sans lumière, nous entendions nos manteaux dégoutter sur le
plancher. Le vent qui s'enfilait par les fenêtres ouvertes, attiré par
les faux airs, nous lançait des bouffées de pluie. Nous secouions
notre misère, en frappant du pied sur le carreau. « Ils sont long-
« temps à revenir, disions-nous, vont-ils nous laisser là jusqu'à
« ce que le jour arrive (1)? — Oui ». Mais une petite porte s'ouvre.
« Qui est là? — Des prisonniers ! — Ah ! mes bons amis ! »

« Bientôt vient à nous un vénérable vieillard, muni d'une lan-
terne. C'est M. Tison, curé de Feings. Animé d'une nouvelle vie,
ses forces semblent renaître. Il se multiplie pour nous secourir. Il
y a une rangée de cellules, où de vieux prêtres dorment. Il se fait
ouvrir, se fait donner des matelas et des couvertures, et va nous
établir dans les angles du laboratoire, à l'abri du vent. Point de
places pour nous dans les cellules. Il n'y a qu'un lit pour deux
qui l'occupent; il en gémit. Nous nous jetons sur nos matelas ».

Ce trait suffit pour nous donner une idée de la charité de
M. Tison pour ses confrères, et de la vénération profonde
dont il était environné. Il est probable qu'au commencement de 1793, ce bon vieillard, qui était du département
d'Eure-et-Loir, et qui n'avait pas de ressources suffisantes
pour payer sa nourriture, fut envoyé à Chartres, chef-lieu
de son département. Car on ne voit pas son nom sur la liste
des confesseurs de la foi détenus à Sainte-Claire au mois
d'octobre 1793. Le directoire d'Eure-et-Loir, au contraire,
le met au nombre des prêtres détenus dans les prisons de
Chartres, et transférés à Rambouillet au mois de novembre.

Nous avons vu, à l'article consacré aux martyrs de Rambouillet, à quelles épreuves fut soumise leur fidélité religieuse. M. Tison se signala parmi les confesseurs de la foi,
qui se dévouèrent au soulagement de leurs confrères attaqués de la dyssenterie. Quoiqu'il eût cent fois exposé sa vie

---

(1) Avec M. Marre était M. l'abbé Blauche, vicaire de Sainte-Croix-de-Mortagne.

pour sauver celle de ses compagnons de souffrances, il ne succomba point aux rigueurs de cette détention. Mis en liberté par ordre du directoire de Chartres au mois de novembre 1794, il en profita pour travailler de nouveau de toutes ses forces à la gloire de Dieu et au salut du prochain.

Comme il ne voulut point, en 1797, prêter l'odieux *serment de haine à la royauté*, il fut poursuivi de nouveau par les limiers de la révolution, condamné à la déportation, malgré son grand âge, et conduit à l'île de Ré. Il y donna à tous ses confrères l'exemple de la résignation, et de la fermeté la plus invincible dans ses principes religieux : il fut du nombre des cent vingt confesseurs de la foi qui aimèrent mieux rester sous le coup de la persécution, que de faire une promesse de fidélité au gouvernement consulaire. Mis en liberté après le concordat de 1801. M. Tison s'apprêtait à retourner dans sa paroisse ; mais les souffrances de sa double déportation avaient tellement épuisé ses forces, qu'il ne put résister aux fatigues de la route. Il expira, avant d'être rentré dans son diocèse, en bénissant le Seigneur de l'avoir purifié par le feu de la tribulation. Il était âgé de quatre-vingt-trois ans ; il en avait passé cinquante-huit dans le ministère pastoral (1).

---

(1) Les *Registres d'écrou* de la prison d'Alençon contiennent quelques détails historiques sur plusieurs prêtres de ce diocèse, ou du moins du département, qui furent condamnés à la déportation, de 1797 à 1799. Nous les mettons avec joie sous les yeux du lecteur.

Charles-Etienne-Théodore Rosé, prêtre réfractaire, de la commune de Bosc-Renoult, 33 ans, écroué le 26 brumaire an VI (14 novembre 1797), conduit de brigade en brigade à l'île de Ré (*a*), le 16 frimaire an VII (6 décembre 1798) ;

Pierre Boschet, prêtre réfractaire, de la commune de Séez, 32 ans, écroué le 4 frimaire an VI (23 novembre 1797), conduit de brigade en brigade à l'île de Ré, le 16 frimaire an VII (6 décembre 1798), arrivé dans cette île le 12 janvier 1799 ;

Sébastien Gadeau, de Regmalard, prêtre réfractaire, de la commune de Berd'huis, 35 ans, écroué le 7 frimaire an VI (27 novembre 1797), déporté en l'an VII à l'île de Ré, arrivé dans cette île le 17 juin 1798 ;

Charles-Jean Bonvoust, ex-bénédictin, prêtre insermenté, de la commune d'Alen-

(*a*) Ile située sur la côte du département de la Charente.

« Je vous en conjure, moi qui ai été dans les chaînes pour le Seigneur, conduisez-vous d'une manière qui soit digne

çon, 50 ans, écroué le 11 frimaire an VI (1ᵉʳ décembre 1797), condamné à la déportation par le Directoire exécutif, le 16 nivôse an VI (5 janvier 1798), retiré de la maison d'arrêt le 19 germinal an VII (8 avril 1799) pour être enterré ;

François Bouillier, prêtre, de la commune de Sainte-Gauburge, 39 ans, écroué le 13 frimaire an VI (3 décembre 1797), déporté à l'île de Ré, le 25 floréal an VI (19 mai 1798), arrivé dans cette île le 17 juin 1798 ;

Jean-Noël-François Lamperière, de Saint-Hilaire, prêtre réfractaire, de la commune de l'Hermitière, 37 ans, écroué le 27 nivôse an VI (16 janvier 1798), conduit de brigade en brigade à l'île de Ré, arrivé dans cette île le 17 juin 1798 ;

Lévesque, ex-curé réfractaire, de la commune de Moulicent, exerçant le ministère dans la commune de Saint-Victor-de-Réno, 36 ans, écroué le 28 pluviôse an VI (16 février 1798), conduit de brigade en brigade à l'île de Ré, le 19 thermidor an VI (6 août 1798) ;

Marie-Guillaume Guérin, prêtre insermenté, de la commune Saint-Martin-l'Aiguillon, 37 ans, écroué le 9 germinal an VI (29 mars 1798), conduit à l'île de Ré, le 16 frimaire an VII (6 décembre 1798), arrivé dans cette île le 12 janvier 1799 ;

Guillaume Desvaux, prêtre de la commune de Mênil-Jean, curé de Nocé, 42 ans, écroué le 14 vendémiaire an VII (5 octobre 1798), conduit à l'île de Ré, le 16 frimaire an VII (6 décembre 1798), arrivé dans cette île le 10 janvier 1799 ;

Jean Lepoivre, prêtre réfractaire, de la commune de Brétoncelles, 38 ans, écroué le 2 frimaire an VII (22 novembre 1798), conduit de brigade en brigade à l'île de Ré, le 16 frimaire an VI (6 décembre 1798) ;

Gilles Levrait, prêtre réfractaire, de la commune de Brétoncelles, 43 ans, écroué le 2 frimaire an VII (2 novembre 1798), conduit de brigade en brigade à l'île de Ré, le 16 frimaire an VII (6 décembre 1798) ;

Jean Ledoyen, prêtre réfractaire, de la commune d'Almeneêches (ancien curé de Condé-le-Butor, près Séez), 43 ans, écroué le 13 frimaire an VII (3 décembre 1798), conduit à l'île de Ré, le 16 frimaire an VII (6 décembre 1798) ;

Guillaume-François Leperché, dit frère Siméon, capucin réfractaire d'Alençon, 41 ans, écroué le 15 nivôse an VII (4 janvier 1799), conduit à l'île de Ré le 19 nivôse an VII (8 janvier 1799) ;

Pierre Baudet, prêtre réfractaire, de la commune de Passais, 39 ans, écroué le 3 floréal an VII (22 avril 1799), conduit à l'île de Ré le 25 floréal an VII (14 mai 1799), arrivé le 29 juin ;

Jacques-François Faucillon, prêtre, de la commune de Montreuil, canton de Briouze, 60 ans, écroué le 25 messidor an VII (13 juillet 1799), conduit à l'île de Ré, le 8 fructidor an VII (25 août 1799), arrivé dans cette île le 21 octobre 1799 ;

Louis-François-Marin Deschamps, dit Lafosse, prêtre réfractaire, de la commune de Montreuil, canton de Briouze, 27 ans, écroué le 25 messidor an VII (13 juillet 1799), conduit à l'île de Ré le 8 fructidor an VII (25 août 1799, arrivé le 29 octobre 1799 ;

Jacques-Nicolas Duboulay, prêtre insermenté de la commune de la Ferrière-aude l'état auquel vous avez été appelés, pratiquant en toutes choses l'humilité, la douceur et la patience, vous supportant les uns les autres avec charité, afin que nous parvenions tous à l'unité d'une même connaissance du Fils de Dieu, à l'état de l'homme parfait, et à l'âge viril de Jésus-Christ (1) ».

Doyen, 50 ans, écroué le 30 messidor an VII (18 juillet 1799), conduit à l'île de Ré le 8 fructidor an VII (25 août 1799), arrivé le 21 octobre 1799.;

Nicolas-Jacques-François Boutelière, ou Boutheiller, prêtre réfractaire, de la commune de Glos, 39 ans, écroué le 6 fructidor an VII (23 août 1799), conduit à l'île de Ré, le 8 fructidor an VII (25 août 1799).

D'autres documents authentiques nous apprennent que les ecclésiastiques dont les noms suivent furent aussi condamnés à la déportation.

Averoie, curé d'Origny-le-Roux, prêtre insermenté ;

Jean Beaudoüin, de Tours, ancien chartreux du Val-Dieu, près Mortagne, âgé de 40 ans, arrivé à l'île de Ré le 23 juin 1798 ;

Bonvoisin, de Masle, prêtre insermenté, condamné à la déportation le 28 frimaire an VI (18 novembre 1797) ;

Charles-Jacques-Amédée Bunel, de Caen, curé de Grandmesnil (diocèse de Séez), 45 ans, arrivé dans l'île de Ré le 25 avril 1798 ;

Julien Chapdelaine, de Sept-Forges, vicaire à René (diocèse du Mans), 33 ans, arrêté le 22 nivôse an VII (11 janvier 1799), arrivé à l'île de Ré le 12 février 1799 ;

Julien-Jean Cusson, de Gandelin, 37 ans, arrivé à l'île d'Oléron le 7 septembre 1799 ;

Doïle, chapelain du château des Fugerets, près Alençon, rétracté le 30 ventôse an III ;

Julien-Simon Guillemard, de la Sauvagère, vicaire à Montreuil-du-Gast (diocèse du Mans), 55 ans, arrivé à l'île d'Aix le 10 janvier 1799 ;

Antoine-Michel-Marin Lamy, prêtre insermenté de la paroisse du Plantis ;

Claude-Alexandre Legros, trappiste, de Paris, 33 ans, condamné à la déportation le 16 nivôse an VI (5 janvier 1798), arrivé à l'île de Ré le 17 juin 1798 ;

Ligotière, curé insermenté de Mauves ;

François Pichard, de la Sauvagère, prêtre à Maigné (diocèse du Mans), 58 ans, arrivé à l'île de Ré en août 1798 ;

Jean Ragaine, de la Ferrière-Béchet, frère convers de Saint-Augustin, 36 ans, arrivé à l'île de Ré le 17 septembre 1798 ;

Raimbault, curé de Bellou (curé constitutionnel rétracté) ;

Pierre-René-François Rousseau, d'Alençon, vicaire à Thoigné (diocèse du Mans), 47 ans, arrivé à l'île d'Aix le 27 septembre 1798.

(1) Ephes., IV, 1 et suiv.

CHAPITRE V.

PRÊTRES CONDAMNÉS A MORT PAR LES TRIBUNAUX MILITAIRES.

I.

M. Julien Hervieux, né à Domfront, en 1755, fit ses études au séminaire de cette ville. Il fut nommé vicaire à Saint-Fraimbault-sur-Pisse (1), puis à la Croixille (2), et enfin à Olivet, près Laval. Son attachement au chef de l'Eglise lui fit repousser avec horreur le serment impie que prescrivaient les ennemis de la religion catholique. Il fut alors, comme des milliers d'autres prêtres fidèles, obligé de passer en Angleterre, où il demeura trois ans. Mais son zèle ardent pour la gloire de Dieu reportait souvent ses pensées vers la France coupable et cependant chère à son cœur. Il résolut de braver tous les périls pour venir y travailler de nouveau au salut des âmes. Il exécuta ce projet dès le mois de septembre 1795. Les longues souffrances qu'il avait endurées dans l'exil, le délabrement de sa santé, les fatigues de la navigation et celles de la route auraient dû, ce semble, l'engager à prendre quelque repos après son arrivée dans sa paroisse. Mais l'homme de Dieu ne crut pas en avoir besoin ; aucune considération ne put retenir le zèle dont il était embrasé. Le ciel parut se plaire à bénir ses généreux efforts ; sa santé s'améliora sensiblement : plus il travaillait, plus il acquérait de forces.

Il passa presque trois années, en se dévouant au salut de ses frères. Chargé de sept paroisses, il n'y laissa pas mourir une personne sans lui avoir porté les consolations de la religion, et l'on peut dire en toute vérité que chacun de ses

(1) Canton de Passais-la-Conception, arrondissement de Domfront (Orne).
(2) Canton de Chailland, arrondissement de Laval (Mayenne).

jours fut plein pour le ciel. Il était accompagné dans ses courses par un jeune homme de sa paroisse, qui lui-même subit à Laval avec sa mère et un de ses frères, une prison de deux années pour la cause catholique. Cette vertueuse famille pourvoyait aux besoins de l'homme de Dieu, à qui l'ancien presbytère d'Olivet, habité par sa sœur, servait ordinairement de retraite.

Il désirait mourir martyr, prenait très-peu de précautions pour se cacher, et recommandait à ses pénitents de ne pas faire un mensonge pour lui sauver la vie. Il se montrait assez ouvertement et disait la messe au presbytère d'Olivet, où il avait une cachette, que l'on croyait introuvable. Les patriotes étaient informés de sa présence dans cette commune ; mais ils respectaient eux-mêmes le saint prêtre et n'auraient pas voulu le dénoncer. Après le 18 fructidor, malgré la sévérité des lois contre les prêtres déportés qui étaient rentrés en France, il ne prit guère plus de précautions. Il répondit à un de ses confrères qui l'engageait à être plus prudent : « Mon ami, je crains beaucoup que la foi ne te manque ». On lui annonça un jour, pendant la messe, qu'on venait d'apercevoir un détachement de soldats dans le chemin tout près du lieu où il se trouvait. Il se détourna d'abord et fit un mouvement pour fuir. Mais sur-le-champ il se rapprocha de l'autel, en s'écriant : « O homme de peu de foi ! Prions, prions ». Les soldats passèrent outre et le danger s'évanouit.

La trahison le fit renaître quelques jours après. Parmi les personnes qui fréquentaient le presbytère d'Olivet, se trouvait un homme que M. Hervieux avait comblé de bienfaits, dont il avait autrefois soutenu la famille par ses aumônes. Séduit par l'appât de la récompense promise aux dénonciateurs des prêtres, il forma l'affreux dessein de révéler aux agents révolutionnaires l'asile de son bienfaiteur. Le 10 mars 1798, il s'adressa au poste de la Chapelle-du-Chêne, en Loiron, et, comme Judas, il revint à la tête de la troupe vers le commencement de la nuit. Mais un reste de pudeur l'empêcha d'entrer avec les soldats dans le presbytère.

Ceux-ci, envahissant subitement cette paisible demeure, en parcoururent tous les appartements sans découvrir leur victime. Ils allaient s'en retourner, irrités de leurs vains efforts, lorsque le traître qui les avait amenés, jura par les plus horribles serments que son bienfaiteur était dans la maison. Une seconde perquisition n'amena aucun résultat. Ce ne fut qu'à une troisième visite, et après plusieurs conférences avec le misérable qui avait trahi M. Hervieux, que les soldats, ayant défoncé une cloison, se trouvèrent en face du saint prêtre. Ils le firent sortir aussitôt de sa retraite et le frappèrent longtemps à coups de poing. Fatigués de le maltraiter, ils pillèrent la maison et saisirent particulièrement tous les objets qui servaient à la célébration du saint sacrifice. Ils profanèrent horriblement les vases sacrés et burent les uns après les autres dans le calice. Ils tinrent ensuite conseil en présence de leur captif, et délibérèrent s'ils ne devaient point le massacrer sur-le-champ. Un soldat, à force de supplications, les détourna de cet affreux projet. « Eh bien ! » dit le chef de la troupe, « qu'il soit jugé d'après la loi ». Il fit alors garrotter son prisonnier et donna l'ordre de partir. Il était environ minuit. A la porte du presbytère, ils aperçurent le malheureux qui les avait appelés. « Citoyen », dit un des soldats à M. Hervieux, « si tu veux voir avant de mourir celui qui t'a vendu, le voilà ! » En achevant ces mots, il lui montra le délateur. Le saint prêtre ne répondit que par ces paroles bien dignes d'un martyr : « Ma sœur, il y a encore quatre boisseaux de froment dans le grenier ; cet homme est pauvre, vous allez lui en donner deux ».

M. Hervieux fut conduit au poste de la Chapelle-du-Chêne par des chemins détournés, n'entendant que propos impies, n'essuyant que des mauvais traitements pendant une lieue entière, et à chaque instant menacé de périr. Mais Dieu ne permit pas qu'il consommât aussitôt son sacrifice. Il fallait pour le rendre encore plus conforme au Sauveur souffrant qu'il fût traîné de tribunal en tribunal par une cruelle milice. Déposé vers une heure après minuit dans le corps de garde, il en fut tiré le lendemain 11, et mené dans les prisons de Laval, où il resta jusqu'au 22. Dans cet intervalle, il subit trois interrogatoires, qui lui fournirent autant d'occasions de confesser publiquement sa foi. Après le dernier interrogatoire, qui dura trois heures, il fut décidé qu'il serait transféré à Tours, pour y être jugé par la commission militaire établie dans cette ville.

On le fit aussitôt partir de Laval; mais au lieu de le conduire directement par Sablé, on le traîna d'abord à Château-Gontier, sans doute pour augmenter la fatigue de son pénible voyage, et pour le donner en spectacle à la population de cette ville. Plus barbare que celle de Laval, la gendarmerie de Château-Gontier le chargea de chaînes qui pesaient environ soixante livres, et le monta seul dans une mauvaise voiture dont les violentes secousses, à travers des sentiers raboteux, achevèrent d'accabler le saint prêtre. Aussi arriva-t-il à Sablé comme anéanti sous le poids de ses fers. Il venait d'être déposé dans la prison de cette ville, lorsque deux personnes qui l'avaient suivi depuis Laval, obtinrent la permission de pénétrer dans son cachot: c'était une pieuse femme de la paroisse d'Olivet, et le courageux jeune homme qui accompagnait M. Hervieux dans ses courses apostoliques. La nuit était très-avancée; ils trouvèrent le confesseur de la foi récitant son bréviaire. Comme son divin Maître, il oubliait ses douleurs en priant son Père céleste. Cependant l'image de la mort était peinte sur son visage. Son corps était couvert de sang; ses jambes étaient si prodigieusement enflées qu'à peine apercevait-on les fers énormes qui les serraient. Cette vue arracha des larmes à ses charitables visiteurs, qui essayèrent mais en vain, de le faire décharger de ces pesantes chaînes. Le saint prêtre les consola lui-même du peu de succès de leur démarche. « Pourquoi », leur dit-il, « vous affliger à la vue de mes souffrances ? ces fers sont bien glorieux, considérés des yeux de la foi ». Sa faiblesse était si grande qu'il ne pouvait lui-même porter les aliments à sa bouche ; dans toute la journée, il n'avait pris qu'un peu de pain mouillé de vin. Il passa la nuit dans un cachot obscur ; mais ce fut le seul où il entra durant le cours de son voyage.

Le lendemain, on se disposait à le conduire à La Flèche. Un gendarme lui dit ironiquement en lui mettant les menottes : « Ces fers sont-ils doux, camarade ? Oui, Monsieur », répondit modestement le noble captif, « puisque je les porte pour la foi ». Le jeune homme et la pieuse femme, qui, la veille, avaient visité M. Hervieux dans sa prison, touchés profondément de ses souffrances, ne voulurent pas l'abandonner. Se mettant au-dessus des dangers et des insultes, ils résolurent de l'accompagner jusqu'à Tours, pour lui adoucir les peines du voyage, et l'entourer de leur filiale affection, jusqu'à leur dernier soupir. Cette femme admirable le précédait dans tous les lieux où il devait passer, lui préparait ce qui pouvait alléger ses souffrances, et lui prodiguait toutes les marques de respect et de sensibilité, que peut inspirer une charité céleste. Qui pourrait raconter dignement toutes les démarches qu'elle fit pour adoucir les soldats féroces chargés de conduire à la mort cette innocente victime ? Il est vrai que la généreuse servante de Jésus-Christ fut fortifiée sans doute par le spectacle que lui présenta le confesseur de la foi. Patience héroïque, douceur inaltérable, soumission extrême aux volontés du Seigneur, sainte allégresse au milieu de ses souffrances et des privations de tout genre qu'il eut à endurer pendant ce long voyage, ou plutôt cette longue agonie, voilà ce qu'il offrit dans sa personne jusqu'au dernier moment.

Arrivé à la Flèche, vers midi, il y resta dans la prison jusqu'au lendemain, qu'il repartit pour le Lude. Dans le trajet, ses fers enflèrent encore ses mains d'une manière effrayante. Il ne put s'empêcher de dire aux gendarmes en souriant : « Messieurs, vos fers sont bien étroits, on les a faits sans doute pour des enfants ; voilà pourquoi ils m'ont coupé les poignets ; mais ce n'est rien ». Comme le froid était très-piquant, il essaya de se chauffer les mains. Mais elles étaient si meurtries, qu'il fut obligé de s'éloigner du feu.

Les gendarmes de Château-du-Loir vinrent à leur tour à la rencontre du prisonnier de Jésus-Christ. Les compagnons inséparables de son affliction épuisèrent tout ce que la charité chrétienne a de plus persuasif pour obtenir qu'il fût délivré des fers qui l'accablaient. Leur prière fut enfin exaucée. On leur permit même de monter avec le captif dans la voiture. Ils émurent par leur édifiante conversation un soldat qui fut placé près d'eux. Leur entretien n'eut pour objet que l'amour de Dieu, les misères de la vie présente et le bonheur du ciel. « Oh! que je suis heureux ! » disait de temps en temps le confesseur de la foi aux généreux chrétiens qui l'accompagnaient, « comme je remercie Dieu de la grâce qu'il m'accorde de me mettre au nombre de ses martyrs ! » Pour obtenir plus sûrement la force céleste dont il avait besoin à la veille du combat, le courageux soldat de Jésus-Christ voulut observer pendant tout le voyage le jeûne du Carême. Ses souffrances et l'épuisement de ses forces ne lui parurent pas une raison suffisante de s'exempter de ce sacrifice préparatoire à celui qu'il devait faire de sa vie.

A Château-du-Loir, le geôlier et sa femme prirent les soins les plus compatissants du serviteur de Dieu. Il resta trois jours sous la garde de ces honnêtes gens, qui par leur charité lui firent presque perdre le souvenir de ses souffrances. Assuré que le saint prêtre trouverait en son absence des secours bienveillants, la pieuse femme qui l'avait suivi partit seule pour la ville de Tours, afin de travailler à le sauver. Elle parvint à intéresser en sa faveur un habile avocat, qui promit d'employer son talent à défendre ce ministre de Jésus-Christ. Pour assurer le succès de ses efforts, il engagea le prisonnier à faire une déclaration légèrement contraire à la vérité. « Non », dit le vertueux ecclésiastique, « je ne sauverai jamais ma vie par un mensonge ». En arrivant à Tours, il fut conduit à la prison du gouvernement et de là transféré au Criminel. Ses compagnons de voyage eurent la douleur de l'y voir pousser à coups de poing, parce qu'il pouvait à peine marcher.

La commission militaire s'assembla, le 30, à quatre heures du soir. Le prévenu demanda un défenseur. Le président lui répondit que la loi n'en accordait point. Mais le mot d'*humanité* ayant été prononcé par un des juges, le président feignit d'envoyer chercher le défenseur désigné par le confesseur de la foi. Il fit partir un militaire, qui ayant bien compris le sens du commandement, ne se mit point en peine d'y obéir. Mais, la femme charitable, qui avait accompagné M. Hervieux, fit avertir de suite l'avocat, dont elle avait réclamé l'assistance, et il accourut aussitôt.

Le président de la commission procéda en ces termes à l'interrogatoire de M. Hervieux.

« Quel est votre nom, citoyen », lui dit le président du sombre tribunal ?

— « Je me nomme Pierre-Julien Hervieux », lui répondit le confesseur de la foi.

— « Votre âge ?

— « J'ai quarante-trois ans.

— « Votre profession ?

— « Prêtre catholique.

— « Le lieu de votre naissance ?

— « Domfront, dans le département de l'Orne.

— « Où était votre résidence ?

— « A Olivet, près Laval, où j'étais vicaire avant la révolution.
— « Avez-vous obéi à la loi de déportation ?
— « Je m'y suis soumis. Je fus conduit jusqu'au port de Granville par la force armée.
— « Quand êtes-vous rentré ?
— « Au mois de septembre 1795.
— « Avec qui ?
— « Tels et tels.
— « Combien étiez-vous ?
— « Quatre.
— « Quel motif vous a fait rentrer ?
— « Le désir de me rendre utile aux fidèles.
— « Où sont ceux qui vous ont accompagné ?
— « Je l'ignore.
— « Pourquoi avez-vous des lettres de pouvoirs d'un évêque de Bretagne ?
— « Comme je devais passer par son diocèse, j'ignorais si je n'y resterais pas quelque temps.
— « Pourquoi n'avez-vous pas obéi à la loi du 18 fructidor ?
— « Le même motif qui m'avait fait rentrer m'a fait rester.
— « Pourquoi n'avez-vous pas prêté les différents serments exigés par les lois ?
— « Ma conscience me le défendait.
— « Pourquoi aviez-vous des registres de baptêmes, de mariages et de sépultures ?
— « Pour constater que les catholiques l'étaient vraiment, et satisfaisaient aux devoirs de la religion.
— « Avez-vous engagé les personnes à se présenter aux officiers publics ?
— « Toujours.
— « Avez-vous dit la messe en présence d'attroupements de chouans, les excitant à la révolte ?
— « Jamais, je ne me suis occupé que de mon ministère.
— « Pourquoi des papiers royalistes se sont-ils trouvés là où vous avez été pris, ainsi que deux scapulaires où étaient écrits ces mots : Vive la religion ! Vive le roi !
— « Je ne les croyais pas dans mes effets.
— « Où avez-vous été pris ?

— « Chez ma sœur ».
— « Comment s'appelle-t-elle ? »
— « Marie Hervieux ».
— « Dans quelle commune ? »
— « A Olivet, où j'étais vicaire ».

On lui lut ensuite la liste des émigrés, en lui disant que cette pièce le condamnait.

« Comment peut-elle me condamner », reprit-il. « Je n'ai jamais émigré ; je n'ai fait qu'obéir aux agents de la loi en me laissant déporter. C'est par la force armée que j'ai été conduit à Granville. C'est malgré moi que j'ai quitté ma patrie. D'ailleurs mon nom a été rayé de la liste des émigrés, et je puis vous en fournir la preuve : la voici. Il produisit son acte de radiation.

— « Depuis quel temps avez-vous cet acte », repartit le président ?

— « Depuis quinze jours ».

Cette réponse souleva un grand tumulte dans l'Assemblée.

Le défenseur de M. Hervieux prit alors la parole, et, dans un discours éloquent, il prouva jusqu'à l'évidence l'innocence de son client, et l'incompétence de la commission militaire, qui, d'après la loi du 18 fructidor, ne devait juger que des *émigrés*, et non des prêtres *déportés par la république elle-même* (1). Tous ses efforts furent inutiles. Les juges ordonnèrent d'éloigner le défenseur et l'accusé, et délibérèrent en secret pendant deux heures. A neuf heures et demie du soir, la sanguinaire commission porta la sentence suivante (2) :

(1) Sept mois plus tard, le ministre de la police, Duval, reconnaissait lui-même la légitimité de ce moyen de défense, et il disait, dans une circulaire du 4 novembre 1798, adressée à toutes les administrations départementales : « Les prêtres qui ont préféré la *déportation* à la *réclusion* ne doivent pas pour cela être réputés émigrés ».

(2) Elle est conservée aux archives de la municipalité de Tours, liasse 264.

« Le dix germinal, sixième année républicaine, la commission militaire, créée par le général Vimeux, commandant la 22e division militaire, en vertu des art. 16 et 17 de la loi du 19 fructidor dernier, laquelle était composée des citoyens Dauvergne, adjudant-général, chef d'état-major; Danlion, capitaine des carabiniers de la troisième demi-brigade d'infanterie légère; Duvergnier, capitaine de la dite demi-brigade; Roxlo, capitaine-adjudant aux adjudants-généraux; Navarres, capitaine-adjoint aux adjudants-généraux; Campagnac, sous-lieutenant de la trentième demi-brigade d'infanterie légère; et Courtin, sergent-major de la dite demi-brigade, lesquels ne sont ni parents, ni alliés entre eux, au degré prescrit par la loi;

« S'est réunie à l'effet de juger le nommé Pierre-Julien Hervieux, ex-vicaire d'Olivet, département de la Mayenne, âgé de quarante-trois ans, natif de Domfront, département de l'Orne, taille de cinq pieds, trois pouces, six lignes, cheveux et sourcils chatains, visage maigre et ovale, front bas, une cicatrice entre les deux sourcils, au haut du nez...;

« La commission militaire, après avoir entendu l'accusé sur le fait de la déportation auquel il ne s'est pas soumis, ainsi qu'il le devait par la loi du 19 fructidor dernier, et pris connaissance des interrogatoires qu'il a subis le 22 ventôse devant le directeur du jury d'accusation et officier de police judiciaire de l'arrondissement de Laval, département de la Mayenne;

« Considérant que d'après la disposition de la loi précitée, ledit Hervieux devait quitter le territoire de la république, et que loin d'obtempérer à cette disposition, il l'a toujours habité, d'après son propre aveu;

« Considérant que la loi du 20 fructidor an III est remise en vigueur par la révocation de celle du 7 fructidor an V, et qu'elle assimile aux émigrés les prêtres déportés et rentrés sur le territoire de la république...;

« La commission militaire déclare à l'unanimité que ledit Pierre-Julien Hervieux est coupable d'être rentré sur le territoire de la république après sa déportation, et de n'en être pas sorti après la quinzaine qui a suivi la publication de la loi du 19 fructidor an V;

« En conséquence l'a condamné et condamne à la peine de mort, et ses biens confisqués au profit de la république;

« Ordonne que le présent jugement sera imprimé au nombre de trois cents exemplaires pour être affiché dans toute l'étendue de la 22ᵉ division militaire, et qu'il sera adressé ainsi que les pièces de la procédure au général, commandant ladite division, pour le faire exécuter dans les vingt-quatre heures, conformément à la loi ;

« Fait et jugé, dans la commune de Tours, dans la salle ordinaire du lieu des séances du conseil de guerre, les jour, mois et an que dessus, et ont les membres de la commission militaire signé : Roxlo, Courtin, Campagnac, Danlion, Duvergier, Navarres et Dauvergne ».

Lorsqu'on donna lecture de cet arrêté dans la salle du conseil de guerre, l'auditoire entier manifesta un sentiment de réprobation. Plusieurs personnes osèrent même crier : « Grâce ! grâce ! Il est innocent ! » « Pour moi », écrit la pieuse femme, qui avait suivi à Tours le confesseur de la foi, « lorsqu'on lut son arrêt de mort, je crus m'être trompée. Je tenais une dame par le bras. Je lui demandai si j'avais bien entendu ». — « Hélas ! que trop bien », dit-elle ! Je sentis mes jambes plier sous moi. On m'emporta. Je priai mes hôtes de commander un cercueil et d'acheter un suaire. Je voulus aller à la prison ». — « Que voulez-vous », me dit le commissaire Léonard, auquel je m'adressai ? — « Voir mon frère avant qu'il ne meure ». — « Quoi ! » reprit-il en frémissant, « il est condamné après la défense de M. M.... ? Les scélérats ! Venez à huit heures ; je vous conduirai ».

« A huit heures, je vis le bienheureux martyr. Il ignorait encore sa condamnation. En l'apercevant, je restai muette et immobile. « Quelle nouvelle », me dit-il avec un visage serein, dans lequel je crus démêler quelque chose de surnaturel ? Cet air de calme me ranima ; mon âme reprit de nouvelles forces ; enfin je lui annonçai le fatal arrêt. — « Il y a longtemps », répondit-il, « que j'ai fait à Dieu le sacrifice de moi-même ; je suis trop heureux qu'il veuille bien l'agréer ». Alors il me remit tous ses effets, excepté son bréviaire. Il demanda à écrire ses dernières volontés. Voici le testament qu'il traça de sa propre main en ma présence et en celle du commissaire Léonard ».

« Je remercie tous mes amis qui ont bien voulu s'intéresser à moi, je leur dis adieu avec toute la résignation dont je suis capable ; je les recommande au Seigneur ».

« Je salue très-affectueusement tous les fidèles qui ont eu confiance en moi ; je demande pardon à tous ceux que j'aurais pu offenser ou scandaliser. Le temps ne me permet pas de faire connaître plus amplement mes dispositions et les sentiments de mon cœur dans la position où je me trouve ; j'apprends à l'instant l'arrêt de mort prononcé contre moi, et il ne me reste que le temps de me préparer de plus en plus à consommer le sacrifice que j'ai fait depuis longtemps. Si je n'ai pas pendant ma vie fait ce que je devais pour apprendre à bien vivre à ceux qui m'ont connu, je vais au moins demander à Dieu la grâce par excellence de leur apprendre à bien mourir.

« Ma fidélité aux devoirs de cette religion sainte dans laquelle j'ai eu le bonheur de naître, me conduit à la mort. Mais c'est dans ce moment que je puis dire : « *Mori lucrum est*, mourir est un gain ; « c'est à cet instant que je commence à être le disciple d'un Dieu « crucifié, et que je dois dire comme l'Apôtre : *Superabundo gaudio*, « je surabonde de joie d'avoir été jugé digne de terminer ainsi ma « carrière ».

S'adressant ensuite à ceux qui l'avaient suivi pour adoucir ses souffrances, il leur dit :

« Mes chers enfants, consolez-vous en considérant le bonheur dont je vais jouir. Non, je n'étais pas digne que Dieu me fît la grâce d'aller à lui par la même route que les apôtres et les martyrs ; j'unis mon sacrifice à celui de Jésus-Christ, au sacrifice de tant de saints qui m'ont précédé ; je l'offre à Dieu pour son amour et l'expiation de mes fautes. C'est au ciel que je vous témoignerai ma reconnaissance. Jamais je n'oublierai votre ardente charité. Pardonnez à ceux qui sont les auteurs de ma mort, comme je leur pardonne moi-même. Ah ! je leur pardonne de tout mon cœur ».

Alors il demanda à quelle heure il devait mourir. C'était à onze heures, et il en était plus de dix. « Je n'ai guère de temps pour me préparer », dit-il à ses deux fidèles paroissiens, « prenez mon bréviaire. Je regrette de ne pouvoir réciter mes Vêpres ». Il allait les chanter avec les anges. Il voulut jeûner. On le supplia d'accorder quelque chose à la nature. Il prit alors un biscuit et deux verres de vin. A onze heures précises, on le tira de sa prison ; il marcha à la mort un crucifix à la main, adressant à Dieu une continuelle et fervente prière. Arrivé sur la place d'Aumont, fixée pour l'exécution, il se mit à genoux et ôta son chapeau. Les soldats firent feu et il tomba baigné dans son sang. A onze heures quatre minutes son âme était montée au ciel (31 mars 1798). Son corps, enseveli par les pieux fidèles d'Olivet, fut inhumé dans le cimetière de la ville de Tours, près du mur, sur la droite en entrant.

Le courageux jeune homme, qui avait accompagné M. Hervieux dans ses courses apostoliques et qui l'avait suivi jusqu'au lieu de supplice, acheta les dépouilles du martyr aux militaires qui l'avaient fusillé. Il s'en revint à Olivet, avec sa pieuse compagne, chargé de ces précieuses reliques. On conserve encore avec vénération, dans la paroisse d'Olivet, les actes de trente-cinq mariages et de cent quatre-vingt-quatre baptêmes que M. Hervieux fit dans l'espace de deux ans.

La mémoire de ce saint prêtre était encore, en 1832, si chère aux habitants des diverses paroisses qu'il avait édifiées par ses vertus, que l'instigateur de l'arrestation de M. Hervieux, ayant cru pouvoir sans danger revenir habiter près d'Olivet, d'où on l'avait chassé ignominieusement, fut contraint d'abandonner successivement les deux paroisses où il tenta de s'établir. Les habitants avaient horreur de ce misérable et ne voulaient en aucune manière communiquer avec lui, tant était grand leur attachement pour la victime de sa dénonciation !

On peut dire de ce saint prêtre ce que le prophète royal dit de l'homme juste persécuté (1) : « *in memoria æterna erit justus*... La mémoire du juste sera éternelle ; il ne craint pas qu'elle soit ternie par des discours injurieux. Son âme, pleine d'assurance, repose en paix dans le Seigneur ; il est désormais inaccessible aux coups des méchants, il ne sera jamais ébranlé, et il attend le jour où il verra ses ennemis confondus à ses pieds (2) ».

II.

Six mois après, les fidèles de ce diocèse apprenaient la mort d'un autre confesseur de la foi, M. Paul-Joseph-Christophe Le Saulx, né à Saint-Laurent de Falaise. Il avait été ordonné prêtre en 1769, et nommé vicaire de Bazoches-en-Houlme. Il y resta jusqu'au 3 mai 1785, époque à laquelle il fut pourvu de la prestimonie de Lieurry, près Saint-Pierre-sur-Dive. Lorsque la révolution éclata, il se retira dans la ville de Falaise. La fermeté avec laquelle il s'opposa aux doctrines nouvelles sur la Constitution de l'Eglise, et l'élection des évêques par le peuple, ne tarda pas à exciter contre lui la haine des impies. Mais il n'en fut pas effrayé, et, au mois de septembre 1792, il résolut de rester en France pour travailler au salut des âmes, quoiqu'il n'ignorât pas les dangers extrêmes que couraient les prêtres insermentés.

Il retourna dans son ancienne paroisse de Bazoches, où il rendit d'importants services aux fidèles. Ayant été dénoncé aux persécuteurs, vers la fin de 1793, il se réfugia auprès de son frère, M. Joseph Le Saulx, ancien curé de Saint-Laurent-de-Falaise, qui se cachait dans les environs de cette

---

(1) Ps. CXI.
(2) Tiré des *Confesseurs de la Foi*, par M. l'abbé Carron ; — des *Martyrs du Maine*, par M. l'abbé Perrin ; — et des *Mémoires ecclésiastiques concernant la ville de Laval et les environs pendant la Révolution*, par M. Isidore Boullier.

ville. Mais le Comité de surveillance de Falaise parvint à découvrir le lieu de leur retraite. Il les fit arrêter aussitôt et conduire dans les prisons de Caen. Traduits devant le tribunal criminel du département du Calvados, ils furent condamnés à la déportation avec deux autres prêtres fidèles au Saint-Siége, M. Etienne Courbin et M. Louis-Gabriel La Ruelle, de Guêpré. On ne tarda pas à les conduire de brigade en brigade jusqu'à Rochefort (1). Dieu donna à ses fidèles serviteurs la force de supporter les cruelles souffrances auxquelles les persécuteurs les soumirent.

Rendu à la liberté, au mois de février 1795, M. Paul-Joseph-Christophe Le Saulx revint aussitôt dans son diocèse. Mais son zèle pour la gloire de Dieu le trahit de nouveau. Le 17 vendémiaire an VII (8 octobre 1798), il fut arrêté une seconde fois par les satellites républicains, et conduit à la prison d'Alençon. Le 30 vendémiaire, le Directoire départemental arrêta qu'il serait conduit à Sceaux de brigade en brigade, pour y comparaître devant une commission militaire. Au témoignage de M. l'abbé Fournier, ancien collègue de M. Paul-Joseph-Christophe Le Saulx dans le vicariat de Bazoches, le confesseur de la foi périt victime de son attachement au Saint-Siége. Sur les registres de l'évêché de Séez, il est porté comme mort pendant la révolution (2).

« J'entendis une voix du ciel qui me disait : Ecris : « Heu-
« reux ceux qui meurent dans le Seigneur ». « C'est alors »,
dit l'Esprit-Saint, « qu'ils commencent à se reposer de leurs
« travaux ; car leurs œuvres les suivent (Apoc., xiv, 13) ».

---

(1) Ils furent écroués à la prison d'Alençon le 1ᵉʳ prairial an II.
(2) Lettre de M. l'abbé Louisfert, aumônier de l'hospice de Mortagne.

CHAPITRE VI.

PRÊTRES ET LAÏQUES FUSILLÉS PAR LES COLONNES MOBILES.

Irrités de voir que, dans les derniers jours de la Convention, on avait restreint la peine de mort aux seuls émigrés, les ennemis de la religion catholique, surtout les chefs de club, disaient hautement que les colonnes mobiles devaient suppléer à la mollesse des tribunaux, en fusillant tous les prêtres valides ou infirmes, jeunes ou vieux, que la bonne fortune de la république leur faisait rencontrer au bout de leurs armes. Sans applaudir ouvertement à ces massacres odieux, le Directoire exécutif laissait agir les colonnes mobiles : il ne disait pas expressément de massacrer les prêtres fidèles à Dieu, mais il recommandait d'*exterminer tous les ennemis de la république*. On voyait donc les colonnes mobiles composées de pillards, de bandits, d'assassins de profession, de tout ce qu'une révolution peut enfanter de plus ignoble, parcourir les campagnes pour faire la chasse aux prêtres comme à des bêtes fauves, et s'ériger en commission militaire, aussitôt qu'elles avaient découvert un ministre du Seigneur. Sans information, sans jugement, il était passé par les armes, aux cris de : « Vive la république ! » L'administration départementale de l'Orne savait tout, voyait tout ; jamais elle ne fit les moindres poursuites contre les auteurs de ces massacres. C'est qu'on avait soif de sang. En fusillant ainsi dans l'ombre et sans les formalités des tribunaux révolutionnaires, on évitait les inconvénients de ces exécutions publiques, qui irritaient les populations des villes, et faisaient appeler à grands cris une réaction.

Un grand nombre d'ecclésiastiques, ou de pieux laïques, qui leur donnaient l'hospitalité, durent la couronne du martyre à ces actes de sauvagerie révolutionnaire. Nous ne citerons que les principaux ; car il est impossible, après plus de soixante-dix ans, de connaître toutes les victimes de ce genre, qui succombèrent dans l'étendue de ce département. Gloire à ces hommes de foi, à ces fidèles disciples de Jésus-Christ, à ces champions intrépides de l'éternelle Vérité, qui ne craignirent pas de mourir pour leurs frères et la défense de nos saintes lois.

Voici la liste des martyrs à qui nous croyons devoir consacrer une notice :

MM. Jean-Julien Vaugeois, diacre à Lonlay-l'Abbaye, mort le 4 décembre 1795 ;

Pierre-Charles-Augustin Géhan-Deslandes, séminariste, mort le 3 mars 1796 ;

Jacques Tablet, curé de la Lande-Patry, mort le 4 mars 1796 ;

Jean-Baptiste Julienne, prêtre, de Vaudeloges, mort le 22 mars 1796 ;

N... Bouvet, notaire à Saint-Roch-sur-Egrenne, fin mars 1796 ;

Jean Bunout, vicaire de Chênedouit, mort le 5 avril 1796 ;

N... Lepetit, ordinand, de Saint-Quentin-des-Chardonnets, mort le 13 avril 1796 ;

Jean-Baptiste Dumont, curé de Cambremer, mort le 13 avril 1796 ;

Guillaume Vallée, curé de Saint-Quentin-des-Chardonnets, mort le 13 avril 1796 ;

N... Collet, prêtre à Montsecret, mort le 13 avril 1796 ;

Jean Chanu, diacre de Tinchebray, mort le 2 mai 1796 ;

Pierre Malherbe, prêtre, à la Lande-Patry, mort le 6 mai 1796 ;

Jean Hairie, prêtre, à Brétignolles, mort en mai 1796 ;

Charles Pépin, vicaire de la Cropte, mort en mai 1796 ;

Jean Rivière, vicaire de Saint-Georges-de-Rouellé, mort le 11 mars 1797 ;

M. Guillaume Moulin, curé de Saint-Jean-des-Bois, mort le 30 octobre 1799.

I.

Le premier ecclésiastique, qui, sous le Directoire, eut l'honneur d'être fusillé pour sa fidélité au Saint-Siége, est M. Jean-Julien Vaugeois, de Lonlay-l'Abbaye. Il n'était encore que diacre, lorsque le clergé catholique se vit condamné à la déportation. Résolu de rester dans sa patrie pour y travailler, selon son pouvoir, à la gloire de Dieu, il prit un déguisement et vint se réfugier à Lonlay-l'Abbaye. Il parvint pendant plusieurs années à tromper la surveillance des satellites révolutionnaires. Dévoué tout entier au bien, il secondait puissamment M. l'abbé Bouvet-Rainière, qui, au péril de sa vie, exerçait le ministère dans la paroisse de Lonlay. Il eut même le bonheur par ses remontrances multipliées de ramener à l'Eglise un jeune prêtre de sa connaissance, qui avait prêté le serment.

Au mois de décembre 1795, sa présence fut signalée au chef d'une colonne mobile et sa mort résolue à l'instant. Deux révolutionnaires, se disant ecclésiastiques, se rendirent dans une famille amie de celle de M. Vaugeois, s'apitoyèrent sur le sort des prêtres obligés de se cacher pour éviter la persécution, et exprimèrent un vif désir de revoir le jeune diacre, qu'ils avaient connu autrefois. On eut le malheur de se laisser prendre à ce piége et d'indiquer la demeure de M. Vaugeois. Le lendemain, 14 décembre 1795, il était entre les mains de ses bourreaux. Ils le conduisirent à un kilomètre de la maison qui lui servait d'asile et le fusillèrent dans un jardin, que l'on montre encore aujourd'hui comme le lieu de son martyre. Son corps fut enseveli par quelques habitants de Lonlay-l'Abbaye, et porté pieusement dans le cimetière (1).

(1) Lettre de M. Dégrenne, ancien curé de Lonlay-l'Abbaye; — Lettre de M. l'abbé

II.

M. Pierre-Charles-Augustin Géhan-Deslandes succomba trois mois après pour une cause absolument semblable : la fidélité à l'Eglise catholique et le dévouement pour les prêtres persécutés. Né à Flers, en 1773, il faisait ses études dans un collège ecclésiastique du diocèse de Bayeux, lorsque la révolution éclata. Comme il n'avait qu'un seul désir, servir Dieu dans l'état ecclésiastique et mourir, s'il le fallait, pour sa gloire, il continua ses études, même pendant la *Terreur*, sous la direction de MM. Huet et Delaunay, qui évangélisaient les cantons de Flers, de Messey et de Tinchebray. Après la chute de Robespierre, il fut plusieurs fois signalé aux colonnes mobiles, comme ayant des relations fréquentes avec les prêtres cachés dans la paroisse de Flers. On lui reprochait surtout de leur donner asile, et de les accompagner la nuit, lorsqu'ils allaient administrer les malades. C'était bien plus qu'il n'en fallait pour mériter la mort, aux yeux des révolutionnaires.

Ils essayèrent plusieurs fois d'arrêter ce pieux jeune homme ; mais il trouvait toujours le moyen de leur échapper. Le 13 ventôse an IV (3 mars 1796), résolus de faire un nouvel effort pour s'emparer de sa personne, ils se dirigèrent vers le village de la Géhannière où demeuraient les parents du pieux séminariste. Afin d'être plus assurés du succès, ils mirent des gardes dans toutes les directions qu'il pouvait prendre pour s'enfuir. A la vue des ennemis de l'Eglise qui venaient à sa maison, le serviteur de Dieu lui recommanda son âme, et, sortant par une porte latérale, il essaya de gagner un village voisin. Mais il rencontra cinq ou six gardes mobiles, qui, après avoir déchargé sur lui leurs

---

Simon, curé actuel de cette paroisse ; — *Registre de l'état civil* de la paroisse de Lonlay-l'Abbaye, au 24 frimaire an IV.

armes, le percèrent à coups de bayonnette, et le laissèrent pour mort.

Aussitôt que ses bourreaux furent partis, son père et sa mère allèrent chercher son corps pour lui donner la sépulture. Voyant qu'il respirait encore, ils le portèrent en pleurant dans leur maison, et firent appeler M. l'abbé Huet qui confessait dans un de leurs bâtiments, lorsque la colonne mobile était arrivée. Il eut encore le temps de donner l'absolution à son élève, de lui administrer le saint viatique, et l'Extrême-Onction. Le visage de cette innocente victime n'avait rien qui se ressentît des horreurs de la mort. Il était au contraire souriant et comme resplendissant d'une joie céleste. A six heures du soir le martyr rendit son âme entre les mains de son Sauveur. Il était âgé de vingt-deux ans et quelques mois.

III.

Le lendemain, une autre victime plus noble encore, M. Jacques Tablet, tomba sous les coups de la horde de brigands qui parcourait le canton de Flers. Il naquit à la Lande-Patry (1), le 3 octobre 1749. Ayant donné, dès l'enfance, de nombreuses marques de vocation ecclésiastique, il fut envoyé à Vire pour y faire ses études. On le vit alors travailler avec beaucoup d'ardeur pour acquérir la science et surtout les vertus nécessaires au sacerdoce. Se dévouer et se sacrifier pour le salut des âmes, telle fut la devise que prit le saint prêtre au jour de son ordination. Après avoir exercé quelque temps les fonctions de vicaire à Beauchêne près Tinchebray, il fut nommé curé de la Lande-Patry. L'affection qu'il portait à ses paroissiens ne se démentit point aux jours mauvais de la révolution. Non-seulement il s'efforça par ses instructions de les conserver dans la communion de

---

(1) Lande-Patry, canton de Flers, arrondissement de Domfront (Orne).

l'Eglise romaine, mais encore il resta avec eux, au péril de sa vie, pour les soutenir dans la foi et leur administrer les sacrements.

On trouve sur les registres de fabrique de la paroisse de la Lande-Patry la preuve évidente du zèle ardent dont ce saint prêtre était dévoré. Un grand nombre d'actes de baptême, de mariages, et de décès, signés de la main de M. Tablet, montrent avec quel dévouement il s'acquittait des fonctions pastorales en ces jours de terreur. Plusieurs fois cependant, il courut les plus grands dangers. Une pieuse fille, nommée Marie Moûsset, qui donnait asile aux prêtres pendant la révolution, racontait encore, il y a peu d'années, les faits suivants :

« M. Tablet, accablé de veilles et de fatigues, fut malade six semaines sans pouvoir sortir. Pendant ce temps, on le soigna le mieux qu'on put dans une petite cachette pratiquée sous un tas de gerbes de blé. C'était pendant la Terreur. Quand il eut repris un peu de forces, on le mit à coucher dans un vieux pressoir éloigné de la maison. Les brigands arrivent un jour pour fouiller. Ils montent au tas de blé où M. Tablet se retirait pendant sa maladie. Ils n'avaient plus qu'un rang de gerbes à lever pour découvrir sa cachette, quand ils prirent le parti de sortir de la grange pour rentrer dans la maison. En ce moment, une petite servante y entrait aussi. La maîtresse lui dit : « Va bien vite à tes vaches ». La petite fille comprit bien qu'il s'agissait de choses plus sérieuses. Elle vole vers le pressoir et dit à M. Tablet : « Sauvez-vous bien vite, « on fouille partout à la maison ». Il part comme un trait et s'enfuit dans un champ où le maître de la maison était à labourer. Il prend les manches de la charrue et se met à l'ouvrage à la place du maître. A la chute du jour, n'osant revenir à la maison pour se coucher, il alla se réfugier dans un champ de genêts. On alla le soir pour le chercher dans les champs ; mais on ne put le trouver. Après une nuit passée sous la pluie, il revint le lendemain matin au point du jour, et frappa doucement à la porte. On s'empressa de lui ouvrir, de lui faire du feu pour sécher ses habits, et de lui donner à manger ; car il était mourant de froid et de faim. « Oh !

« pourquoi n'êtes-vous pas revenu hier soir », lui dit le maître de
« la maison ? On vous a cherché dans les champs pendant plus de
« deux heures. — Mes amis », répondit M. Tablet, « je n'ai pas osé
« revenir : j'avais trop de peur pour vous ».

Ce ne fut là qu'une légère partie des peines qu'il eut à souffrir pour n'avoir pas voulu abandonner ses paroissiens.

Dieu, qui ne se laisse jamais vaincre en générosité, récompensa son fidèle serviteur en lui décernant la plus belle couronne que l'homme puisse ambitionner ici-bas : celle du martyre. Le 3 mars 1796, M. Tablet, ayant appris que les colonnes mobiles de Domfront et de la Carneille s'étaient rencontrées la veille avec les royalistes, près de l'église de la Lande-Patry, vint rebénir le cimetière, pollué par le sang qui avait été répandu pendant le combat. Il s'en retournait par le village de la Marière, situé sur la paroisse de Landisacq, et se trouvait en face de la croix élevée dans ce village, lorsque tout à coup, au détour du chemin, il aperçut près de lui la colonne mobile de Domfront, qui revenait sur ses pas. Prendre la fuite devant ces hommes armés, était impossible. M. Tablet essaya de passer auprès d'eux en faisant bonne contenance. Mais il fut arrêté par le chef de la colonne, qui lui demanda qui il était. Le saint prêtre garda le silence. Sur un signe de leur chef deux hommes le fouillèrent et trouvèrent sur lui un livre écrit en langue latine. A la première inspection, le chef de la colonne s'écria que ce livre ne pouvait appartenir qu'à un prêtre.

« Tu es prêtre, n'est-ce pas », dit-il à M. Tablet ?
— « Oui, je le suis », répondit le ministre de Jésus-Christ.
— « Quel est ton nom ?
— « Jacques Tablet.
— « Es-tu le curé insermenté de la Lande-Patry ?
— « Oui, je le suis ».

Ces hommes cruels restèrent quelque temps comme immobiles d'étonnement, en face de ce juste animé d'une telle confiance en Dieu. A la fin, le chef de la colonne lui dit : « Suis-nous », et il les suivit tranquillement, comme un agneau que l'on mène à la boucherie. Ils arrivèrent à Tinchebray à l'entrée de la nuit. Conduit à la prison, au milieu des cris de joie des républicains, le confesseur de la foi ne sentit point faiblir son courage. Il passa la nuit en prières, afin d'y puiser de nouvelles forces pour le combat qu'il devait soutenir le lendemain. Ce jour-là devait être en effet celui de sa mort.

Dès le point du jour, le chef de la colonne envoya un messager à Domfront pour annoncer aux *frères et amis* l'arrestation de M. Tablet, curé de la Lande-Patry, et leur demander ce qu'il fallait en faire. On répondit au messager qu'il fallait le passer par les armes. Il repartit de suite et rencontra au village de Préhaut, entre Chanu et Saint-Cornier, la colonne mobile qui s'avançait lentement vers Domfront avec le confesseur de la foi. « On a décidé », dit-il au chef de la colonne, « que le prisonnier doit être passé par les armes ». Le chef de brigands annonça aussitôt à M. Tablet qu'on allait le fusiller. Le saint prêtre demanda une demi-heure pour se préparer à mourir. On la lui accorda. Il entra alors dans une maison du village, afin de se recueillir plus parfaitement devant Dieu et de lui offrir avec plus de calme le sacrifice de sa vie (1).

Le temps qu'on lui avait accordé étant expiré, il sortit sans qu'on l'appelât, et se présenta lui-même à ses bourreaux. Quatre hommes furent commandés pour le fusiller. Quand il fut à genoux, deux d'entre eux dirigèrent leurs armes vers la tête, les deux autres vers la poitrine. « Mes amis », leur dit le saint prêtre, « je vous pardonne de tout mon cœur. Que Dieu vous pardonne aussi à l'heure de la mort ». En ce

(1) Cette maison appartenait aux parents de M. l'abbé Chancerel, ancien directeur au petit séminaire de Séez et chanoine de la cathédrale. Il a lui-même laissé un *Mémoire* sur les circonstances de la mort de M. Tablet.

moment, une décharge terrible se fit entendre : le martyr tomba sous les balles des persécuteurs. Les habitants du village, qu'on avait forcés de se réunir pour être témoins de cette exécution, s'enfuirent épouvantés. Pour les soldats républicains, levant leurs armes en l'air, ils jetèrent des cris sauvages, parmi lesquels on distingua ceux de : « Vive la république ! mort aux prêtres ! » En s'éloignant du théâtre de leur crime, ils défendirent de toucher au cadavre du martyr ; mais, après leur départ, les habitants du village de Préhaut se disputèrent l'honneur de fournir ce qui était nécessaire pour la sépulture du saint prêtre, et comme il était mort sur la commune de Chanu, ils le portèrent dans le cimetière de cette paroisse.

La nouvelle de cette mort fut pour les habitants de la Lande-Patry le signal d'un deuil public. Les restes mortels de celui qu'ils regrettaient comme un bon et saint pasteur, leur parurent un trésor qu'il fallait acquérir à leur paroisse à quelque prix que ce fût. Bravant donc les rigueurs de la saison et la rage des révolutionnaires, trente d'entre eux allèrent exhumer le corps de M. Tablet et le rapportèrent à travers la neige dans le cimetière de la Lande-Patry. C'est là qu'il repose, au pied de la croix, sous une pierre tombale qui porte le nom de M. Saillard, curé de la Lande-Patry mort en 1721.

La mémoire de M. Tablet est restée en bénédiction dans la pieuse paroisse pour laquelle il a versé son sang. Personne n'y prononce son nom qu'avec le plus profond respect. La figure des vieillards s'anime, leur voix tremble d'émotion, leur visage se couvre de larmes, lorsqu'ils racontent les derniers moments de ce bon pasteur, qui ne prêcha jamais à son troupeau que la charité fraternelle, et qui, loin de faire verser des larmes à ses ennemis, s'efforça toujours de leur faire du bien.

IV.

Quelques jours après, Dieu appelait à la gloire du martyre un autre prêtre plein de zèle, de dévouement, M. Jean-Baptiste Julienne, né à Vaudeloges (1), dans l'ancien diocèse de Séez. Il avait été ordonné prêtre en 1786, et placé par Mgr d'Argentré, comme précepteur près de ses neveux, MM. de Couasnon, qui habitaient Vitré (2). Sa fidélité au chef de l'Eglise lui attira la haine des persécuteurs. Forcé de dire adieu à ses élèves, M. l'abbé Julienne s'éloigna de Vitré et vint se réfugier au château de la Baglière. Mais son zèle pour le salut des âmes ne tarda pas à le trahir. Sa présence dans le pays fut signalée aux républicains, vers le mois de juillet 1794, et le saint prêtre, pour échapper à la mort, fut obligé de se retirer à Bazougers (3), près Laval. Une pieuse veuve, animée d'un grand esprit de foi, consentit à le recevoir et à lui donner l'hospitalité au péril de ses jours.

L'homme de Dieu ne resta pas oisif dans ce nouvel asile. Il savait que l'Esprit-Saint a dit par la bouche de saint Paul à chacun de ceux qui sont appelés au sacerdoce : « Travaillez comme un bon soldat de Jésus-Christ (4) », et, pendant huit mois qu'il demeura à Bazougers, il se livra avec toute l'ardeur de son zèle à l'administration des sacrements. Comme les persécuteurs ignoraient son arrivée dans ce pays, où il n'était pas connu, il y fit un bien immense, dont les paroisses de Bazougers, de Saint-Georges-de-la-Bazouge et d'Arquenay ressentirent surtout les effets. Jamais il ne fit attendre les secours de la religion, quelque danger qu'il

---

(1) Canton de Saint-Pierre-sur-Dive, arrondissement de Lisieux (Calvados).
(2) Chef-lieu d'arrondissement (Ille-et-Vilaine).
(3) Canton de Meslay, arrondissement de Laval (Mayenne).
(4) II Tim., II, 3.

courût de la part des ennemis de l'Eglise. Son esprit, fécond en ressources, lui fournissait toujours un moyen de pénétrer jusqu'aux malades.

Un jour le curé de Saint-Georges vint le prier d'administrer un de ses paroissiens dangereusement malade, et dont il n'osait approcher, parce que les impies qui le connaissaient, faisaient bonne garde autour de la maison. M. Julienne ne balança pas un instant à rendre à M. le curé de Saint-Georges le service qu'il sollicitait. Il part, déguisé en couvreur, et accompagné d'un homme de cet état. Sous cet habit, il pénètre dans la maison du malade, entre dans son appartement sans éveiller aucun soupçon, et s'en retourne le soir, avec son compagnon, ses outils, et le prix de sa journée, c'est-à-dire la joie d'avoir sauvé une âme. Quelques jours après, le malade, heureux d'avoir pu recevoir les secours de la religion, rendit son âme à Dieu ; le prêtre zélé continua ses courses apostoliques.

Mais tant de bien ne pouvait s'opérer sans alarmes. Dénoncé au comité de surveillance de Laval, le ministre de Jésus-Christ entendit un jour les satellites des persécuteurs frapper, à coups redoublés, à la porte de sa bienfaitrice. Il n'eut que le temps de se réfugier dans une cachette pratiquée à l'étage supérieur de la maison. Bientôt il entendit les soldats briser tous les meubles et proférer mille menaces contre sa bienfaitrice. Adresser au ciel de ferventes prières pour la bonne veuve, qui lui donnait asile, fut sa première pensée. Mais presque aussitôt une mortelle inquiétude vint le saisir : les républicains montent à grands pas l'escalier, ils vont découvrir peut-être et profaner la sainte Eucharistie, renfermée dans une armoire à quelques pas de lui. Plusieurs fois il s'élance du lieu secret, où il est caché, pour aller prendre les saintes hosties. Plusieurs fois il se sent retenu par des liens invisibles. Enfin, les brigands entrent dans l'appartement où M. Julienne se retire. « C'est apparemment la chambre de Jambe d'Argent », s'écrient-ils, « voilà des dévotions partout (1) ». Aussitôt ils se mettent à fouiller tous les meubles ; ils atteignent les tiroirs et bouleversent ce qu'ils contiennent : un seul est oublié dans cette rigoureuse perquisition, c'est celui qui renferme le très-saint Sacrement. Après avoir proféré mille menaces contre ce prêtre réfractaire, qu'on n'a pas trouvé au gîte, les républicains se retirent. Jésus-Christ et son ministre avaient échappé à leur fureur. Mais la retraite du saint prêtre était connue, il lui fallut en chercher une autre.

M. l'abbé Julienne se retira à la Beuglère où il resta jusqu'à sa mort. Le mardi de la semaine sainte de l'année 1796, il revenait de dire la messe à la métairie de la Rongère, lorsqu'il fut aperçu par des gardes mobiles. Voyant qu'il ne s'arrêtait point à leur sommation, ils se mirent à sa poursuite. Il était alors accompagné d'un jeune homme de Laval. « Sauvez-vous », lui dit-il, « je vous en prie, sauvez-vous seul ; je ne puis plus courir ». Tombé entre les mains des révolutionnaires, il leur offrit quelques pièces d'or qu'il avait sur lui s'ils voulaient consentir à le mettre en liberté. Les soldats prirent l'or, et n'en fusillèrent pas moins leur prisonnier à l'instant même (22 mars 1796). Le martyr était âgé de trente-deux ans. Son corps fut porté dans le cimetière de Bazougers par quelques pieux habitants de cette paroisse (2).

V.

M. Bouvet, notaire à Saint-Roch-sur-Egrenne (3), mérite, pour sa charité, d'être inscrit sur la liste de nos martyrs. Touché de compassion à la vue de la persécution cruelle

---

(1) Jambe d'Argent était un des plus pieux et des plus braves royalistes de la Mayenne. Son nom de famille était Jean Tréton (Voir les *Lettres sur les Chouans*, par M. Descépeaux).

(2) *Martyrs du Maine* ; — *Mémoires ecclésiastiques concernant la ville de Laval et ses environs* ; — *L'Eglise du Mans durant la Révolution*.

(3) Canton de Passais, arrondissement de Domfront (Orne).

qu'enduraient les ministres de Jésus-Christ, il leur ouvrit un asile dans sa maison. Il fut dénoncé pour cet acte de bienfaisance au comité révolutionnaire de Domfront. On envoya aussitôt une détachement de la colonne mobile pour délivrer la république de cet ennemi prétendu, qui ne tarda pas à tomber sous les balles des persécuteurs. Sa mort arriva vers la fin de mars 1796, suivant M. Caillebotte, dans son *Histoire* de la ville de Domfront.

VI.

Le mois suivant fut marqué par la mort de cinq fidèles ministres de Jésus-Christ. Celui qui reçut le premier la couronne du martyre, fut M. Jean Bunout, né en 1759, dans la paroisse de Crâménil. Ses parents lui apprirent dès l'âge le plus tendre à aimer Dieu et à craindre par-dessus tout de l'offenser. Comme son intelligence était plus développée que celle des autres enfants de son âge, ses parents, cédant aux exhortations de leur curé, résolurent de lui faire étudier le latin. Pendant toute la durée de ses études, il se montra si sage et si pieux que, dans sa paroisse natale, on ne l'appelait que le saint abbé. Ordonné prêtre, en 1784, par Mgr d'Argentré, il fut, sur la demande de M. Souquet de la Tour, curé de Chênedouit, nommé vicaire de cette paroisse.

M. Bunout vérifia dès lors pleinement toutes les espérances qu'on avait conçues de sa piété. En effet, il était impossible de voir un prêtre plus assidu à la prière et à l'oraison, plus dévot pendant la récitation du saint office, plus fervent au saint autel, plus appliqué au travail et plus zélé pour le salut des âmes. Après plus de soixante-dix ans, on conserve encore dans la paroisse de Chênedouit le souvenir de ses vertus sacerdotales, et l'on en parle avec admiration.

M. Bunout vivait heureux avec son excellent curé, lorsqu'arrivèrent les jours mauvais de la révolution. En dignes ministres du Seigneur, ils résolurent de ne point faillir à leur devoir par la prestation du serment schismatique qu'on leur demandait. Ils savaient que Jésus-Christ a dit à saint Pierre et dans sa personne à chacun de ses successeurs : « Vous êtes Pierre, et sur cette pierre je bâtirai mon Eglise et les portes de l'enfer ne prévaudront point contre elle. Paissez mes agneaux, paissez mes brebis. Confirmez vos frères. Qui vous écoute m'écoute », et ils étaient disposés à perdre tout, jusqu'à la vie même, plutôt que de scandaliser leurs frères en manquant de fidélité au Père commun des fidèles. Ils refusèrent donc le serment, et, malgré les dangers qu'ils couraient, ils restèrent au milieu de leur troupeau.

Mais bientôt vint le moment de la tribulation. Le jour de Pâques 1792, M. Souquet de la Tour et M. Bunout se virent tout à coup assiégés dans le presbytère de Chênedouit par une bande de brigands venus d'une paroisse peu éloignée. Ils furent soumis aux plus indignes traitements, parce qu'ils refusaient de prêter le serment. On les menaça, s'ils n'obéissaient à la loi, de les fusiller, de leur trancher la tête. Rien ne put les ébranler. Ces misérables saisirent alors un sabre, et rasèrent une partie de la tête de M. Souquet sous les yeux de son vicaire. C'était l'outrage à la mode. Ce moyen ne réussit pas mieux. Enfin, de guerre lasse, cette bande de brigands sortit du presbytère en promettant de revenir bientôt faire une seconde et dernière visite à M. le curé et à son vicaire, s'ils ne prenaient des sentiments plus patriotiques.

Ces vénérables ecclésiastiques, voyant bien que ces malheureux tiendraient parole, résolurent de leur épargner un nouveau crime, en se retirant. Ils se cachèrent dans leur paroisse, à qui ils donnèrent tous les secours religieux jusqu'au mois de septembre 1792. A cette époque, voyant qu'il leur était impossible d'y séjourner plus longtemps, ils partirent pour le Havre, afin de passer en Angleterre.

Arrivé au Havre, M. Bunout tomba malade et ne put s'embarquer. M. Souquet de la Tour voulait rester auprès de lui pour le soigner ; mais le bon vicaire ne voulut pas que son curé exposât sa vie pour sauver la sienne. Il l'obligea de partir pour l'Angleterre et s'abandonna lui-même à la garde de la Providence.

Après avoir été pendant quelques semaines en proie à la maladie, il se rétablit et voulut passer en Angleterre. Mais les communications n'étaient plus possibles ; il lui fallut demeurer en France exposé au feu de la persécution. M. Bunout s'efforça alors de trouver un emploi qui le mît à l'abri des soupçons des agents révolutionnaires. Il obtint une place de précepteur chez un riche négociant du Havre, qui lui confia l'éducation de ses enfants. Il resta dans cette maison jusqu'au mois de juin 1794. Il fut alors reconnu, dénoncé comme prêtre réfractaire et conduit dans les prisons de Rouen, où se trouvaient un grand nombre de personnes, parmi lesquelles le bourreau prenait chaque jour quelque victime. M. Bunout allait être traduit à son tour devant le terrible tribunal, lorsqu'arriva la nouvelle de la mort de Robespierre.

La France entière poussa un long cri de joie à la chute de ce monstre, qui l'avait couverte de sang et de ruines. On s'empressa d'ouvrir les prisons à un grand nombre de prêtres et de laïques, qui étaient à la veille d'être traînés à l'échafaud. Parmi ces heureux libérés fut M. Bunout. Croyant alors que la paix était rendue à l'Eglise, il écrivit à la municipalité de Chênedouit et la pria de lui envoyer les pièces nécessaires pour qu'il pût revenir en toute sûreté au sein de sa famille. Comme il était aimé de tout le monde dans cette commune, on lui envoya promptement tout ce qu'il demandait, et peu de jours après il était dans les bras de sa mère, qui habitait alors au hameau des Landes, sur Chênedouit.

Mais cette joie fut de courte durée ; car la persécution

recommença peu de temps après avec une nouvelle fureur. Le saint prêtre, après avoir dit la messe publiquement dans l'église de Chênedouit, fut obligé de se cacher de nouveau pour échapper aux poursuites d'un ennemi acharné des prêtres qui habitait la Carneille, et qui avait mis sa tête à prix. Grâce à sa prudence, à la fidélité de son sacristain, et surtout à la charité des bons habitants de Chênedouit et de Saint-Denis-de-Briouze, qui lui donnaient tour à tour l'hospitalité, M. Bunout déjoua longtemps les poursuites des limiers de la révolution. Suivant une tradition conservée dans la famille de M. Bunout, le saint prêtre, ayant baptisé un enfant au château de la Malletière, dans les derniers jours de mars 1796, fut dénoncé par le parrain au persécuteur dont nous avons parlé.

Ordre fut aussitôt donné à l'un des chefs de la garde nationale de la Carneille d'aller avec cinq hommes chercher ce pauvre prêtre. Cet officier, prétextant une affaire d'une extrême importance, qui le retenait chez lui, refusa la mission qu'on lui confiait. Il en fut quitte pour être désarmé et renvoyé comme un mauvais citoyen. On chargea aussitôt le citoyen B...., des Tourailles, connu dans tout le pays pour sa férocité et sa haine mortelle contre les prêtres, d'aller arrêter M. Bunout.

Il partit de suite pour cette expédition avec quelques gardes mobiles, et arriva de très-grand matin au château de la Malletière, situé sur Saint-Denis-de-Briouze, où le saint prêtre était caché. C'était le 4 avril 1796. M. Bunout était encore au lit, lorsqu'on vint lui dire de la part de M. Eudes, propriétaire du Château, que les républicains étaient à la porte ; qu'il s'habillât promptement pendant qu'on allait parlementer avec eux et qu'il prît la fuite par une porte dérobée. Il paraît en effet qu'il aurait pu s'échapper encore ; mais, soit qu'il fût paralysé par la surprise, soit qu'il jugeât la fuite impossible, il s'habilla tranquillement et se livra aux mains de ses ennemis. Ils s'emparèrent de ses papiers et de ses registres, qui constataient qu'il avait baptisé, et fait d'autres fonctions ecclésiastiques contrairement aux lois révolutionnaires.

Ils prirent aussi son surplis, qu'ils mirent au bout d'une perche en guise de drapeau, afin de le porter devant eux à leur retour. Avant de partir du château, ils firent des feux de joie, et poussèrent des cris, ou plutôt des hurlements, qui parvinrent jusqu'aux oreilles de Mme Bunout, dont la maison était peu éloignée de la Malletière. Afin de faire boire jusqu'à la lie le calice de la souffrance à cette mère désolée, ils conduisirent leur prisonnier chez elle, ravagèrent sa maison, et arrêtèrent le frère de M. Bunout, ainsi que son sacristain, nommé Morandière. Ils reprirent ensuite le chemin de la Carneille.

Arrivés au village du Bois, sur la paroisse de Crâménil, le chef de la colonne et ses soldats entrèrent chez un bouilleur d'eau-de-vie et en burent démesurément pour célébrer leur victoire. M. l'abbé Bunout et son frère étaient gardés dans la maison, et Morandière était gardé à la porte par un soldat nommé D....., né dans la commune des Tourailles. Celui-ci dit au sacristain de M. Bunout : « Donne-moi ton argent ; je vais te laisser échapper ». Le sacristain le croit, lui donne sa bourse et s'échappe. Mais le traître, au lieu de le laisser fuir, selon sa promesse, le poursuit en criant, et à peu de distance l'atteint d'une balle à la tête. Le malheureux chancelle, et, quarante pas plus loin, il tombe mort.

Toute la bande infernale sort à l'instant du lieu de son orgie, et pousse mille cris de joie en face du cadavre sanglant de cette pieuse victime. « Vive la nation ! mort aux prêtres ! mort aux ennemis de la république ! » Tels furent les cris qu'on entendit retentir au loin pendant quelques minutes. Le généreux sacristain était loin d'être un ennemi de son pays. C'était au contraire un homme très-honnête, et jouissant de la considération universelle. On força

M. Bunout et son frère de passer sur le corps de leur vertueux ami, qui fut enlevé quelques heures plus tard par deux habitants du voisinage et porté avec respect dans le cimetière de Crâménil. Son inhumation eut lieu la nuit du 5 avril 1796.

Cependant le digne commandant de cette colonne conduisit M. Bunout à la Carneille et alla le présenter au misérable chef de qui il avait reçu sa mission. Celui-ci, lançant un regard de mépris sur sa victime, ordonna de l'emprisonner dans la sacristie de l'église de la Carneille avec un habitant de la Lande-Saint-Siméon, nommé Thomas Devardon, qu'on venait d'arrêter comme partisan des royalistes. Pour le frère de M. l'abbé Bunout, il consentit à le renvoyer à la prière d'un notable de la commune (1). On ne saurait dire tous les mauvais traitements qu'on fit subir au saint prêtre pendant cette affreuse nuit. On rapporte qu'on lui foulait sur les pieds avec de gros sabots, qu'on prenait plaisir à le souffleter et à lui cracher au visage. Comme son divin Maître, il gardait le silence et priait pour ses bourreaux. Persuadé qu'on ne le conduirait pas jusqu'à Alençon, parce qu'on voulait sa mort, le saint prêtre, pendant le peu de temps qu'on le laissa en repos, se prépara à mourir, et il y prépara de même son compagnon de captivité.

Lorsque le jour parut, on les tira de prison et on leur annonça qu'on allait les conduire jusqu'à Domfront, chef-lieu de l'arrondissement. En ce moment, une femme de la Carneille, Mme veuve Deshayes, se rendit auprès des hommes de sang, qui avaient résolu la mort de M. Bunout, et les conjura de s'en tenir à l'exécution pure et simple de

---

(1) Il venait d'être mis en liberté, lorsqu'il fut tiré à l'écart par un grave personnage, qui lui dit : « Ton frère va être passé par les armes ; donne-moi trois francs et je le ferai inhumer ». Le frère de M. Bunout donna trois francs. Deux mois après, il fut obligé de payer la même somme aux fossoyeurs qui avaient inhumé le corps du martyr à Landigou, parce qu'ils n'avaient rien reçu.

la loi par rapport à cet ecclésiastique. Tout ce qu'ils lui promirent, c'est qu'il ne serait pas fusillé sur la commune de la Carneille.

Au moment du départ, le chef de brigands, qui avait arrêté M. Bunout, voyant que la population de la Carneille témoignait de la pitié et même du respect pour cet ecclésiastique, se présenta devant les dix hommes chargés de remplir les fonctions de bourreaux, et leur dit devant tout le peuple : « Mes amis, vous allez conduire ce prêtre réfractaire à Domfront. Ayez soin de ne lui faire aucun mal ». Ils partirent avec leur victime, qui chantait en marchant le *Veni Creator*, afin d'implorer la force des martyrs, traversèrent le bourg de Landigou, et prirent le chemin de Messey. Arrivés au village de la Croix-Esnard (1), ils s'arrêtèrent. — « Tire ta blouse, dirent-ils à M. Bunout. Il obéit. « Tire ton gilet ». Il obéit encore avec la douceur d'un agneau. Mais quand ces hommes, aussi bassement cupides que cruels, lui commandèrent d'ôter les derniers vêtements protecteurs de la pudeur, il refusa. — « Mettez-vous à genoux », crièrent-ils au saint prêtre et à son compagnon. Ils obéirent, et, en face de la croix, élevée près du village, ils reçurent en pleine poitrine les balles des brigands. Ceux-ci partirent aussitôt, emportant leurs dépouilles et criant : « Vive la république (5 avril 1796) ».

La mort de M. Bunout répandit une consternation générale dans la contrée. Deux hommes de Landigou, étant venus apporter la nouvelle de cette mort à la mère du martyr, celle-ci envoya son plus beau linge pour l'ensevelir. Le jour suivant, les habitants de la Croix-Esnard le firent inhumer dans le cimetière de Landigou.

On trouve aux archives de la mairie de Landigou la permission d'inhumer le corps du martyr, accordée par le juge de paix de la Carneille. Le magistrat républicain parle en

---

(1) Ce village est situé sur la paroisse de Landigou.

ces termes du confesseur de la foi et des motifs de sa mort. Nous conservons l'orthographe.

« Le 17 germinal, quatrième année républiquenne, est comparu devant moy, Jacques Heudiard, juge de paix du canton de la Carneille, le citoyen Jacques Barbey adjoint, de l'agent municipal de la commune de Landigou. Lequel nous a déclaré qu'il aurait appris, par la voie publique que le nommé Jean Bunout, prestre insermenté aurait etté tué le jour d'hier par des colonnes républiquennes sur sa commune proche le village de la Croix-Hesnard, ledit prestre originaire de la commune de Chesnesec, cy-devant district d'Argentan, et qu'il aurait apprit paraillement qu'un nommé Thomas de Vardon, de la commune de la Lande-Saint-Siméon, aurait aussi etté tué par les mêmes colonnes pour quoy il nous demande un permis pour les faire inumer dans le cimetière de sa commune en obetempérant à sa réquisition, nous luy avons permis de faire inumer les deux corps dans ledit cimetière et de faire sister au moins deux témoins à ladite inumation et d'en dresser acte pour servir à qu'il appartiendra. Nous nous sommes cru dispences de dresser procès-verbal de la morts de ces deux individus d'autant qu'ils ont etté tué par suite de guerre et par les troupes qui sont à la poursuite des chouans dans ce payis qui en est infecte et d'autant qu'il nous serait impossible de nous y transporter sans risquer à devenir nous-même la victime de ses rebelles à la Carneille ledit jour et an que dessus ». J. HEUDIARD, juge de paix.

Dieu est juste, et, quoique l'éternité soit à lui et qu'il puisse attendre la mort des persécuteurs pour leur infliger les châtiments qu'ils méritent, il les frappe parfois dès ce monde d'une manière si visible, qu'il n'est pas possible de se méprendre sur la cause du châtiment. C'est ce qui arriva aux principaux assassins de M. Bunout. Le chef révolutionnaire, qui avait donné ordre de l'arrêter et de le massacrer, même contrairement aux lois de la république, après une vie pleine de crimes et d'ignominie, fut frappé subitement et mourut dans l'impénitence. Le misérable B...., des Tourailles, qui avait arrêté M. Bunout au château de la Malletière, et qui l'avait remis aux mains de ses bourreaux, en leur disant hypocritement, pour apaiser la population indignée : « Mes amis, ne lui faites pas de mal », fut frappé aussi de mort subite, et périt la tête enfoncée dans un bourbier. Un autre bourreau de M. Bunout, étant assis sur sa charrette, tomba la tête dans une ornière et se brisa le crâne. Un quatrième bourreau, essayant de monter sur une voiture chargée de coton, perdit l'équilibre, tomba sur le pavé, et mourut sur la place. On vit aux Tourailles d'autres bourreaux de M. Bunout, arrivés à leur dernière heure, s'abandonner au plus affreux désespoir, se déchirer les bras avec les dents et hurler comme des possédés.

On conserve à Crâménil, aux Tourailles et à la Carneille le souvenir de ces tristes événements. On y conserve surtout le souvenir du saint prêtre, de son zèle pour la gloire de Dieu, de son dévouement sans bornes pour le salut de ses frères, de sa patience au milieu des tourments, et du courage intrépide avec lequel il marchait à la mort. On se rappelle aussi avec admiration que plusieurs fois on a retrouvé son corps sans aucune marque de corruption dans le cimetière de Landigou, et personne ne doute qu'il ne chante avec le roi-prophète (1) : « Louez Dieu, parce qu'il est bon, parce que sa miséricorde est éternelle. Le Seigneur a été mon soutien ; je ne crains plus ce que me feront les hommes. Le Seigneur a été mon soutien ; je vois maintenant mes ennemis à mes pieds. J'ai été renversé par eux, mais le Seigneur m'a reçu. Le Seigneur a été ma force, il est maintenant l'objet de mes louanges. Que des cris de joie retentissent dans les tabernacles des justes ; car la droite du Seigneur m'a relevé. Loin de mourir, je vivrai et je raconterai les œuvres du Seigneur (2) ».

---

(1) Ps. CXVII.
(2) Lettre de M. l'abbé Chesnel, ancien curé de Landigou ; — de M. l'abbé Bouquerel, curé de Saint-Cornier ; — de M. l'abbé Chevalier, ancien curé de Lignou ; — de M. l'abbé Chanu, curé de Crâménil.

VII.

Le 13 avril, Dieu permit que les persécuteurs de son Église égorgeassent quatre autres victimes. Celle qu'il appela la première à la gloire de confesser son nom fut M. Lepetit, ordinand de la paroisse de Saint-Quentin-des-Chardonnets; son attachement à la religion catholique et le refus qu'il fit d'assister aux offices de l'intrus lui attirèrent la haine des ennemis de l'Eglise. Dénoncé par eux aux chefs de la colonne mobile de Domfront et de Tinchebray, il fut arrêté par ces hommes de sang, et fusillé sans pitié sous les yeux de sa famille (1).

VIII.

Les bourreaux de M. Lepetit avaient encore les mains teintes de son sang, lorsqu'ils arrêtèrent M. Jean-Baptiste Dumont, curé de Cambremer, dans le diocèse de Bayeux (2). Originaire de la paroisse de Saint-Quentin-des-Chardonnets (3), il était venu s'y réfugier, après avoir été chassé de son presbytère, en 1791. Quelques mois après, le zèle du salut des âmes le porta à retourner au milieu de son troupeau pour lui administrer les sacrements. La violence de la persécution l'obligea encore de changer d'asile et d'aller en plusieurs communes donner aux fidèles les secours religieux. Trahi par l'ardeur de son zèle, en 1794, il fut arrêté par les satellites de l'impiété révolutionnaire, et conduit à Caen, dans le couvent des Carmes, transformé en prison. Là se trouvaient renfermés pour la cause de la foi plusieurs prêtres du diocèse de Séez, dont la charité con-

---

(1) Lettre de M. l'abbé Berthout, curé de Saint-Quentin-des-Chardonnets, près Tinchebray (Orne).

(2) Cambremer, chef-lieu de canton, arrondissement de Pont-l'Évêque (Calvados).

(3) Canton de Tinchebray, arrondissement de Domfront (Orne).

tribua beaucoup à adoucir à M. l'abbé Dumont les peines de la réclusion. Parmi eux on remarquait M. Richer, curé de Pertheville (1), nommé président de l'ordre du Clergé aux Etats d'Alençon, en 1789 ; M. Garnier, prêtre de Falaise, qui rendit d'importants services à l'Eglise pendant la révolution; M. Louis-Adrien de la Hoche, curé de Saint-André de Messey, qui subit plusieurs condamnations pour la foi en 1792 et en 1796 ; M. le Cordier, curé de Jort, près Saint-Pierre-sur Dive, et M. François-Jean Rivière, curé de Barou, près Falaise. Là se trouvaient aussi M. Mondet, curé de Saint-Jean-des-Bois, et M. Louis le Chevrel, de la Lande-Patry, curé de Pré-d'Auge, amis intimes de M. Dumont.

Mis en liberté quelque temps après la mort du cruel tyran Robespierre, le confesseur de la foi, dont les forces étaient presque entièrement épuisées par la captivité, revint au sein de sa pieuse famille, dans la paroisse de Saint-Quentin. Il y goûtait la paix de Dieu, au milieu des troubles révolutionnaires, qui agitaient la malheureuse France, lorsqu'une colonne mobile, envoyée de Domfront pour massacrer tous les prêtres qu'elle pourrait trouver, vint porter l'effroi dans la paroisse de Saint-Quentin. Arrêté par ces hommes de sang, M. Dumont fut condamné à être fusillé avec M. Guillaume Vallée, curé de Saint-Quentin, qui venait de tomber aussi entre les mains des ennemis de l'Eglise. Voici les détails biographiques que l'on conserve sur ce bon pasteur.

IX.

Devenu prêtre et curé de sa paroisse natale, M. Guillaume Vallée lui donna l'exemple de toutes les vertus, principalement d'un zèle ardent pour la gloire de Dieu et d'une charité inépuisable pour les pauvres. La révolution le surprit

(1) Canton de Falaise, arrondissement de Falaise (Calvados).

dans l'exercice de ces belles vertus. Ayant refusé de trahir sa foi par la prestation du serment constitutionnel, il fut chassé de son presbytère et remplacé peu de jours après par un intrus. Mais il ne s'enfuit pas à l'approche de ce loup ravisseur. Résolu de donner sa vie, s'il le fallait, pour le salut de son troupeau, il resta dans sa paroisse afin de consoler et de fortifier les fidèles au milieu de la persécution. Pendant près de cinq ans, ses paroissiens se disputèrent l'honneur de lui donner l'hospitalité au péril de leur vie. Caché pendant le jour, M. Vallée parcourait la nuit les villages de sa paroisse où il y avait des malades, et grâce à son zèle, personne ne mourut sans recevoir les derniers secours de l'Eglise.

Les républicains entraient en fureur au seul nom de ce prêtre, qui se trouvait partout où il y avait du bien à faire, et qui disparaissait comme une ombre, lorsqu'ils voulaient le saisir. Comme la colonne mobile de Domfront était exercée depuis longtemps à poursuivre les prêtres, les ennemis de M. Vallée la prièrent de venir les débarrasser de ce fidèle ministre de Jésus-Christ, qui leur causait de si vifs déplaisirs. Le chef de la colonne accepta avec joie, et, le 13 avril 1796, il vint à Saint-Quentin avec ses limiers, auxquels se joignirent quelques démocrates de Tinchebray.

On se divisa en plusieurs bandes, afin de pouvoir parcourir tous les villages de la paroisse. M. Vallée, obligé de s'enfuir de la maison qui lui donnait asile, pour ne pas compromettre ses hôtes, fut aperçu par quelques brigands. Ils lui ordonnèrent de s'arrêter. Comme il continuait de fuir, ils lui tirèrent plusieurs coups de fusil. Atteint à la jambe et perdant beaucoup de sang, il rencontra un meunier, qui lui prêta son cheval pour favoriser sa fuite. Mais, à quelque distance de là, il tomba entre les mains d'une autre troupe de brigands : il fut arrêté et conduit au chef de la colonne aux applaudissements de toute la bande infernale.

Leurs cris et la fureur dont leurs regards étaient animés indiquaient assez à l'homme de Dieu le sort qui l'attendait. Il s'y soumit avec joie pour l'amour de Jésus crucifié, et, unissant son sacrifice à celui du Sauveur, il se disposa à paraître devant le Dieu de miséricorde, qui devait être sa récompense éternelle. M. Vallée, ayant fait connaître son nom et son titre de curé de Saint-Quentin, fut conduit dans le cimetière de Moncy, avec M. Dumont, curé de Cambremer.

On les fit mettre à genoux près du mur de l'Eglise, à peu de distance de la croix vers laquelle se tournèrent leurs derniers regards. Le chef de la colonne commanda le feu, et les corps des nobles victimes, criblés de balles, tombèrent l'un sur l'autre. La mort même ne put séparer ces prêtres vénérables que la charité avait unis pendant leur vie entière.

La sœur de M. l'abbé Vallée et plusieurs habitants de Saint-Quentin, ayant appris la mort de leur bon pasteur, allèrent pendant la nuit enlever son corps, qu'ils rapportèrent à Saint-Quentin. Ils creusèrent d'abord une fosse au pied de la croix; mais, craignant que la rage des révolutionnaires ne profanât la dépouille mortelle du martyr, s'ils la déposaient en cet endroit, ils se rendirent à l'église, déplacèrent les stalles du chœur, du côté du midi, près de la table de communion, ouvrirent en cet endroit une fosse profonde, et, après y avoir déposé leur précieux trésor, ils remirent les stalles à leur place. C'est là que repose le corps du martyr en attendant le jour de la résurrection (1).

(1) On trouve l'acte de décès de M. Vallée et de M. Dumont, conçu en ces termes, sur les registres de la paroisse de Moncy :

« Aujourd'hui, le 24 germinal l'an IV de la République française, par devant moy Louis Lelouvetel officier publique de la commune de Moncy à deux heures du soir departement de l'Orne elu pour recevoir les actes destinés à constater les actes de naissance mariage dece des citoyens sont comparu en la maison commune de Moncy Guillaume Roger laboureur agee de trente-six ans et Jacques Lebarbier cordonnier agee de quarante ans tous deux domicilies dans la commune de Moncy lesquels nous ont declare que le nomme Vallée curé de Saint-Chinquentin et le nomme Dumont vient d'estre fusillie dans notre simetiere par les republicains de

Il est consolant de se rappeler, en face de ces pieuses victimes de la fidélité au Saint-Siége, ces belles paroles de Notre-Seigneur Jésus-Christ dans l'Apocalypse : « Celui qui vaincra je le placerai comme une colonne dans le temple de mon Dieu, et j'inscrirai sur lui le nom de mon Dieu et celui de la nouvelle Jérusalem ».

X.

Après avoir passé par les armes, sans aucune forme de procès, MM. Lepetit, Vallée et Dumont, la colonne mobile se dirigea sur la paroisse de Montsecret. Elle y découvrit un ecclésiastique, M. Collet, qui n'avait pas voulu prêter le serment, et qui était venu se réfugier dans sa famille. Soit par suite des souffrances qu'il avait endurées pendant la Terreur, soit par faiblesse d'organisation, il était sujet, depuis quelque temps, à une maladie qui influait parfois d'une manière regrettable sur ses facultés mentales. Aucune considération ne put toucher ces hommes altérés de sang. Le titre de prêtre fidèle à Dieu et au Pape leur suffit pour immoler cette quatrième victime (1).

XI.

Le mois de mai fut marqué par de nouvelles horreurs commises par les colonnes mobiles de Domfront et de Juvigny-sous-Andennes. M. Jean Chanu, diacre de la pa-

---

Tinchebray et de Domfront dapres cette declaration je me suis sur le champ transporte sur le lieu ou je me suis assure du deces de ces deux denommes et je redige le present acte que les temoins ont signe avec moi Faitte à Moncy cedit jour mois et an que dessus.

« Ont signé : J. Lebarbier ; — G. Roger ; — et Lelouvetel, officies publique ».

Cette pièce et ces renseignements m'ont été envoyés par M. l'abbé Berthout, curé de Saint-Quentin.

(1) Je dois ces renseignements à la bienveillance de M. l'abbé Radiguet, ancien vicaire général de Mgr l'évêque de Séez, et à celle de M. Busnot, ancien curé de Cerisy-Belle-Etoile.

roisse de Tinchebray, fut le premier ecclésiastique qui tomba sous les coups des persécuteurs. Il se préparait à recevoir le sacerdoce, lorsque l'impiété voltairienne dispersa les élèves du sanctuaire et les obligea de revenir dans leurs familles chercher un abri contre la révolution. Pendant plusieurs années ce pieux lévite, que toute la paroisse de Tinchebray vénérait à cause de ses vertus, parvint à se soustraire aux recherches des persécuteurs. Mais, le 1er mai 1796, il fut arrêté par la colonne mobile de Domfront, unie à celle de Tinchebray. Condamné à mort sans aucune forme de jugement, il fut conduit dans le cimetière de Saint-Jean-des-Bois pour y subir sa sentence. A peine eut-il mis le pied sur cette terre bénite, qu'il tomba sous les balles des persécuteurs.

On trouve sur les registres de l'église paroissiale de Saint-Jean l'acte de décès de M. Chanu, conçu en ces termes :

L'an mil sept cent quatre-vingt-seize, le deux mai, devant nous, curé soussigné, a comparu Gilles Jouvin, laboureur, de la paroisse d'Yvrandes, lequel nous a déclaré que Jean Chanu, fils de feu Jean-Antoine Chanu et de Jeanne Jouvin, son cousin germain maternel, diacre, âgé de trente ans, de la paroisse de Notre-Dame-de-Tinchebray, a été homicidé, le jour d'hier, par les soldats de la persécution dans notre paroisse, par le seul motif qu'il était ecclésiastique, et a été inhumé dans le cimetière de ce lieu, où l'impiété lui a donné la mort, en présence de Pierre Laurent, menuisier, et de François Aumont, laboureur, témoins, de cette paroisse, qui ont signé avec nous au présent, et le déclarant.

Signé : Louis Mondet, curé de Saint-Jean, F. Aumont, P. Laurent, et G. Jouvin (1).

XII.

M. Pierre Malherbe, né à la Lande-Patry (2), en 1750,

---

(1) Lettre de M. l'abbé Fouque, curé de Saint-Jean-des-Bois.
(2) Canton de Flers, arrondissement de Domfront (Orne).

suivit de près au martyre le pieux diacre dont nous venons de rapporter les actes. Ordonné prêtre vers 1775, M. Malherbe fut pendant quelque temps vicaire de Saint-Clair-de-Halouze (1). Mais ses facultés mentales s'étant trouvées affaiblies, à la suite d'une maladie longue et cruelle qu'il éprouva, il fut obligé de revenir dans sa famille et cessa dès lors d'exercer le ministère. En 1790, il était attaché à l'église paroissiale de la Lande-Patry, en qualité de prêtre *obitier*, c'est-à-dire, chargé d'acquitter des messes pour des défunts.

Ayant refusé le serment constitutionnel, il fut dénoncé pour ce motif au chef de la colonne mobile de Domfront. L'état habituel d'infirmité de ce pauvre prêtre aurait dû, ce semble, inspirer de la pitié même à des barbares. Mais il n'en fut pas ainsi. M. Malherbe avait reçu le caractère sacerdotal; c'en était assez pour exciter la rage des tigres révolutionnaires, altérés du sang des prêtres.

Le 6 mai 1796, une colonne mobile, sortant des bois de Halouze, arriva sur le territoire de la Lande-Patry, vers huit heures du matin. Comme elle passait par le Hamel-aux-Jenvrins, où demeurait M. Malherbe, le chef de la bande envoya quatre ou cinq soldats pour chercher le malheureux prêtre qu'on voulait égorger. Ils le trouvèrent dans une chambre, dont il ne sortait pas depuis un an, l'emmenèrent malgré les larmes de sa sœur, et le conduisirent en l'accablant de coups jusqu'à Landisacq (2). Là ses bourreaux le fusillèrent et mirent son corps en pièces à coups de sabre.

A la nouvelle de cet affreux événement, Anne Malherbe, sœur du saint prêtre, partit aussitôt pour lui donner la sépulture. Elle ramassa l'un après l'autre les membres sanglants de son frère, les mit dans un sac et, aidée d'une personne charitable, les rapporta dans le cimetière de la Lande-

(1) Canton et arrondissement de Domfront.
(2) Canton de Flers, arrondissement de Domfront.

Patry. C'est là, près de la croix, que repose le corps du martyr. Il est recouvert d'une pierre tumulaire qui porte le nom de M. Jacques Saillard, ancien curé de la Lande-Patry (1).

XIII.

Vers la même époque, mourut pour la foi M. Jean Hairie, ancien prieur-curé du Housseau. Né à Loré (2) vers 1740, il fit ses études au séminaire de Domfront et fut ordonné au Mans, vers 1770. Après avoir été vicaire de Brétignolles, près Lassay, il passa, en 1774, au vicariat du Housseau (3), et à la cure de cette paroisse, en 1786. Lorsqu'arriva la révolution, il eut le malheur de céder à de funestes conseils et de prêter le serment constitutionnel. Mais un prêtre fidèle à l'Eglise, M. Allard, curé de Brétignolles, le détermina à se rétracter. Sa faute avait été publique, M. Hairie voulut que la réparation le fût aussi. Un dimanche (mai 1795), il lut publiquement sa rétractation devant un grand nombre de fidèles, réunis, dans la grange du presbytère de Brétignolles, pour entendre la sainte messe. M. Allard l'engagea à porter toujours sur lui cette rétractation à cause des royalistes qui, pour venger la mort des prêtres catholiques causée souvent par les excitations des intrus, fusillaient à leur tour les malheureux prêtres constitutionnels. Pour l'affermir dans le bien, il l'engagea à venir chaque jour prier avec lui et conférer sur des matières religieuses. M. Hairie le promit et se montra fidèle à sa parole.

Pendant quelques mois, il vécut en paix dans une maison qu'il avait achetée à Brétignolles auprès d'un de ses neveux, M. Vidu. Mais le bruit de sa rétractation s'étant répandu

---

(1) Lettre de M. l'abbé Hamard, curé-doyen d'Athis, et de M. l'abbé Huet, curé de la Lande-Patry.

(2) Canton de Juvigny, arrondissement de Domfront (Orne).

(3) Canton de Lassay, arrondissement de Mayenne (Mayenne).

parmi les républicains de Juvigny (1), ceux-ci proférèrent contre lui des menaces de mort. Averti de leurs desseins, M. Hairie se réfugia dans la capitale, où il passa environ quatre mois. Les visites domiciliaires et les arrestations nombreuses qu'on y opérait, le déterminèrent, au commencement de 1796, à revenir dans le département de l'Orne. Il se retira à Domfront chez M. Robbe, son ami d'enfance. Sa nièce, ayant appris son arrivée, vint le prier de retourner à Brétignolles, où sa présence pourrait dissiper des bruits fâcheux, répandus sur la sincérité de sa rétractation, et capables même d'exposer son mari à la vengeance des royalistes.

Ces considérations le déterminèrent à retourner auprès de son neveu. M. Robbe le vit partir avec regret ; il lui dit en lui serrant une dernière fois la main : « Mon ami, si les républicains vous arrêtent, ne perdez pas courage. Je vous tirerai facilement de leurs mains, quand vous serez arrivé à Domfront ».

Le capitaine de la garde mobile de Juvigny fut bientôt informé du retour de ce pauvre prêtre, et de l'édification qu'il donnait aux fidèles de Brétignolles par la ferveur de sa pénitence. Irrité de cette prétendue violation des lois, il partit avec une troupe de démocrates forcenés, et se dirigea vers le bourg de Brétignolles. Averti de l'approche des républicains, M. Hairie s'enfuit sur une hauteur voisine du village de la Jamoisière qu'il habitait. Par malheur une personne de ce village le rappela quelques instants après, en lui disant que les *bleus* avaient pris une autre direction, qu'ils allaient vers le *bois de Maine*. Il revint tranquillement chez lui. Mais à peine était-il rentré dans sa maison, que les satellites républicains, qui avaient fait semblant de se diriger vers un autre endroit, revinrent au village habité par M. Hairie, qui fut cerné dans un instant. Ils visitèrent d'a-

(1) Brétignolles faisait alors partie du canton de Juvigny et du département de l'Orne.

bord la maison de M. Vidu, où tout fut mis au pillage. Ils allèrent ensuite à la maison de M. Hairie, qui, résigné à la sainte volonté de Dieu, fit bonne contenance à leur arrivée. Ils visitèrent tous les appartements, et, ne trouvant rien de compromettant pour lui, ils eurent la pensée de le fouiller. Le premier objet qu'ils saisirent fut sa rétractation.

Ils le soumirent aussitôt aux plus indignes traitements, et le conduisirent au cimetière de Brétignolles, en lui disant qu'ils allaient l'enterrer vif : cependant son neveu et sa nièce, surmontant tous les dangers, allèrent trouver le capitaine, qui était occupé à boire dans une auberge voisine du cimetière ; ils se jettent à ses pieds et lui demandent grâce pour leur oncle. Plusieurs habitants de Brétignolles se joignent à eux pour implorer sa clémence. Il leur promet de sauver la vie du malheureux prêtre. En effet, il se rend au cimetière, et ordonne à ses barbares soldats de conduire leur prisonnier à Sept-Forges.

M. Hairie lui demanda la permission de prendre chez lui quelques vêtements dont il avait besoin. Comme on devait passer tout près de sa maison pour se rendre à Sept-Forges, le capitaine y consentit. Mais, quand le serviteur de Dieu rentra dans sa maison, il n'y trouva plus rien ; on avait tout pillé. Sa nièce, à qui il demanda un mouchoir, fut obligée de tirer une petite cravate qu'elle portait au cou pour la lui donner. Il lui fit ses adieux ainsi qu'aux bons habitants de Brétignolles qui l'avaient suivi, et partit pour Sept-Forges en se remettant à la garde de la Providence. On conduisait avec lui un des officiers municipaux de Brétignolles accusé de dilapidation des deniers publics.

Il était nuit, quand ils arrivèrent à Sept-Forges. On envoya l'officier municipal coucher dans un fenil. M. Hairie s'attendait à partager le même sort, lorsqu'une pieuse femme de la paroisse de Sept-Forges, Mme Fouilleul, se présenta au chef de la colonne mobile, et le pria d'envoyer le pauvre prêtre coucher dans sa maison avec quelques soldats pour le garder, s'il le jugeait nécessaire. Cette permission lui fut accordée. M. Hairie profita de ce temps de repos pour se préparer à paraître devant Dieu, si l'heure de son sacrifice était arrivée. Il avait cependant peine à le croire ; car le matin, lorsqu'il fut de retour au poste, voulant rassurer son compagnon d'infortune qu'il voyait très-abattu, il lui dit tout bas de ne pas craindre, qu'il connaissait à Domfront un homme aussi influent que charitable, qui empêcherait les républicains de les tuer.

Ces paroles furent entendues par un des gardes mobiles, et rapportées aux hommes féroces chargés de conduire M. Hairie à Domfront. « Ah ! tu dis qu'on ne te fera pas mourir », reprirent ces brigands, « on va le voir dans un instant ». Ils partirent de Sept-Forges et prirent le chemin de Saint-Denis-de-Villenette.

Arrivés à l'entrée du bourg, ils battirent la caisse pour assembler la population. Une partie des habitants accourut par curiosité. Alors un des soldats, saisissant un fouet, en donna un grand coup sur le visage du prêtre en lui disant qu'il ne méritait que la mort. En même temps d'autres bourreaux saisissent M. Hairie par le bras, le font monter dans le cimetière et le traînent sous l'if, situé à gauche de la croix entre la place et l'église. On lui bande les yeux avec la petite cravate que lui a donnée sa nièce, puis les bourreaux, reculant de quelques pas, déchargent sur lui leurs armes. Comme le martyr respirait encore, un des brigands, saisissant son fusil par le canon et déployant toutes ses forces, frappa avec la crosse la tête du confesseur de la foi. Le coup fut si violent que la cervelle du martyr jaillit jusque sur le mur de l'église qui fut couvert de sang. Le cri de : « Vive la république ! » couronna cette horrible exécution (1).

(1) *Martyrs du Maine*, t. I ; — *L'Église du Mans durant la Révolution*, t. III : — *Notice historique sur la paroisse de Brétignolles*, par M. l'abbé Turcan, directeur au grand séminaire de Séez.

XIV.

On place à la même époque la mort d'un autre confesseur de la foi : M. Charles Pépin, né à Domfront. Il était vicaire de la Cropte, dans le canton d'Ernée (Mayenne), lorsqu'arriva la révolution. Trop ferme dans ses principes religieux et trop attaché au Saint-Siége pour prêter le serment, il fut chassé de son église par les partisans du schisme. Une famille pieuse lui donna asile au village de la Templerie, peu éloigné de son ancienne paroisse. La sécurité dont il y jouissait, le détermina à braver, en 1792, les lois injustes portées contre les prêtres catholiques. Il resta donc sur le territoire français, et continua de donner avec un zèle infatigable les secours de la religion aux fidèles de sa paroisse et des communes voisines. A quelque distance qu'on l'appelât, il suivait aussitôt, plein de confiance en Dieu, celui qui était venu le chercher.

Un jour qu'il était allé jusqu'à Grenoux, presque à la porte de Laval, il fut surpris par des gardes nationaux, qui l'arrêtèrent comme suspect, et le conduisirent, sans le connaître, dans la prison de Laval. Le voyage fut bien pénible pour le saint prêtre, puisque huit fois ses féroces ennemis le firent mettre à genoux pour le fusiller, et huit fois la main de Dieu retint leur bras prêt à donner la mort. Arrivé à Laval, M. Pépin fut traité d'une manière bien différente, grâce à la protection de M. Guédon, officier public, qui feignit de ne pas le reconnaître, quoiqu'il l'eût vu plusieurs fois célébrer les saints mystères chez M. Gallard, son beau-frère. A la prière de cet ami inattendu, l'ecclésiastique obtint une chambre particulière, qu'on venait de refuser à un riche prisonnier.

C'était la divine Providence qui conduisait elle-même le saint prêtre dans cet appartement pour accomplir ses desseins de miséricorde à l'égard de deux Vendéens, condamnés à porter leur tête sur l'échafaud. En effet, ces deux infortunés, ayant demandé à se retirer dans la chambre de M. Pépin, afin de s'y recueillir quelques instants avant de mourir, obtinrent cette dernière faveur, et vinrent, sous les yeux du prêtre, qui leur était inconnu, recommander leur âme à Dieu. Prosternés au pied de sa majesté infinie, ils la suppliaient tout haut de leur faire miséricorde, de vouloir bien recevoir leur âme, quoique souillée de la tache du péché, et d'agréer les larmes de leur repentir.

Ce spectacle émut profondément le ministre de Jésus-Christ : il résolut de se faire connaître à eux et de les confesser au péril de sa vie. « Mes amis, leur dit-il en les abordant, ayez confiance en Dieu, qui m'a envoyé ici pour vous réconcilier ; car je suis prêtre catholique ». Les deux Vendéens étonnés n'osent d'abord en croire ce qu'ils entendent ; mais la figure de celui qui leur parle s'anime et brille d'un éclat surnaturel ; ils tombent aux pieds du ministre de Jésus-Christ. « O mon père, lui disent-ils après avoir reçu l'absolution, que les voies de Dieu sont admirables, un instinct irrésistible nous attirait sans cesse vers cette chambre, qui devait être pour nous la porte du paradis. Maintenant la mort n'a plus rien que de doux pour nos âmes. Bénissez-nous une dernière fois, ô mon père, et soyez sûr que nous penserons dans le ciel à celui qui nous a fait rentrer en grâce avec notre Dieu ». La mission du saint prêtre était remplie, il fut mis quelques jours après en liberté.

Il s'empressa de voler de nouveau au secours des fidèles. Mais son zèle le trahit bientôt. Saisi et incarcéré une seconde fois, il ne dut son salut qu'à une grave maladie, qu'il éprouva dans les fers. Ses amis, à force d'instances, obtinrent qu'il fût conduit à l'hôpital, d'où ils le firent secrètement passer chez Mlle Saunuère. Là, le saint prêtre fut tranquille, et à l'abri de tout soupçon, parce que le père de cette pieuse demoiselle professait des sentiments républicains. Après son rétablissement, il sortit de cette maison charitable pour aller chez Mlle Duhoux, qui le retint quelque temps caché. Mais les dangers qu'avait courus cet homme apostolique ne l'avaient point effrayé : il résolut de quitter sa retraite pour retourner à ses périlleuses fonctions. En vain la pieuse servante de Jésus-Christ s'efforça-t-elle de le retenir, en vain lui mit-elle sous les yeux l'image d'une mort certaine. « Un prêtre doit sa vie au salut de ses frères », répondit-il, et il alla reprendre l'exercice de son ministère.

Dieu ne tarda pas à couronner par le martyre les travaux de son fidèle serviteur. Il revenait de porter les sacrements à des malades, lorsqu'il fut surpris dans le village de la Templerie par une horde de soi-disant gardes nationaux d'Andouillé. L'ayant reconnu pour le missionnaire infatigable qu'ils cherchaient, ils le poussèrent jusqu'à la Baconnière la bayonnette dans les reins et le traitèrent avec la dernière barbarie. Le confesseur de la foi était inondé de sang. Vainement, pour obtenir quelque relâche, il donna sa montre au chef de ces brigands. Ses souffrances ne finirent qu'avec sa vie dans le bourg de la Baconnière, où il fut enfin fusillé (1).

XV.

Quelques mois après, la paroisse de Mantilly voyait un autre prêtre catholique, M. l'abbé Jean Rivière, tomber sous les coups des persécuteurs. Il naquit à Heussé (2), le 8 octobre 1756. Nommé vicaire de Saint-Georges-de-Rouellé, il y remplissait ses fonctions de la manière la plus édifiante, lorsqu'on publia le funeste décret sur le serment constitutionnel. Il avait trop de piété pour trahir son divin Maître, et renoncer au chef de son Eglise. Chassé de sa paroisse par les partisans du schisme, il se retira dans sa famille, à

---

(1) *Les Martyrs du Maine*, t. I ; — *L'Eglise du Mans durant la Révolution*, t. III.

(2) Canton du Teilleul, arrondissement de Mortain (Manche).

Heussé. Il n'y resta pas inactif. Plein de zèle pour le salut des âmes que Jésus-Christ a rachetées au prix de son sang, il parcourut en apôtre toute la contrée, afin d'y remplir les fonctions du saint ministère. Sa famille essaya plusieurs fois de modérer son zèle en lui représentant les dangers extrêmes auxquels il s'exposait. — « Que peut craindre, disait-il, un ministre de Jésus-Christ ? Son bon maître n'est-il pas partout pour le recevoir, si la mort le frappe ? Tant mieux si je tombe sous les balles des persécuteurs, j'irai plus vite au ciel ».

Le 10 mars 1797, vers deux heures du matin, le saint prêtre disait la messe dans une grange, au village de la Bostière, sur la paroisse de Mantilly (1). Un détachement de la colonne mobile du Teilleul survient à l'improviste, et aperçoit le ministre de Dieu debout à l'autel. Un patriote du Teilleul, républicain exalté, l'ajuste aussitôt et, d'un coup de feu, le renverse baigné dans son sang.

Comme il respirait encore, les assassins, voulant recevoir la récompense de *cent francs*, promise par la république à ceux qui arrêtaient un prêtre réfractaire, mirent leur victime sur une charrette, et la transportèrent au Teilleul. On la déposa au corps de garde sur un peu de paille. Dans la soirée, un lieutenant de la garde nationale fut commandé pour passer la nuit auprès du prisonnier, avec quelques hommes sous ses ordres. Touché de compassion pour les souffrances de cet ecclésiastique, il fit appeler pour panser sa blessure un médecin du Teilleul, célèbre dans tout le pays pour sa charité. C'était M. Gesbert, dont la vie fut plus d'une fois en danger, pendant la révolution, parce qu'il prodiguait les secours de son art à tous ceux qui les réclamaient, soit royalistes, soit républicains. Le docteur, voyant que la blessure de ce prêtre était mortelle, ne prescrivit à peu près rien, et dit qu'il reviendrait le lendemain. Mais sa

---

(1) Canton de Passais, arrondissement de Domfront (Orne).

tendre charité pour les malheureux ne lui permit pas d'attendre jusque-là. Après avoir conféré quelques instants avec sa femme sur la gravité de la blessure de M. Rivière, il revint en toute hâte auprès de lui, et demanda à l'emporter dans sa maison, parce qu'il ne pouvait le traiter au corps de garde.

Quoiqu'il s'engageât, sous sa responsabilité personnelle, à le remettre à la justice, aussitôt qu'il en serait requis, on rejeta la demande de ce charitable médecin, et le saint prêtre mourut vers la fin de la nuit. Le lendemain, 22 ventôse an V (12 mars 1797), on porta sa dépouille mortelle, sans aucune cérémonie, au cimetière du Teilleul. Elle y repose non loin du portail de l'église actuelle, sans qu'on puisse néanmoins indiquer l'endroit précis. Quant au malheureux qui avait frappé le saint prêtre à l'autel, il ne survécut pas longtemps à son exploit sacrilège. Comme la plupart des démocrates exaltés, il fit une fin malheureuse et impie (1).

XVI.

La dernière victime des colonnes mobiles dans ce département fut M. Guillaume Moulin, originaire de Saint-Jean-des-Bois. Voici les principaux traits de la vie de ce saint prêtre. Envoyé, après son ordination, en qualité de vicaire, dans la paroisse de Frênes, près Tinchebray, il s'y concilia l'estime de tous les fidèles par sa piété, son grand amour de la retraite et sa charité pour les pauvres. Non content de défendre en chaire les intérêts de Dieu, il composa un petit traité, contenant cent quatre-vingt-trois pages, pour répondre aux objections des ministres protestants. Cet ouvrage lui fut inspiré par le désir ardent qu'il avait de voir rentrer dans le sein de l'Eglise catholique plusieurs familles de la

---

(1) Extrait du *Registre paroissial du Teilleul*; — Lettre de M. Jamet, curé de Mantilly.

paroisse de Frênes tombées depuis deux siècles dans l'hérésie de Calvin. Il composa aussi plusieurs cantiques, afin d'exciter les fidèles à un plus grand amour de Jésus-Christ et de sa sainte Mère.

Il venait d'être nommé curé d'une paroisse peu éloignée de Tinchebray, lorsque la révolution éclata. Chassé de son église pour avoir refusé le serment, il revint à Saint-Jean-des-Bois, où il donna de nouvelles preuves du zèle ardent dont il était dévoré pour la gloire de Dieu. Il passait presque toutes les nuits à parcourir sa paroisse natale, ou celles de Saint-Christophe, de Gers et du Mênil-Ciboult, afin de procurer aux mourants les secours de la religion. Sans cesse il se voyait exposé à tomber entre les mains des persécuteurs ; mais il avait confiance en Dieu, sans la permission duquel il ne tombe pas un seul cheveu de notre tête, et ne refusait jamais de suivre ceux qui venaient le chercher pour des malades même inconnus et très-éloignés. « Je suis indigne de mourir martyr, disait-il à ceux qui essayaient de le retenir, Dieu ne fera jamais cet honneur à un pécheur comme moi ».

Après la mort de M. Mondet, curé de Saint-Jean-des-Bois, M. Moulin, chargé par l'autorité diocésaine d'administrer cette paroisse, sembla redoubler encore de charité pour les fidèles confiés à ses soins. Il leur prodiguait avec joie son argent, son repos, sa santé et sa vie. Dieu, voulant récompenser ce fidèle serviteur de son inépuisable charité, lui donna cette belle couronne du martyre dont il s'estimait indigne.

Le 30 octobre 1799, vers sept heures du matin, le bon pasteur venait d'entrer dans la maison d'un de ses paroissiens pour s'y reposer des fatigues de la nuit, lorsque la servante vint précipitamment l'avertir de prendre la fuite, parce que la colonne mobile arrivait. En effet, les républicains, voyant les mouvements précipités de cette fille, avaient pensé aussitôt qu'il y avait dans la maison quelque personne suspecte; ils s'étaient détournés de leur route et s'avançaient rapidement pour faire une perquisition. Une personne engaga alors M. Moulin à dire qu'il n'était pas prêtre ; mais il lui répondit : « Que Dieu me préserve de sauver ma vie par un mensonge ! »

Il avait à peine achevé ces mots qu'il vit entrer les satellites républicains.

« — Es-tu prêtre ? » lui dit le chef de la colonne.

« — Oui, je le suis », répondit le serviteur de Dieu.

« — As-tu prêté le serment constitutionnel, as-tu fait les soumissions exigées par la loi ?

« — Non.

« — En ce cas suis-nous », reprit le chef de brigands.

M. Moulin, voyant bien qu'on allait le conduire à la mort, fit ses adieux aux fidèles du village de la Préverie, chez qui il avait été arrêté, et suivit ses bourreaux en priant. Ils le conduisirent jusqu'au village du Haut-Hamel, situé à un demi-kilomètre de la Préverie, le firent mettre à genoux et le fusillèrent.

Le soir, quatre hommes vinrent pour enlever le corps du martyr et lui donner la sépulture. Ils le trouvèrent baigné dans son sang, et portant au cœur et au front deux larges blessures. Ils roulèrent dans un drap le corps de cette pieuse victime de la charité, et, après l'avoir déposé dans un cercueil, ils le portèrent dans le cimetière de Saint-Jean-des-Bois (1).

« Que celui qui fait l'injustice la fasse encore, que celui qui est souillé se souille encore. Mais que celui qui est juste devienne aussi plus juste, et que celui qui est saint devienne encore plus saint. Car je viendrai bientôt, dit le Seigneur, pour rendre à chacun selon ses œuvres. Je suis le premier et le dernier, le commencement et la fin. Heureux ceux qui

(1) Lettre de M. l'abbé Berthout, ancien curé de Saint-Quentin-des-Chardonnets;
— Lettre de M. l'abbé Lepont, curé de Sainte-Honorine-la-Chardonne.

lavent leurs vêtements dans le sang de l'Agneau, qui méritent de manger du fruit de l'arbre de vie et d'entrer dans la cité de Dieu. Car je viendrai bientôt. — Amen. Venez, Seigneur Jésus. (Apoc., XXII.)

CHAPITRE VII.

PRÊTRES ET LAÏQUES MORTS DE MISÈRE, OU VICTIMES DES MAUVAIS TRAITEMENTS DES PERSÉCUTEURS.

Au nombre de ces confesseurs de la foi, on compte :

M. Nicolas Pillu, chapelain de Bellegarde, mort vers la fin de 1795 ;

M. Pierre Sébire, prêtre habitué à Flers, mort le 3 mars 1796 ;

M. Pierre Riblier, maître d'école à Chênedouit, mort le 1er décembre 1796 ;

M. Pierre Lefrançois, vicaire général, mort le 5 juin 1797 ;

M. Louis Mondet, curé de Saint-Jean-des-Bois, mort le 5 juillet 1798 ;

M. Pierre-Charles Crosnier, curé de Notre-Dame de la Place, à Séez, mort vers la fin de 1799.

I.

M. Nicolas Pillu, vicaire à Autheuil et chapelain de Bellegarde, remplissait avec beaucoup d'édification les fonctions de son ministère, lorsque l'impiété voltairienne vint troubler la paix de l'Eglise. Son âge avancé et le désir de travailler au salut des âmes l'empêchèrent de partir pour l'exil, au mois de septembre 1792. Il fut arrêté quelque temps après et conduit dans les prisons de Chartres. A l'approche de l'armée Vendéenne qui semblait vouloir se diriger sur Paris, le Directoire de Chartres le fit transférer à

Rambouillet avec tous les prêtres détenus dans les prisons de cette ville. M. Pillu avait alors soixante-cinq ans. Le froid, la maladie et les privations de tout genre firent plusieurs fois craindre pour ses jours pendant cette dure captivité. Mais Dieu le ramena des portes du tombeau, et lui fit même la grâce de recouvrer la liberté, au mois de novembre 1794. Il revint presque aussitôt à Autheuil pour administrer aux fidèles de cette paroisse les secours de la religion. Le 8 thermidor an III, il requit du comité de surveillance une déclaration portant « qu'il exerçait le culte catholique dans la commune d'Autheuil, et qu'il était prêtre insermenté, mais soumis aux lois de la république ». Peu de temps après, ce bon vieillard succomba sous le poids des infirmités, qu'il avait contractées dans les prisons de la république.

II.

Au mois de mars 1796, Dieu appela à lui un autre prêtre plein de zèle pour sa gloire, M. Pierre Sébire, originaire de la paroisse de Flers. Après avoir exercé quelque temps le saint ministère dans le diocèse de Bayeux, il était revenu, comme prêtre habitué, dans sa paroisse natale. Sa vie, modèle de mortification et de régularité, rappelait celle des solitaires du moyen âge. Tous les matins, même en hiver, il disait la messe à cinq heures, après avoir consacré un temps considérable à l'oraison et fait plus d'une demi-lieue pour venir à l'église. Il confessait ensuite les personnes qui se présentaient à son tribunal, assistait à plusieurs messes et passait au moins une heure devant le Saint-Sacrement. De retour à son ermitage, il partageait sa journée entre la prière, l'étude et le travail manuel. Il faisait aussi l'école à quelques enfants pauvres, qu'il formait surtout à l'amour de Dieu. Sa tendresse et sa charité pour les malheureux ne connaissaient presque point de bornes. Pour les assister, il retranchait souvent sur son nécessaire, et leur abandonnait presque tous les produits de sa propriété.

Telles étaient les œuvres simples et sans éclat auxquelles se livrait M. l'abbé Sébire, lorsque l'orage de la révolution vint à gronder sur la France et surtout sur les ministres du sanctuaire. Afin de donner aux fidèles les secours religieux, le serviteur de Dieu brava les lois terribles portées contre tous les prêtres catholiques. Obligé de fuir devant les révolutionnaires, il leur abandonna tous les biens qu'il n'avait pas eu le temps de distribuer aux pauvres, et, emportant un bâton pour tout trésor, il alla chercher un asile dans la paroisse de la Selle-la-Forge. On rapporte qu'au moment de son départ, les habitants du village de la Fournière, où il demeurait, firent tous leurs efforts pour le retenir au milieu d'eux, et que, voyant leurs prières inutiles, ils le suivirent en pleurant jusque sur les limites de la paroisse. Le saint prêtre ne put les congédier qu'en leur promettant de revenir les voir tous les quinze jours ; ce à quoi il fut très-fidèle jusqu'à la fin de sa vie.

M. Sébire travailla avec beaucoup de zèle à l'œuvre du salut des âmes. Comme il était d'un âge avancé et qu'il avait perdu l'agilité de la jeunesse, il voyageait rarement pendant le jour, de peur d'être reconnu et poursuivi par les limiers de la révolution. Lorsqu'il était obligé de sortir le jour pour aller aux malades, il prenait un bissac, et, déguisé en mendiant, il se rendait où l'appelaient les devoirs de la charité. Les fatigues du saint ministère, et beaucoup plus encore les privations de tout genre qu'il avait à supporter, en errant de village en village, eurent bientôt épuisé les forces de cet homme de Dieu. Ayant été pris des fièvres typhoïdes, vers le milieu de février 1796, il revint à la Fournière, son village natal, y reçut avec de vifs sentiments de piété les derniers secours de la religion, et mourut le 3 mars 1796 (1), à l'âge de cinquante-six ans. La famille, au

(1) 12 ventôse an IV.

sein de laquelle il se retirait, craignant d'être inquiétée par les colonnes mobiles, si elles apprenaient qu'elle avait donné asile à un prêtre catholique, fit avertir l'officier public qu'un cercueil, contenant le corps de M. Sébire, prêtre, était déposé sur le chemin qui va du village de la Fournière à Flers. Après avoir constaté ce décès, l'officier public fit transporter au cimetière le corps du serviteur de Dieu.

III.

Le mois de novembre 1796 vit mourir pour la cause de l'Eglise, un pieux instituteur dont il importe de conserver le souvenir. M. Pierre Riblier naquit à Chênedouit (1), le 16 novembre 1743. Dieu, qui lui réservait la couronne du martyre, se plut à l'orner dès l'âge le plus tendre de tous les charmes de la vertu. A l'époque de sa première communion, ce pieux enfant avait un grand désir de commencer l'étude du latin, afin d'arriver un jour à l'état ecclésiastique. Mais, ne trouvant personne qui pût subvenir aux frais de son éducation, il continua, du consentement de son père, jardinier au château du Repas, de recevoir les leçons d'un habile instituteur qui, en peu d'années, le mit en état de faire lui-même la classe aux enfants.

Comme il brillait encore plus par ses vertus que par sa science, le curé de Chênedouit, qui avait pour lui une affection toute paternelle, le choisit pour instituteur des enfants de sa paroisse. M. Riblier avait alors environ vingt ans. Il accepta avec bonheur l'emploi qu'on lui proposait et le remplit avec un zèle admirable. Il ne tarda pas à se concilier l'affection de ses élèves par sa douceur et le dévouement avec lequel il travaillait à les instruire. On peut dire qu'ils l'aimaient comme leur père, et, soixante ans après sa mort,

---

(1) Canton de Putanges, arrondissement d'Argentan (Orne).

le souvenir de cet homme de bien leur faisait encore verser d'abondantes larmes.

Le pieux instituteur ne bornait pas son zèle à l'instruction des enfants qui lui étaient confiés. Il s'efforçait surtout de former leur cœur à la vertu, afin d'assurer leur bonheur en ce monde et en l'autre. Sa vie était pour eux un modèle qui les touchait encore plus que ses leçons. En effet, il se plaisait à rendre tous les services qu'on réclamait de son obligeance. Aux uns il donnait des conseils sur la conduite de leurs affaires, aux autres il servait de secrétaire pour leur correspondance. Les pauvres, avec qui il partageait ses modiques revenus, trouvaient en lui un soutien, les orphelins un protecteur, et les riches un modèle. Il donnait à toute sa paroisse l'exemple de la vie la plus pure et la plus édifiante. Il observait exactement les lois de Dieu et de son Eglise ; il portait même la perfection plus loin ; car il jeûnait deux fois la semaine au pain et à l'eau, et s'efforçait de mener sur la terre la vie des anges, en cultivant cette belle fleur de la virginité que le divin Maître recommande à ses disciples de prédilection. Aussi était-il vénéré comme un saint dans toute sa paroisse.

Il ne démentit point la bonne opinion qu'on avait conçue de lui, lorsqu'arrivèrent les mauvais jours de la Révolution. Fidèle à l'Eglise catholique, apostolique et romaine, que les disciples de Voltaire voulaient détruire en France, il refusa de trahir sa foi en prêtant le serment à la Constitution (1). Il déclara qu'il obéirait volontiers à toutes les lois de sa patrie qui n'avaient point rapport à la religion, mais que rien ne le séparerait du Pape, qui est sur la terre le représentant de Jésus-Christ. Il fut dès lors insulté et menacé par les partisans insensés du désordre. Mais, comme il ne craignit qu'une seule chose, le péché qui mène à l'enfer, il ne s'inquiéta point des menaces des

(1) D'après les décrets des assemblées Constituante et Législative, tous les instituteurs devaient prêter ce serment.

impies, et continua de pratiquer, comme auparavant, tous ses devoirs religieux. Il fut encouragé dans cette noble voie par M. Souquet de la Tour, curé de Chênedouit, par M. l'abbé Bunout, et par M. l'abbé Riblier, vicaire de Saint-Martin-l'Aiguillon, qui était venu se réfugier dans sa paroisse natale. Cette généreuse fermeté devait le conduire au martyre.

En 1792, quelques révolutionnaires de Saint-Aubert-sur-Orne, ayant rencontré M. Riblier près de l'Eglise du Sacq, où il était allé entendre la messe d'un prêtre catholique, se précipitèrent sur lui et le maltraitèrent cruellement. Le chef de cette bande, écartant les premiers agresseurs, menaça M. Riblier de le *tondre* et de lui couper les oreilles, s'il ne prêtait sur-le-champ le serment de maintenir la Constitution. M. Riblier ne parut même pas faire attention à ses menaces. Le chef de brigands lui dit alors de choisir entre le serment ou la mort. « Je crois en Dieu, le Père tout-puissant, répondit M. Riblier, je crois à la sainte Eglise catholique, apostolique et romaine, et mille morts ne me feraient pas renoncer à ma foi ». A ces mots, ces hommes cruels se précipitèrent une seconde fois sur le pieux instituteur. Il tomba sous les coups de ses ennemis, qui continuèrent pendant quelques instants de le frapper avec une sorte de rage. Après l'avoir tout meurtri et ensanglanté, voyant qu'il ne lui restait plus qu'un souffle de vie, ils furent saisis de honte, et se retirèrent pour laisser du moins leur victime expirer en paix. Le confesseur de la foi trouva encore assez de forces pour dire à ses bourreaux : « Mes amis, que Dieu vous pardonne ma mort, qu'il vous bénisse à votre heure dernière ».

On rapporta M. Riblier tout couvert de sang dans sa maison. Il consola lui-même sa mère et sa sœur qui pleuraient près de son lit, et exhorta ses deux frères à mourir plutôt que de trahir jamais leur foi. Cependant, à force de soins, sa mère et sa sœur parvinrent à arrêter le sang qui coulait de ses plaies, et, au bout de quelques semaines, le pieux instituteur, moins souffrant, reprit une partie de ses occupations habituelles. Mais il ne put se remettre entièrement de ses blessures, et, pendant quatre ans qu'il vécut encore, il ne fit que languir sous le poids de la maladie. Le serviteur de Dieu ne laissait pas de jeûner deux fois la semaine comme dans sa pleine santé, et de pratiquer de grandes mortifications.

Il réussit par son influence à éloigner le curé intrus, qui avait pris possession du presbytère de Chênedouit, et ramena au sein de l'Eglise catholique tous ceux que ce faux pasteur avait égarés. Afin de préparer les enfants à la première communion, il leur faisait le catéchisme plusieurs fois la semaine, et chaque jour il les engageait à rester fidèles à la sainte Eglise romaine.

Le 30 novembre 1796, le confesseur de la foi adressait encore cette pieuse exhortation à ses élèves ; mais son visage plus pâle et plus abattu que de coutume, sa voix entrecoupée et défaillante montraient qu'il était en proie à de vives souffrances. Il garda cependant ses élèves jusqu'à quatre heures du soir. Le lendemain, lorsque les enfants se présentèrent pour l'école, ils trouvèrent leur bon maître étendu sans vie sur son lit. Il tenait un crucifix pressé sur sa poitrine ; sur une table couverte d'un linge blanc, on voyait un flambeau éteint, une assiette avec de l'eau bénite et un rameau de buis (1). Dans un instant, toute l'école retentit de sanglots, et les enfants, baignés de larmes, se dispersèrent pour porter à leurs parents cette triste nouvelle.

Le 2 décembre (12 frimaire an V), le pieux instituteur fut inhumé dans le cimetière de Chênedouit. Par une faveur particulière de Dieu, le corps du martyr a été préservé longtemps de la corruption du tombeau. Les fidèles

(1) Il est probable qu'un prêtre avait été appelé pendant la nuit pour administrer M. Riblier.

de la paroisse de Chênedouit, qui ont vu ouvrir son cercueil à trois époques différentes, attestent que la dernière fois encore, le 23 mars 1854, le corps de M. Riblier était dans un état de conservation parfaite. Le cercueil lui-même fut trouvé aussi ferme et aussi résistant que du bois neuf. Le fossoyeur, ayant été obligé, pour l'ouvrir, de frapper un grand coup, la pelle poussée par un bras vigoureux fit voler en éclats une partie du couvercle et atteignit au front le corps du défunt. Il en sortit aussitôt du sang vermeil. M. le curé, appelé par le fossoyeur, accourut sur le bord de la fosse. On découvrit le haut du corps qui était enveloppé d'un linge encore très-blanc. M. le curé, voyant qu'une des mains du défunt était placée sur la poitrine et l'autre le long du corps, ordonna au sacristain, pour juger de la raideur des membres, de ramener aussi l'autre main sur la poitrine, ce qu'il fit avec autant de facilité que si le corps eût été vivant. Une des personnes présentes à l'ouverture du cercueil, ayant foulé la chair du bras du défunt avec une baguette, la vit reprendre sa forme naturelle, aussitôt que la baguette fut enlevée. Plusieurs vieillards de la paroisse, anciens élèves de M. Riblier, le reconnurent facilement aux traits de son visage. « Ah ! disaient-ils en pleurant, c'est notre bon maître. Il ne faisait que du bien sur la terre, et les révolutionnaires le firent mourir. Oh ! quelle époque funeste ! que de larmes, que de sang répandus alors ! Que Dieu vous préserve de revoir de pareils malheurs ! » Cette petite oraison funèbre attendrit tous les assistants. Depuis cette époque surtout plusieurs personnes de ce pays sont allées prier sur la tombe du confesseur de la foi (1).

(1) Lettre de M. l'abbé Renaux, curé de Chênedouit ; — *Notice sur M. Pierre Riblier*, par M. Gustave Le Vavasseur, insérée dans l'*Almanach de l'Orne pour* 1867.

IV.

En 1797, moururent plusieurs prêtres qui avaient rendu de grands services au diocèse de Séez et qui avaient beaucoup souffert pour la gloire de Dieu. Celui dont les fidèles ressentirent le plus vivement la perte fut M. Pierre Lefrançois des Tourailles, vicaire général de Mgr d'Argentré. Il naquit à Ecouché en 1726 (1). Dès ses premières années, il fut un modèle de vertu pour ses condisciples. La piété se manifestait dans toute sa conduite, et son visage lui-même portait l'empreinte des nobles sentiments qui remplissaient son âme. Au séminaire, où il fut conduit par un ardent désir de travailler à la gloire de Dieu, ses talents et surtout ses vertus lui conquirent l'estime de ses supérieurs. Son évêque, Mgr Néel de Christot, avait une telle opinion de son mérite, qu'à peine l'eut-il ordonné prêtre, qu'il le nomma principal du collége ecclésiastique de Falaise (1751).

Il n'eut point sujet de se repentir de lui avoir donné cette marque de confiance. Comme M. Lefrançois joignait la plus grande douceur à une prudence consommée, il sut entretenir parmi ses professeurs une sainte concorde, et parmi les élèves une noble émulation. Les succès les plus doux au cœur d'un prêtre furent la récompense de son zèle.

En 1757, Mgr Néel de Christot, voulant relever le collége ecclésiastique de Séez, où les études allaient en s'affaiblissant depuis plusieurs années, jeta les yeux sur M. Lefrançois pour opérer l'heureuse transformation qu'il méditait. Il le nomma chanoine précepteur avec le titre de supérieur de ce collége. Sa vigilance et sa piété obtinrent dans cette maison les mêmes succès qu'à Falaise. En 1789, l'auteur de *l'almanach civil et ecclésiastique du diocèse de Séez* rendait le té-

---

(1) Son père s'appelait Lefrançois des Tourailles, et sa mère Thérèse Mitivier (*Registre de l'état civil* de la ville de Séez, 17 prairial an VII).

moignage suivant à l'habile direction donnée aux études ecclésiastiques dans cet établissement :

« Ce collége est renommé par son pensionnat et par le choix que fait M. le Principal des meilleurs sujets du diocèse pour y enseigner. Les pensionnaires sont continuellement sous les yeux de deux ecclésiastiques destinés à les conduire et à leur faire des répétitions. On y enseigne depuis la sixième jusqu'à la rhétorique inclusivement.

« La réputation dont jouissait ce collége », ajoute M. Maurey d'Orville (1), « était si bien établie, que nous pourrions citer un grand nombre de sujets distingués qu'il a produits, et dont plusieurs encore existants occupent des places importantes, si nous ne craignions de blesser leur modestie ».

La haute estime que le clergé de Séez avait pour le pieux et savant M. Lefrançois, le fit nommer syndic du diocèse en 1784. D'après l'art. 50 de l'édit d'avril 1695, « les syndics des diocèses étaient chargés de poursuivre, comme parties principales ou intervenantes, les affaires qui regardaient la religion, le service divin, les intérêts, l'honneur et la dignité des personnes ecclésiastiques des diocèses qui les avaient nommés ». Le simple énoncé de ces attributions nous donne une idée de la confiance qu'on avait dans les lumières de M. Lefrançois et de l'influence qu'il exerçait sur ses confrères.

Lorsque la révolution éclata, Mgr d'Argentré et presque tous les membres du clergé de Séez crurent devoir fuir devant la persécution. M. Lefrançois, presque septuagénaire, résolut de consacrer le peu de jours qui lui restaient à la défense de l'Eglise et au salut des fidèles. Il est vrai qu'à part son âge avancé et sa santé délabrée par les fatigues de l'enseignement, personne n'était plus capable que lui de travailler au bien général de l'Eglise dans ce diocèse. Ses ver-

---

(1) *Recherches historiques sur la ville de Séez*, 1829, p. 65.

tus éprouvées, sa longue expérience, sa science des matières ecclésiastiques, lui donnaient l'autorité d'un saint auprès de ses confrères, qui avaient été presque tous ses élèves. Revêtu des pouvoirs de vicaire général par Mgr d'Argentré, il entra hardiment dans la carrière difficile que la persécution ouvrait devant lui. S'il n'eut pas la gloire, comme plusieurs de ses élèves, de verser son sang pour la défense de la foi, ce vénérable vieillard se montra cependant bien grand, lorsqu'au plus fort de la terreur il ne cessa de soutenir par ses écrits, ses conseils et ses exhortations les prêtres qui combattaient courageusement contre l'impiété. Il faisait en même temps tous ses efforts pour rappeler à la véritable Eglise les prêtres et les laïques qui s'étaient malheureusement égarés ! Dieu bénit les travaux de son fidèle serviteur, et, dès les premiers mois de 1792, on vit plusieurs prêtres engagés dans le schisme constitutionnel revenir de bonne foi à la sainte Eglise romaine, et supporter toutes les souffrances, même celles de la déportation, plutôt que d'abandonner l'unité catholique. Plusieurs clercs, élevés au sacerdoce par l'évêque intrus, ouvrirent aussi les yeux à la lumière de l'Evangile, que M. Lefrançois leur présentait d'une main aussi ferme, et plus tard on les vit souffrir patiemment toutes les rigueurs de la persécution.

Ce fut surtout en 1795 que M. Lefrançois reçut un grand nombre de rétractations. Elles avaient pour objet non-seulement le serment de fidélité à la Constitution civile du clergé, mais encore le serment de liberté et d'égalité. Dans les commencements, M. Lefrançois se contentait d'une rétractation écrite qui recevait une plus ou moins grande publicité. Mais, lorsque le danger fut devenu moins grand pour les prêtres catholiques, il exigea que les rétractations se fissent publiquement, soit au sein du conseil municipal, soit en présence des fidèles. Le 17 avril 1795, il écrivait à M. l'abbé Leclencher, chargé par M. Lacroix, curé constitutionnel de Saint-Laurent-de-Séez, d'obtenir sa réconciliation avec l'Eglise (1) : « Il faut quitter la paroisse où il est, il faut une rétractation publique, et une réparation également publique du scandale donné (2) ».

Le vénérable M. Lefrançois s'occupait aussi, autant que son âge et ses forces le lui permettaient, à donner les secours religieux aux fidèles de la ville de Séez. Combien de personnes en danger de mort reçurent de lui les derniers sacrements ! « Le bon pasteur donne sa vie pour ses brebis » ; c'était la règle que suivait en toute circonstance ce fidèle serviteur de Dieu. Il comptait les dangers pour rien, et n'aspirait qu'à une chose : terminer dignement sa course, en remplissant jusqu'à la fin le ministère de charité que lui avait confié son évêque.

M. l'abbé Lefrançois, ayant obéi à la loi du 11 prairial an III (30 mai 1795), et fait l'acte de soumission exigé des prêtres catholiques comme une condition du libre exercice de leur ministère (29 septembre 1795), s'attendait à voir des jours meilleurs pour l'Eglise, un grand nombre de prêtres, éminents par la science et la piété, avaient, dans toute la France, suivi la même règle de conduite. Il avait lui-même engagé dans cette voie la plus grande partie des prêtres de ce diocèse par la publication d'un *mémoire* qu'on retrouve aux archives du Palais de justice d'Alençon (3), et qui est ainsi conçu :

« Un ministre insermenté du culte catholique peut-il faire la déclaration dont la teneur suit :

« Je reconnais que l'universalité des citoyens français est le souverain, et je promets soumission et obéissance aux lois de la république ? »

« Nous répondons affirmativement. M. l'évêque de Saint-Paul-de-

---

(1) Dossier de Lacroix, conservé au Palais de Justice d'Alençon.
(2) Cet ecclésiastique avait en effet donné bien du scandale à Séez pendant la Terreur.
(3) Dossier de M. Lange, chanoine à la collégiale de Toussaint à Mortagne.

Léon, dans sa lettre aux ecclésiastiques français réfugiés en Angleterre, leur dit : « Tel est le caractère de notre sainte religion que « partout où il plaît à la divine Providence de nous faire naître ou « de nous transporter, elle sait faire de ses enfants les hommes de « toutes les lois... En effet, dans les Etats où nous avons pris « naissance, nous sommes nés citoyens ; dans ceux où nous nous « trouvons transportés, nous sommes devenus citoyens. Or, il est « pour tout citoyen une dette consacrée par la religion, celle de se « conformer aux lois de l'Etat où l'on vit : *Reddite Cæsari quæ sunt* « *Cæsaris et quæ sunt Dei Deo* ».

« Ce devoir, M. l'évêque de Clermont et ensuite M. l'abbé Maury le reconnurent solennellement au nom du clergé de France, devant l'Assemblée nationale, en 1790, relativement à toutes les lois qui n'attaquaient point nos principes religieux. Le souverain Pontife lui-même, dans son bref du 10 mars 1791, adressé aux archevêques, évêques et clergé de France de l'Assemblée, déclara hautement que son intention n'était pas d'attaquer les nouvelles lois civiles, n'ayant de rapport qu'au gouvernement, que son but n'était point de provoquer le rétablissement de l'ancien régime de France, que le supposer serait renouveler une calomnie qu'on n'a affecté jusqu'ici de répandre que pour rendre la religion odieuse, qu'il ne cherchait lui et le clergé qu'à préserver de toute atteinte les droits sacrés de l'Eglise, que, ces droits sacrés étant en sûreté, la conformité aux lois était un devoir indispensable.

« Venons maintenant à la reconnaissance et à la promesse exigée des ministres catholiques par la puissance civile.

« 1° Ce qui concerne la reconnaissance pure et simple de la souveraineté nationale ne paraît point devoir souffrir de difficulté, puisque c'était un des articles du premier serment civique que prêta le clergé de l'Assemblée, sans aucune contradiction de la part du Saint-Siége apostolique. En effet, la religion catholique ni n'exclut, ni n'adopte aucun genre de gouvernement particulier donné aux hommes pour les conduire dans les voies de l'éternité. Elle a fait tomber les barrières qui séparaient les nations des nations, et sa divine mission fut de confondre le juif et le gentil, le romain et le barbare, elle a constamment embrassé tous les Etats ; elle les embrassera infailliblement jusqu'à la consommation des siècles.

« Cette reconnaissance pure et simple n'emporte ni approbation, ni promesse, soit de maintenir soit de faire exécuter. Tout le monde sait qu'à l'époque du 24 février 1790, tous les membres de l'Assemblée nationale prêtèrent le serment qui exprimait leur soumission au changement qu'on avait introduit et qu'on introduisait journellement dans le gouvernement de l'Etat. Parmi les membres du côté droit étaient quarante-cinq évêques, M. l'abbé Maury, un grand nombre d'ecclésiastiques et de laïques vertueux et éclairés. De la part de ces membres ce n'étaient que *déclarations de soumission aux changements*. De la part des membres du côté gauche, où était la majorité, c'était l'approbation la plus expresse et la plus formelle des changements dont il était question (1). De là qu'arriva-t-il ? C'est que Rome, qui donnait des louanges aux membres du côté droit qui n'avaient point fait de restrictions, parce que ses intentions étaient connues, traita les membres du côté gauche comme des parjures. De là on exigea à Rome de M. Basseville une rétractation publique, parce qu'il était membre du côté gauche, avant que de l'admettre aux sacrements de l'Eglise.

« La nouvelle Constitution, dont la déclaration exigée est une des principales bases, a été présentée à tous les Français, et l'universalité du peuple l'a reçue. La liberté, l'inviolabilité des principes religieux, ayant été tant de fois et si solennellement déclarées propriétés sacrées, peut-on dire que cette acceptation ne soit pas un acte purement civil et politique ? Or, pourquoi et comment cet acte changerait-il de nature lorsqu'il passe par des ministres citoyens ? La loi naturelle, qui lie également et les séculiers et les ecclésiastiques, n'oblige-t-elle pas ces derniers à ne point fournir de nouveaux prétextes pour être regardés comme des citoyens suspects et perfides, surtout dans les occasions où il est aisé de prévoir les coups d'éclat, qui seraient de grands crimes d'une part, et de l'autre de grandes tentations ? Or, ne serait-ce pas fournir ces prétextes, que de ne pas employer une mesure exigée par la puissance civile pour dissiper les inquiétudes, arrêter ses soupçons ? Ajouterons-nous que, selon saint Augustin et saint Thomas, un serment peut être mauvais de la part de ceux qui l'exigent, et très-permis de la part de ceux qui le prêtent, y

---

(1) Il s'agit ici des lois injustes portées contre les communautés religieuses et contre le clergé, qui fut dépouillé de ses biens par l'Assemblée constituante.

étant contraints par la nécessité ? Mais il ne s'agit ici que d'une simple reconnaissance, que M. Maury qualifia devant l'Assemblée nationale de « *reconnaissance métaphysique*, suite d'un décret vague, « qui ne signifiait rien, et que les intérêts les plus pressants de « l'Eglise et de l'Etat demandaient ». Du reste, on ne croit pas blesser l'intérêt d'un tiers, en prenant l'unique moyen présent de conserver son droit.

« 2° La promesse de soumission et d'obéissance aux lois de la république sans restriction ne paraît pas souffrir plus de difficulté que la reconnaissance de la souveraineté nationale. En effet, l'obéissance à la puissance publique et civile ne s'étend évidemment qu'aux matières dans lesquelles elle a droit de commander. Or, les matières de religion sont évidemment hors de sa compétence, comme cette incompétence séculière sur tous les principes religieux est incontestable, il n'est pas nécessaire en promettant soumission et obéissance aux lois de la puissance publique de faire des réserves expresses de ces mêmes principes. Ces exceptions fondées sur la nature des choses reconnue par tout homme raisonnable, manifestée constamment par les ministres insermentés, sont toujours, de fait et de droit, sous-entendues. Aussi voyons-nous saint Pierre et saint Paul ne demander aux premiers chrétiens aucune exception expresse, l'obéissance ne pouvant avoir ni un autre objet, ni une plus grande étendue que le droit de commander dans la puissance qui gouverne. Là où se termine son ressort, là évidemment finit son pouvoir.

« Le résultat d'une conférence qui a eu lieu à Paris, à laquelle ont présidé *plusieurs évêques*, et où se sont trouvés plusieurs grands-vicaires, a été qu'on pouvait, sans intéresser la religion, faire la déclaration de la reconnaissance ci-dessus, et promettre purement et simplement « soumission et obéissance aux lois de la puissance publique (1) ».

(1) Ce *Mémoire* fait partie des pièces saisies, en 1796, chez M. l'abbé Lange, chanoine de Toussaint à Mortagne. Il est accompagné d'une lettre de M. Lefrançois à M. Lange, dans laquelle il s'exprime ainsi : « J'ai l'honneur de vous adresser, Monsieur, deux *Mémoires* concernant la question présente. Voudriez-vous bien les communiquer dans Mortagne et les environs, lorsque vous en aurez fait des copies, surtout du mien, qui commence ainsi : Un ministre insermenté..... Je vous serai très-obligé de me les faire repasser par une occasion sûre... 14 octobre 1795 ». L'auteur du second *Mémoire* arrive aux mêmes conclusions que M. Lefrançois par

Quelle ne fut pas la douleur du vénérable serviteur de Dieu, lorsqu'il apprit que Mgr d'Argentré, désapprouvant la soumission, avait renouvelé les pouvoirs accordés par lui en qualité de vicaire-administrateur, comme s'ils n'eussent pas été valides, et avait nommé un second vicaire-général, M. Villeroy, sans qu'on lui donnât même connaissance de cet acte d'administration (1) ? Un prêtre moins soumis et moins humble eût pu objecter que le sentiment de Mgr d'Argentré sur l'acte de soumission à la république était inspiré autant par la politique que par la Religion ; puisque d'autres évêques de France et plusieurs docteurs de Sorbonne, particulièrement Mgr de Bausset et M. Emery, supérieur du Séminaire de Saint-Sulpice, approuvaient cette soumission comme favorable aux intérêts religieux. Il eût pu ajouter que revenir sur un fait aussi grave, qui n'était pas condamné par le Saint-Siége, et que le gouvernement exigeait comme une condition indispensable de l'exercice pacifique du ministère, c'était rejeter l'Eglise sous le coup

---

des principes un peu différents. Il enseigne qu'on « peut reconnaître que *la souveraineté réside dans l'universalité du peuple*, bien constatée, et non pas usurpée par des intrigants, parce que Dieu a donné aux peuples la liberté de se donner, lorsque le bien général l'exige absolument, tel gouvernement qui leur convient, de se choisir un ou plusieurs chefs pour les gouverner, de donner plus ou moins d'étendue à leur autorité, de la rendre héréditaire ou élective, de réprimer les abus du pouvoir, de le modifier même ou de le retirer entièrement ». Il dit que « la soumission aux lois civiles, même contraires aux lois évangéliques, n'emporte avec elle ni l'approbation de ces lois, ni la promesse de les maintenir ou de les faire exécuter. Les lois romaines permettaient plusieurs choses que la religion défend, telles que l'usure et le divorce. Les plus saints évêques n'en étaient pas moins soumis aux lois de l'Empire. Mais, en les tolérant, ils étaient bien éloignés de les approuver... Nous ne promettons pas de les faire exécuter, mais seulement de ne point troubler l'ordre public, de ne point susciter d'affaires fâcheuses à ceux qui voudraient profiter des permissions que les lois leur donnent. Mais, s'ils se présentaient à nous dans le for de la conscience, nous saurions leur dire, avec saint Augustin : *Aliud est quod licitum est jure cæsareo, aliud quod licitum est jure evangelico;* autre chose ce qui est permis par l'autorité de César, autre chose ce qui est permis par l'autorité de l'Evangile ».

Ce sont les principes développés par M. Emery sur la question présente.

(1) M. Villeroy habitait la ville de Séez ; il lui était bien facile de donner connaissance à M. Lefrançois de sa nomination.

de la plus cruelle persécution, ce qui arriva en effet. Mais l'homme de Dieu, plein de respect pour la décision de son Evêque, s'empressa de se conformer à ses intentions, sans examiner les dangers auxquels il s'exposait (1). Il envoya au conseil général de Séez une rétractation des actes de soumission qu'il avait faits et écrivit immédiatement après à M. Villeroy :

« J'ai appris, Monsieur, non par une lettre de Monseigneur, mais par un ecclésiastique de ma connaissance qui m'a écrit, que Sa Grandeur blâmait les soumissions; il ne s'est pas servi d'autres termes. Comme personne ne respecte plus souverainement que je le fais l'autorité qui réside dans mon évêque, il ne m'en a pas fallu davantage pour me porter à désavouer, à rétracter des actes que je n'ai faits que dans l'intention de mieux servir l'Eglise. Ma rétractation est faite et déposée ».

Après cette démarche si courageuse et si édifiante, le vénérable vieillard fut obligé de chercher un autre asile dans la ville de Séez ; car les persécuteurs, qui savaient depuis un an le lieu de sa retraite, n'eussent pas manqué de le faire arrêter, conformément aux lois de la république et de le condamner à la déportation, ou du moins à une prison perpétuelle. Il trouva cet asile chez une pauvre veuve, nommée Duret, qui demeurait dans la paroisse de Saint-Gervais-de-Séez.

Retombé ainsi sous le coup des persécuteurs, qui incarcéraient, déportaient, ou fusillaient sans aucune procédure les prêtres catholiques insoumis, M. Lefrançois sentit bientôt fléchir le reste de ses forces sous le poids du chagrin, des privations, et surtout des inquiétudes accablantes que lui causait la division du clergé dans le diocèse. En effet, si les uns approuvaient la soumission, les autres l'avaient

(1) « Tout individu qui aura rétracté la déclaration ci-dessus, sera banni à perpétuité du territoire de la République, et, s'il y rentre, il sera condamné à la gêne à perpétuité ». Loi du 8 vendémiaire an IV.

tellement en horreur qu'ils refusaient de communiquer avec les soumissionnaires, qu'ils faisaient réitérer les confessions qu'on leur avait faites, qu'ils empêchaient les fidèles d'assister à leur messe et de leur demander les sacrements. Cette division faisait la joie des ennemis de Dieu et le scandale des fidèles. A la vue de tant de malheurs fondant à la fois sur l'Eglise, le vénérable vieillard ne pouvait retenir ses larmes, et il regrettait amèrement de n'avoir pas été du nombre des confesseurs de la foi morts pour la cause de Jésus-Christ.

Vers le 15 août 1796, il écrivit à Mgr d'Argentré pour l'informer de sa rétractation, lui exposer l'état de sa santé et lui demander le secours de ses prières. Quelques jours après, voyant sa santé aller en s'affaiblissant, et croyant d'ailleurs que les actes de soumission qu'il avait faits, le rendaient indigne de la confiance des prêtres du diocèse, il prit le parti de renoncer entièrement à l'administration et renvoya au nouveau vicaire-général plusieurs ecclésiastiques qui sollicitaient des pouvoirs. M. Villeroy, effrayé de se voir seul en présence des difficultés de la situation, écrivit sur-le-champ à M. Lefrançois la lettre suivante (22 août 1796) :

« Monsieur, permettez-moi de vous le représenter. Qu'avez-vous fait ici ? Quoi ! le mode ! la chose ! l'éclat ! Ah ! je ne puis me charger de cette affaire en de pareilles circonstances. Je sais le respect que je vous dois ; je sais ce que je dois au public ; je sais ce que je me dois à moi-même. Un peu de réflexion, un coup d'œil même rapide sur les choses. Vous êtes sage, vous êtes judicieux ; vous avez la délicatesse des sentiments : jugez vous-même ; puis-je faire la chose dans cet état?... Il est nécessaire que vous le fassiez vous-même. Je désire de tout mon cœur, et je presse instamment qu'on continue de s'adresser à vous. Je souhaiterais faire dans l'œuvre de Dieu ce que vous ne pourriez pas faire pour vous soulager. Je le mande à M. Duchêne (1). Ce que vous venez de faire en condam-

---

(1) Correspondant de M. Lefrançois à Falaise. C'était probablement un des ecclésiastiques que M. Lefrançois avait renvoyés à M. Villeroy.

nant la fatale soumission est admirable et vous rend bien digne de la confiance ».

M. Villeroy était l'interprète de tout le clergé du diocèse en exprimant à M. Lefrançois ces sentiments de profond respect. A force d'instances, il obtint qu'il continuerait d'exercer les fonctions de vicaire-général.

Au mois de décembre 1796, le vénérable serviteur de Dieu sentit son cœur déchiré par de nouvelles peines. Quoique le Souverain Pontife Pie VI eût, dans un *Bref* daté du 5 juillet 1796, approuvé et même recommandé la soumission au gouvernement de la république, Mgr d'Argentré, qui ignorait l'existence de ce bref, ou qui ne le regardait pas comme authentique, ne se contenta pas de blâmer les prêtres soumissionnaires, il voulut les obliger à se rétracter. Le 11 décembre 1796, M. Villeroy recevait la lettre suivante de M. de Couasnon, vicaire général, réfugié à Munster, auprès de Mgr d'Argentré : « Le prélat a reçu une lettre de M. Lefrançois, qui lui fait part de sa rétractation. On n'a pas eu le moyen de lui faire passer une réponse pour l'assurer combien on en a eu de joie, ignorant le lieu de sa retraite. Il serait bon qu'il *sût les pouvoirs dont vous êtes revêtu ;* et qu'il eût copie des deux pièces ci-jointes ». L'une condamnait la soumission, l'autre exigeait la rétractation des soumissionnaires dans le délai de quarante jours. C'était là évidemment une nouvelle source de difficultés.

Comment obliger à une rétractation des ecclésiastiques qui s'étaient appuyés, pour faire la soumission, sur la doctrine constante de l'Eglise touchant l'obéissance due aux pouvoirs établis, qui croyaient à l'authenticité du bref de Pie VI, et qui voyaient les journaux catholiques et royalistes, comme *les Annales catholiques,* rédigées par l'abbé Sicard et le célèbre abbé de Boulogne, *la Gazette de France, le Véridique, le Courrier universel,* des évêques même et des vicaires généraux soutenir ouvertement l'authenticité de cette pièce (1). Cependant, comme dans le doute la présomption est en faveur du supérieur, M. Lefrançois, faisant taire la voix de son opinion personnelle et des représentations de ses amis, pour n'écouter que celle de l'obéissance, fit à Dieu un dernier sacrifice et prescrivit une rétractation à tous les prêtres soumissionnaires.

Malgré le respect ou plutôt la vénération qu'on avait pour lui, il eut peine à obtenir ce qu'il demandait, surtout du clergé des arrondissements d'Alençon et de Mortagne. Un grand nombre de prêtres, placés sous l'influence de la direction suivie dans le diocèse du Mans, refusèrent de se rétracter. F. Sigismond, définiteur des capucins de Normandie, écrivait à M. Lefrançois vers le 15 mai 1797 :

« Je suis originaire du diocèse du Mans ; l'évêque n'oblige point à la rétractation de l'acte de soumission. J'ai, écrivant à son grand vicaire (2), adhéré d'esprit et de cœur à son sentiment sur ledit acte. Je ne crois pas pouvoir contredire cette adhésion. Faut-il passer la rivière de Sarthe et prendre mon domicile dans le diocèse du Mans ? C'est une démarche facile à faire. J'ai souvent exposé ma vie pour le salut des ouailles de Mgr l'évêque de Séez... L'Eglise décidera peut-être la question. Je me soumets d'avance à sa décision ».

(1) Elle est admise par Baldassari, *Histoire de l'enlèvement de Pie VI* ; par l'auteur du *Recueil des décisions du Saint-Siége relativement à la Constitution civile du clergé*, depuis 1790 jusqu'en 1796, imprimé à Rome, en 1796, *avec permission des supérieurs*, par Picot (*Mémoires*, t. VII, p. 28); par Rohrbacher, *Histoire universelle de l'Eglise*, édit. de 1852, t. XXVII, p. 593 ; par M. Faillon, *Vie de M. Emery*, t. I, p. 373 ; et par le savant Dom Piolin, *L'Eglise du Mans durant la Révolution*, t. III, p. 245. Malgré les raisons qui militent en faveur de l'authenticité de ce bref, elle fut combattue par un grand nombre d'évêques français, en 1797, et aujourd'hui encore de graves auteurs la révoquent en doute. Voir *Recherches pour servir à l'histoire de l'Eglise de Séez*, par M. l'abbé Hector Marais (dans la *Semaine catholique du diocèse de Séez*, IVe année, p. 252 et suiv.).

(2) M. Joseph Paillé, vénérable confesseur de la foi, qui était *pour la soumission*.

Le 22 mai 1797, M. Coulombet, doyen rural d'Alençon, nommé official par M. Lefrançois et M. Villeroy, et chargé de provoquer les rétractations des prêtres dans son canton, écrivait à M. Lefrançois :

« Je vous envoie les *déclarations de plusieurs de MM. les ecclésiastiques d'Alençon* par rapport à la *soumission*. Je suis persuadé que les autres tiennent le même langage. Nous avons tous en horreur les lois de la république contraires au dogme, à la morale et à la discipline de l'Eglise. *Elles n'ont jamais fait partie de notre soumission* ».

Cette lettre, quoique très-modérée, était loin d'être une *rétractation*.

Deux chanoines de la collégiale de Toussaint-de-Mortagne, M. Daupley-Bonval, déporté à Rambouillet, en 1793, et M. Lange, incarcéré pour la foi, en 1796, tous deux remarquables par leur science théologique, et par les grands services qu'ils avaient rendus à l'Eglise de Séez pendant la révolution, écrivirent à M. Lefrançois pour lui représenter que ce n'était pas seulement la persécution qu'on allait rallumer par cette funeste mesure, mais que le culte public allait retomber aux mains des intrus, puisqu'ils seraient seuls désormais à célébrer dans les églises.

« L'origine du trouble », disait M. Daupley-Bonval, « vient de ce que nos jeunes prêtres, ennemis du serment (1) et de la soumission, se sentant appuyés dans leur façon de penser et d'agir par la correspondance et les rapports, voudraient gouverner du fond de leur solitude, et qu'on les consultât sur ce que l'on doit faire. Ils sont commissaires-enquêteurs, réformateurs, perturbateurs, etc.; ils ont toujours vu avec peine que les soumissionnaires exercent publiquement le culte, qu'ils jouissent d'une certaine considération *parmi le vrai public qui pense*; ils se persuadent que cette conduite

---

(1) Le *serment de liberté et d'égalité*, qu'avaient prêté plusieurs prêtres du Perche, et qui n'était point condamné par l'Eglise romaine.

est une condamnation de leur façon de penser et d'agir, et diminue la bonne opinion qu'on doit avoir d'eux. Ne trouvant pas à réussir de ce côté, ils font ce qu'ils peuvent pour faire interdire les églises, et, au lieu d'encourager les fidèles, il semble qu'on veut travailler à les décourager ainsi que les ministres. A soixante et onze ans, on ne peut pas se croire capable de grandes entreprises. La disette d'ouvriers m'a fait croire que je devais reprendre les fonctions pour lesquelles l'Eglise m'avait admis au rang de ses ministres. Je reprendrai, sans me le reprocher, ma vie tranquille, lorsque ce sera par vos ordres ».

On lit sur la dernière page de cette lettre la note suivante, écrite de la main de M. Lefrançois et envoyée à M. Villeroy:

« Quoique dans cette lettre, Monsieur, il y ait quelques mots contre vous et contre moi, j'ai cru devoir vous la faire passer. Elle vient de deux prêtres ostensibles de Mortagne. Vous avez commencé l'affaire; la finirez-vous ou la laisserez-vous là où elle est? Que répondrai-je si je dois répondre? Je crois que ces deux Messieurs doivent connaître les intentions et les volontés de Monseigneur; parce que je les ai *mandées tont crûment* dans ce pays. Le feu ne s'éteint pas, et il deviendra un incendie, si les intrus viennent à s'emparer du culte. *Angustiæ undique* (1) ».

Accablé sous le poids des peines de l'administration, et surtout épuisé par les souffrances de cinq années de privations et de réclusion volontaires, supportées avec le plus religieux dévouement, le vénérable vieillard, martyr de la foi, de l'obéissance et de la charité, sentit approcher l'heure où Dieu le délivrerait de la persécution des impies, et lui donnerait la palme promise à ceux qui ont combattu le bon combat. Après avoir reçu avec une grande ferveur les sacrements de l'Eglise, et recommandé au Seigneur les prêtres et les fidèles de ce diocèse, pour lequel il s'était sacrifié, il rendit tranquillement son âme entre les mains de son bien-

(1) Archives de l'évêché. Papiers relatifs aux rétractations des ecclésiastiques et des religieux.

aimé Sauveur. Sa mort, qui fut un grand sujet de deuil pour le diocèse de Séez, arriva le 5 juin 1797, à dix heures du soir (1).

V.

Un an après, mourait à Saint-Jean-des-Bois (2) M. Louis Mondet, un des prêtres qui, à la fin du xviiie siècle, honorèrent le plus nos contrées par leur sainteté. Il naquit à Tinchebray, le 25 août 1733. Formé de bonne heure à la vertu par sa pieuse mère, qui resta veuve peu de temps après l'avoir mis au monde, il se fit remarquer, dès son enfance, par son grand amour pour la prière, sa douceur angélique et sa tendre dévotion pour la sainte Vierge. Au témoignage de M. Chalmé, qui a écrit la vie du serviteur de Dieu (3), « il n'y eut rien de puéril dans son enfance ; il apprit en peu de temps à lire et à écrire, se montra très-assidu aux instructions et aux catéchismes. Il joignait à une tendre dévotion tant de maturité d'esprit, et des manières si engageantes, que chacun se faisait un plaisir de le rechercher. Aussi son pasteur, édifié d'une telle conduite, voulut-il avancer le jour de sa première communion, à laquelle il se prépara par une confession générale et l'exercice de toutes les bonnes œuvres ».

Quoiqu'il eût eu de bonne heure l'intention de se consacrer à Dieu, en embrassant l'état ecclésiastique, il ne put, à cause du peu de fortune de sa mère, commencer ses études avant l'âge de vingt ans. Mais il y fit des progrès si rapides qu'au bout de quelques mois il fut en état d'entrer

---

(1) *Registre de l'état civil* de la ville de Séez.
(2) Saint-Jean-des-Bois, canton de Tinchebray, arrondissement de Domfront.
(3) M. Chalmé, libraire à Vire, en 1792, fut un des amis intimes de M. Mondet. Il lui donna asile pendant la persécution, et cet acte de charité lui valut l'honneur d'être incarcéré avec M. Mondet, en 1793. Il a laissé une *Vie* manuscrite du serviteur de Dieu. C'est elle qui nous servira de guide.

en troisième au collége de Vire. Obligé de prendre pension dans une maison particulière, il n'avait de société qu'avec les gens de bien ; il ne connaissait dans la ville que deux chemins : celui de l'église et celui du collége. Chaque matin, on le voyait se rendre à l'église pour entendre la sainte messe. Les dimanches et les fêtes, il y accourait dès le point du jour pour chanter avec les membres de la congrégation de la sainte Vierge, dont il faisait partie, l'office de cette auguste Reine du ciel. Il puisait dans sa dévotion envers Jésus-Christ et sa sainte Mère tant de lumières et de forces qu'au bout de trois ans toutes ses études préparatoires à la théologie se trouvèrent terminées.

Il concourut alors pour la pension ecclésiastique et gratuite de Condom, dont il mérita une des premières bourses. On ne saurait dire combien il édifia tous ses maîtres par sa piété, son application à l'étude, et son humilité au milieu des succès brillants qu'il obtenait dans ses examens. Loin de se montrer jaloux de son mérite, ses condisciples lui témoignaient au contraire beaucoup de respect et d'affection, parce qu'il attirait tous les cœurs par sa modestie et la douceur de son caractère.

Ordonné prêtre, en 1758, il refusa plusieurs places avantageuses qu'on lui offrait à Bayeux et à Caen, et leur préféra celle de vicaire dans sa paroisse natale. On vit alors briller dans tout leur éclat ces belles vertus sacerdotales, dont le Seigneur s'était plu à orner son âme. Sa charité pour les pauvres, sa douceur inaltérable, l'exquise politesse de ses manières touchèrent bientôt tous les cœurs. Il se montrait surtout rempli d'attentions pour le vertueux curé, qui l'avait demandé pour auxiliaire. Aussi, après la mort de ce bon pasteur, M. Mondet fut-il réclamé comme curé par tous les notables de la paroisse. Mais déjà le collateur, qui était le doyen du chapitre de Saint-Evroult-de-Mortain, avait fait une présentation à l'évêque de Bayeux, et celui-ci l'avait agréée. Le nouveau curé supplia M. Mondet de rester avec lui, et, pendant de longues années, ils cultivèrent ensemble la vigne du Seigneur dans la paix et la concorde la plus parfaite.

En 1773, la cure de Saint-Jean-des-Bois étant devenue vacante par la mort du titulaire, M. Mondet fut nommé curé de cette paroisse par l'évêque de Bayeux. Depuis longtemps elle était privée de pasteurs zélés ; l'ignorance et les vices, qui en sont la suite, y avaient en partie prévalu. Pour y remédier, M. Mondet employa près de quinze années à expliquer d'une manière simple et méthodique les vérités du salut. Il ne se contentait pas de prêcher tous les dimanches la parole de Dieu, il pressait, il suppliait souvent ses paroissiens d'assister au catéchisme qu'il faisait avant vêpres. Pour les y attirer plus sûrement, il y faisait chanter les plus beaux cantiques que l'on connaissait alors. Un grand nombre de personnes, qui habitaient des villages éloignés, restaient à dîner en plein air, dans le voisinage de l'église, pour se trouver au commencement du catéchisme. A ces instructions familières, mais bien préparées, M. Mondet joignit de fréquentes visites dans sa paroisse, afin de ramener au bercail les brebis égarées. Souvent il réussit par ce moyen à gagner les cœurs les plus rebelles et à les attirer à Jésus-Christ. Le saint prêtre s'appliquait tout particulièrement à l'instruction de la jeunesse ; il céda même une partie de son jardin à la paroisse pour y construire une maison d'école, qui fut élevée presque entièrement à ses frais.

Ce bon pasteur, désirant procurer à ses paroissiens l'avantage d'une première messe, constitua sur le clergé une rente de soixante livres, qui, jointe aux obits et au casuel, qu'il céda en grande partie, permit à la paroisse de Saint-Jean d'avoir un vicaire. Il se chargea lui-même de lui fournir le logement et la nourriture, sans demander à la fabrique ou à la paroisse aucun dédommagement. Cependant la cure de Saint-Jean-des-Bois n'avait qu'un très-modique revenu. Mais l'esprit de pauvreté, qui animait le saint prêtre, lui faisait trouver des ressources pour toutes les bonnes œuvres. L'église de Saint-Jean était, à son arrivée, une des plus pauvres du canton ; en peu d'années elle devint une des plus belles, grâce à l'inépuisable générosité de son bon pasteur. Il fit rebâtir la sacristie et une des chapelles, transporter le clocher du milieu de la nef au bout de l'église, refondre les cloches dont on augmenta le poids, lambrisser et paver toute l'église, qui fut ornée d'une belle chaire, de bancs uniformes et de stalles dans le chœur. Il donna encore à son église un magnifique ostensoir, des statues pour le chœur, une bannière et des ornements de toutes les couleurs.

Sa charité pour les pauvres égalait son zèle pour la maison de Dieu. Il regardait tous les malheureux comme ses enfants, et les assistait avec tant de générosité qu'il aurait lui-même souvent manqué du nécessaire, s'il n'eût emprunté pour faire face aux besoins du moment. C'était surtout envers les pauvres malades qu'il se montrait prodigue. Il leur fournissait avec une tendresse vraiment paternelle les médicaments, la viande, le vin et le linge dont ils avaient besoin. Comme il avait acquis assez de connaissances de la médecine pour traiter les maladies ordinaires, il se servait de la science que Dieu lui avait donnée pour soulager ses bien-aimés pauvres. Lorsqu'il voyait des maladies plus difficiles à traiter, ou qu'il se défiait de ses lumières, il allait lui-même consulter un médecin, et, s'il était nécessaire, il le faisait venir à ses frais. Il redoublait de charité envers les malades qu'il voyait en danger de mort. Il leur administrait de bonne heure les sacrements et ne les quittait point lorsqu'ils étaient à l'extrémité. Il faisait un service pour chacun de ses paroissiens défunts, pauvres ou riches, et fournissait lui-même le luminaire pour les inhumations et les services, lorsque la famille du défunt n'avait pas le moyen de le faire.

« Pour obvier », dit son biographe, « à un inconvénient qui n'est que trop commun dans les campagnes, où plusieurs femmes enceintes ou en couches périssent souvent avec leur fruit, faute de secours, il eut grand soin de faire instruire des sages-femmes de leur devoir à cet égard, et, à défaut d'elles et de chirurgien, il eut le courage de faire l'opération césarienne à trois femmes, dont l'une était sur le point d'être portée en terre, et par là il procura le saint baptême à leurs enfants ».

Grâce au zèle de M. Mondet pour le salut des âmes et à son admirable charité, il parvint en peu d'années à renouveler sa paroisse. On vit alors ce que peut faire un seul homme animé véritablement de l'Esprit de Dieu. Les offices suivis avec beaucoup de régularité, les sacrements fréquentés chaque jour, surtout les dimanches et les fêtes, l'union, la modestie et la tempérance, régnant dans les familles, furent pour les habitants de Saint-Jean une source de bénédictions.

La dévotion envers la Mère de Dieu a toujours été regardée par les saints Pères comme un des moyens les plus assurés de persévérer dans la vertu. M. Mondet, qui en avait fait l'heureuse expérience, ne cessait d'exhorter ses paroissiens à se montrer pleins de vénération envers cette douce et toute-puissante Reine du ciel. Comme il y avait déjà dans sa paroisse une confrérie du Rosaire, il mit tout en œuvre pour la rendre florissante. Mais, ayant remarqué qu'il n'y avait guère que les personnes du sexe qui s'y fissent enrôler, il résolut d'établir pour les hommes une confrérie particulière. Il n'avait jamais perdu de vue l'édification que lui avait donnée pendant ses études la Congrégation de la sainte Vierge érigée à Vire. Il pensa qu'elle pourrait faire le même bien aux fidèles de sa paroisse, et, en 1787, le jour de la fête du Sacré-Cœur de Jésus, il proposa à ses paroissiens d'établir cette confrérie. Ils entrèrent pleinement dans ses vues, et le prièrent d'exécuter le plus tôt possible son pieux dessein. Le jour de la fête de saint Pierre et de saint Paul fut choisi pour l'établissement de cette Congrégation. Comme il tomba beaucoup d'eau la veille et le jour de cette fête, la cérémonie de l'érection fut retardée jusqu'après les vêpres.

On fit alors une procession solennelle, dans laquelle on porta en triomphe la statue de la sainte Vierge. A ses côtés étaient quatre petits étendards avec une grande bannière, marquée au chiffre de la Reine des Anges. La procession étant sortie de l'Eglise, une trentaine de pieux fidèles, qui aspiraient à l'honneur d'être congréganistes, et qui portaient chacun un cierge à la main, se placèrent à la suite de l'image de leur sainte patronne. Le clergé, précédé de la croix, venait ensuite ; les autres fidèles, accourus en grand nombre à cette belle cérémonie, marchaient à la suite de la bannière paroissiale ou du clergé. Tous les échos d'alentour retentissaient des louanges de la sainte Vierge, dont on chantait les litanies avec un saint enthousiasme. Lorsque la procession fut rentrée à l'église, M. Mondet, tout brûlant du feu de l'amour divin, monta en chaire, et exhorta ses paroissiens à aimer la sainte Vierge qui nous a donné Jésus, le véritable auteur de la vie, notre unique bonheur sur la terre, et notre unique gloire dans l'éternité. S'adressant ensuite aux congréganistes, il les félicita du noble dessein qu'ils avaient formé d'aimer Marie, et de lui donner une preuve spéciale de leur dévouement par leur fidélité à réciter son office et surtout par l'imitation de ses vertus. Il entonna ensuite le *Veni Creator*, et, lorsque cette belle invocation à l'Esprit-Saint fut terminée, les fidèles serviteurs de Marie, prosternés au pied du grand autel, prononcèrent leur acte de consécration à la sainte Vierge. Il fut suivi du *Te Deum* et de l'élection des officiers de la congrégation par la voie du scrutin. Pour mieux former les nouveaux congréganistes aux exercices qui leur étaient propres, M. Mondet, son vicaire et d'autres ecclésiastiques eurent soin de se trouver souvent parmi les confrères, de leur apprendre à prier, à méditer et à faire l'office d'une manière édifiante. On choisit pour la fête patronale de la congrégation l'Assomption de la sainte Vierge, et, ce jour-là chacun des confrères, après avoir fait la communion, renouvela son acte de consécration à la sainte Vierge. L'année suivante Mgr de Chaylus, évêque de Bayeux, étant venu à Tinchebray pour y donner la confirmation, approuva la nouvelle congrégation, érigée à Saint-Jean. Il permit aussi à M. Mondet d'exposer le Saint-Sacrement le jour de la fête patronale des Congréganistes et les jours de la Nativité de la sainte Vierge.

Dieu se plut à bénir les membres de cette pieuse congrégation, dont l'exemple fit beaucoup de bien dans la paroisse de Saint-Jean. Ils se réunissaient tous les dimanches, dès le matin, pour la prière et la méditation ; ils chantaient ensuite l'office de la sainte Vierge, auquel ils ajoutaient matines et laudes, les jours de fêtes solennelles de la sainte Vierge. Ils couronnaient ces pieux exercices en approchant de la sainte table à la grand'messe. M. Mondet était l'âme de cette fervente congrégation ; il la soutenait dans le chemin du bien par ses exhortations fréquentes, et lui donnait l'exemple de toutes les vertus.

Sa vie, en effet, était si pure, si mortifiée, si humble et si pleine de dévouement qu'il était impossible de n'en être pas touché. M. Chalmé, qui fut pendant plusieurs années témoin de la régularité admirable du serviteur de Dieu, nous fait le tableau suivant des principaux exercices auxquels il se livrait chaque jour.

« Voici », dit-il, « le règlement de vie que M. Mondet s'est fait dès son entrée dans le ministère. Sans entrer dans le détail des saintes aspirations qu'il produisait à son réveil, aussitôt qu'il était dûment vêtu, il allait à l'église, dans laquelle il n'entrait jamais qu'avec un saint tremblement, et là, entre le vestibule et l'autel, profondément anéanti aux pieds de Jésus-Christ, il faisait sa prière du matin, suivie de la lecture d'une assez longue méditation, et de sa préparation à la sainte messe, qu'il s'était obligé de dire de suite. Mais, comme chaque semaine il se présentait un grand nombre de personnes, qui venaient pour approcher du tribunal de la pénitence, il différait sa préparation à la sainte messe, jusqu'au moment où il allait célébrer, c'est-à-dire, un peu avant midi.

« Chaque jour il disait la messe avec une nouvelle ferveur, et en observant strictement les cérémonies, qu'il faisait avec tant de grâce et de majesté qu'il portait à l'édification. Sa foi toujours vive et agissante brillait dans toutes ses actions. Mais elle se faisait remarquer surtout aux approches de la consécration. C'était alors que pénétré du plus profond respect pour la présence de Jésus-Christ immolé sur l'autel, tout son corps entrait dans un tremblement visible, qui continuait jusqu'après la sainte communion. Il rendait ensuite en silence de ferventes actions de grâces à Dieu et ne quittait ordinairement l'église qu'après y avoir sonné l'*Angelus*.

« De retour au presbytère, il faisait la bénédiction de la table, et, après le repas, il récitait les grâces, telles qu'on les récitait au séminaire, dont il avait conservé les principaux usages. Sa table était frugale; les viandes les plus communes, les légumes et les fruits y étaient le plus de son goût. Rarement on y servait du vin, parce qu'il le réservait pour les malades. Sa conversation pendant le repas était gaie, intéressante et soutenue. Quand il n'avait pas de vicaire, ou d'autre ecclésiastique, avec lequel il pût converser, il instruisait les domestiques qui étaient à la maison.

« Après le repas, s'il n'avait point de malades à visiter, il allait prendre une honnête récréation dans son jardin; environ une heure après, il récitait ce qui lui restait de bréviaire, réservant Matines et Laudes pour le soir. Quelquefois même des affaires pressantes l'obligeaient de ne les réciter que bien avant dans la nuit. Avant la récitation de son office, il ne manquait jamais à se recueillir quelques instants, et, soit qu'il le récitât seul, soit qu'il le dît avec quelques autres, il prononçait distinctement et d'une manière édifiante.

« Lorsqu'il n'était pas obligé de sortir, il allait se renfermer dans sa bibliothèque... C'est là qu'au pied de son crucifix, il travaillait à des instructions familières, et composait des ouvrages, qui, en différents temps, eurent l'approbation de ses supérieurs, et qui ont été d'une grande utilité tant à ses confrères qu'à d'autres qui en ont fait usage. Sa bibliothèque faisait ses délices et le plus riche meuble qu'il eût au monde. D'ailleurs les livres y étaient bien choisis. Outre les meilleurs interprètes de l'Ecriture, on y trouvait les conciles, quelques ouvrages des Pères, différents théologiens et casuistes, les conférences d'Angers, l'histoire ecclésiastique de Fleury, dont il avait fait une étude particulière, quelques ouvrages de droit, de médecine et de littérature, dont il avait fait des extraits.

« Après une étude et des réflexions sérieuses, il allait se délasser auprès du très-saint Sacrement et de la sainte Vierge, et y faire de ferventes prières pour les besoins de la sainte Eglise et de l'Etat, pour ceux de sa paroisse, de ses amis et de ses ennemis, dont il ne cessait de demander la conversion.

« Le soir il soupait frugalement, et prenait sa récréation, comme après le dîner, dans son jardin, ou, s'il faisait mauvais, dans la maison, où il s'occupait de l'instruction des personnes qui étaient avec lui.

« Après avoir fait la prière publique du soir, suivie du chapelet et autres prières, déterminées suivant les nécessités de l'Eglise et du royaume, il se retirait en silence dans sa chambre, où il se couchait assez tard, quoiqu'il fût sujet à de fréquentes insomnies.

« Telle a été en général la vie exemplaire de ce digne curé. Indulgent envers les autres et dur à lui seul, il ne se flattait jamais. Ses mortifications et ses pénibles travaux, qui de temps en temps lui occasionnaient de longues insomnies, purent avancer ses jours... Outre les jours déterminés par l'Eglise, il jeûnait encore tous les vendredis et samedis, et les veilles des principales fêtes, ne prenant sur le soir qu'un très-petit morceau de pain. Pendant quelques Carêmes et Avents, il ne fit même point de collation, quoiqu'il fût continuellement au confessionnal, et qu'il se vît fréquemment attaqué par la maladie. Il en eut une pendant la dernière mission de Tinchebray, une autre assez dangereuse vers l'an 1787, à la suite de laquelle il eut, au-dessous des épaules, un dépôt qu'il fallut ouvrir. Il fut sujet à différentes fluxions, aux hémorrhoïdes... On peut dire même que toute la vie de M. Mondet fut une suite de traverses et d'infirmités... Instruit à l'école de l'adversité, il supportait tout avec patience et en esprit de pénitence; car il avait toujours présentes à l'esprit les années éternelles ».

Touchés des vertus admirables de ce bon pasteur, les ecclésiastiques du canton de Tinchebray lui témoignaient une grande vénération. Ses connaissances étaient si appréciées que, dans les conférences ecclésiastiques, on regardait son sentiment comme une décision. On lui adressait fréquemment des consultations sur le droit canonique et civil, et souvent ses supérieurs eux-mêmes firent de ses réponses la règle de leur conduite. Ses conseils étaient regardés par plusieurs de ses confrères comme des ordres émanés de Dieu, et, pour s'y conformer, on vit plusieurs curés du diocèse de Bayeux donner à leurs paroissiens des missions qui produisirent beaucoup de fruit... Parmi ces missions, on cite surtout celle de Tinchebray, au succès de laquelle M. Mondet contribua beaucoup par son assiduité au confessionnal.

Cet homme de Dieu travaillait avec ce zèle infatigable à la gloire de son bon Maître, lorsque la révolution vint répandre la terreur dans tous les diocèses de France. Le saint prêtre ne fut point surpris de cette nouvelle persécution : il connaissait la haine profonde que la secte infernale de Voltaire, et les sociétés secrètes portaient à la religion catholique, et il savait que depuis plusieurs années elles n'attendaient qu'une occasion de faire une guerre sanglante à l'Eglise de Dieu. Il adora humblement les desseins de la divine Providence, et, persuadé qu'elle tirerait sa gloire des outrages même de ses ennemis, il se prépara, comme un vaillant soldat de Jésus-Christ, à défendre au péril de sa vie les intérêts de son Maître.

Dès le commencement des Assemblées primaires, il adressa aux électeurs du canton de Tinchebray quelques *Observations* pour les prémunir contre le danger des doctrines insensées qui se répandaient jusqu'au fond des plus petites paroisses. Ces sages conseils ne furent point écoutés par tous les électeurs comme ils le méritaient : l'esprit de vertige commençait à s'emparer des populations. Bientôt les officiers publics de la commune de Saint-Jean vinrent demander au vénérable M. Mondet, de prêter le serment de fidélité à l'odieuse Constitution donnée par les impies au clergé. C'était à l'église, dans l'assemblée des fidèles, qu'on osait lui faire cette injure. Le saint prêtre ne se contenta pas de refuser ce serment. Il prouva d'une manière si évidente qu'il ne pouvait le prêter, sans trahir sa conscience et se séparer de l'Eglise catholique, que tous les fidèles de sa paroisse applaudirent à sa fermeté. Cependant le canton de Tinchebray ayant été réuni à *l'évêché constitutionnel de l'Orne* par un décret de l'Assemblée, l'évêque intrus nomma successivement quinze ou vingt prêtres schismatiques pour remplacer M. Mondet à Saint-Jean-des-Bois ; mais aucun n'osa prendre possession de sa cure, tant ses paroissiens lui témoignaient d'affection.

En 1791, quelques troubles éclatèrent dans la paroisse le jour de la fête patronale (le 24 juin). Les fidèles craignirent qu'on ne vînt à cette occasion leur enlever leur bon pasteur, et, pour prévenir le malheur qu'ils redoutaient, ils engagèrent le saint prêtre à se retirer à Mortain, chez un de ses amis. Il suivit leur conseil ; mais, comme il entrait dans cette ville, il fut arrêté par la sentinelle et conduit au corps-de-garde. Cette première épreuve fut de courte durée ; car, le lendemain matin, son ami s'empressa de venir le reconnaître. Il obtint qu'on le renvoyât à Saint-Jean-des-Bois, où le Directoire de Domfront le laissa exercer son ministère jusqu'à la fête de saint Louis. Ce jour-là, un détachement de la garde nationale de Tinchebray ayant fait sentinelle autour de l'église et du presbytère de Saint-Jean, arrêta M. Mondet au moment où il allait dire la messe et le conduisit en prison à Domfront. Là il rendit devant les juges révolutionnaires un témoignage public de sa foi, opéra plusieurs conversions parmi les personnes détenues en prison avec lui, et, après quelques jours de réclusion, il fut mis en liberté une seconde fois par ordre du Directoire.

Il revint aussitôt au milieu des fidèles de sa paroisse, qui le reçurent avec des transports de joie. Cependant les ennemis du saint prêtre ne cessèrent point de le poursuivre : calomnies, menaces, mauvais traitements, ils mirent tout en œuvre pour l'obliger d'abandonner son église à un intrus. Un des plus violents persécuteurs du serviteur de Dieu fut un nommé Gautier, qui se disait grand-vicaire de l'évêque constitutionnel de l'Orne. Secondé par Jean Legrand, de Mortain, et par la garde nationale de Tinchebray, il parvint, au commencement du mois de mars 1792, à chasser du presbytère de Saint-Jean le vénérable curé, qu'il appelait un faux prophète et un ennemi du peuple. M. Mondet, obligé de quitter sa maison, ne s'éloigna pas pour cela de son troupeau : il lui était trop cher pour l'abandonner à la rapacité de ces loups furieux. Il se cacha tantôt dans les maisons des pieux habitants de Saint-Jean, tantôt dans les forêts, où sa santé et même sa vie furent souvent exposées. Mais, loin de s'affliger de ses souffrances, il surabondait de joie en voyant qu'elles le rendaient plus conforme à Jésus-Christ persécuté par les Juifs et traité lui-même de séducteur. Il visitait assidûment tous les malades de sa paroisse, et continuait de rester auprès d'eux des journées entières, lorsqu'il les voyait à l'extrémité.

Au commencement de 1793, ne pouvant plus se soutenir lui-même à cause de ses nombreuses infirmités, il résolut de se retirer à Vire, chez un de ses amis intimes, nommé Chalmé. Mais, avant de quitter sa paroisse, il eut soin de lui procurer un prêtre fidèle à l'Eglise catholique pour la desservir pendant son absence. Il était depuis onze mois réfugié à Vire, lorsqu'il fut découvert par les persécuteurs (24 décembre 1793). Il fut aussitôt chargé de chaînes, ainsi que l'homme charitable qui lui donnait asile, conduit à la prison de Caen, et enfermé dans un souterrain, dont l'humidité et le mauvais air lui firent perdre l'œil droit.

Quelques jours après son arrivée à Caen, on le tira tout

glacé de la prison pour lui faire subir un premier interrogatoire. Il y répondit avec toute la fermeté d'un martyr des premiers siècles. La vue de ce vieillard vénérable, accablé sous le poids des infirmités, et cependant si ferme dans la confession de la foi catholique, attendrit le président du tribunal révolutionnaire. Il ordonna de le déposer dans une cellule moins glaciale et se hâta d'instruire son procès. Le 15 février 1794, M. Mondet comparut de nouveau devant ses juges, qui le condamnèrent, comme prêtre insermenté et sexagénaire, à la réclusion dans l'ancien couvent des Carmes.

Pour M. Chalmé, son fidèle compagnon de souffrances, il fut mis en liberté, mais il demeura six semaines à Caen pour procurer à son ami tous les secours qui furent en son pouvoir. Le président du tribunal lui-même, touché de la foi admirable du saint prêtre, vint le visiter plusieurs fois dans sa prison. M. Mondet gagna tellement sa confiance qu'il le détermina à se démettre de sa charge, ce qu'il fit peu de temps après, et, pour témoigner sa reconnaissance à l'homme de Dieu, il pourvut secrètement à tous ses besoins pendant sa réclusion.

M. Mondet était si vénéré de ses confrères, détenus pour la cause de Jésus-Christ dans la maison des Carmes, « qu'ils se faisaient un devoir », dit son biographe, « de le consulter en tout. De son côté il était très-attaché à eux, et ce ne fut qu'à regret qu'il les quitta, après un séjour de onze mois dans cette prison, pour retourner à Vire, où il fut accueilli et fêté de tous les honnêtes gens. Ses paroissiens n'eurent pas plus tôt appris son élargissement, qu'impatients de posséder leur bon pasteur, ils allèrent à Vire pour le prier de ne pas les abandonner, et le ramenèrent en triomphe à Saint-Jean, vers la fin de février 1795 ».

Il y exerça avec prudence et sans éclat les pénibles fonctions du ministère, et, malgré les menées de quelques ennemis secrets, qui ne pouvaient s'empêcher de l'estimer, il travailla constamment à l'œuvre de Dieu. Plusieurs fois il tomba entre les mains de la colonne mobile de Domfront, qui poursuivait les prêtres avec acharnement. Mais, comme il était connu et vénéré de tous à cause de son inépuisable charité, ces hommes, sans pitié pour les autres prêtres, sentaient leur férocité naturelle s'adoucir à la vue de ce bon vieillard. Les armes leur tombaient des mains, et ils se contentaient de le conduire devant le juge de paix de Tinchebray, qui, sachant bien qu'il n'était pas un ennemi de la patrie, ordonnait de le mettre en liberté.

Cependant cette persécution continuelle épuisait les forces du saint prêtre. Il tomba malade d'une strangurie vers le 22 juin 1798, et pendant treize jours il fut en proie aux douleurs les plus vives. Néanmoins rien ne fut capable d'altérer la tranquillité de son âme et la sérénité de son visage. Il supporta avec un courage héroïque les opérations les plus difficiles et les plus humiliantes, que d'habiles médecins crurent devoir lui faire pour son soulagement.

Le jour de la fête de Saint-Jean, il demanda la sainte communion, et, s'apercevant que les fidèles, qui avaient accompagné le Saint-Sacrement, fondaient en larmes à la pensée de sa mort prochaine, il sentit son âme attendrie : « Seigneur », dit-il à l'exemple de saint Martin, « si je suis encore utile à votre peuple, je ne refuse pas le travail. Avant tout, que votre sainte volonté soit faite ». On l'entendait souvent prononcer ces paroles : « O mon Dieu et mon Père ! ne m'abandonnez pas. O Marie, ô ma bonne Mère ! priez pour moi. Mon bon ange gardien, mon saint patron, priez pour moi, maintenant et à l'heure de ma mort ».

Quelques jours après, comme sa maladie s'aggravait, il reçut de nouveau le gage de la vie éternelle avec le sacrement de l'Extrême-Onction, et l'indulgence plénière *in articulo mortis*. La nuit du jeudi 5 juillet, il entra dans une paisible agonie de quelques heures. L'intrépide confesseur de la foi, ne pouvant plus parler, montrait, au moins par le mouvement de ses lèvres, que son âme, unie à Dieu par la prière, ne recherchait d'autre bien que Jésus-Christ, l'unique trésor de sa vie et sa récompense pour l'éternité. Vers quatre heures du matin, il expira doucement entre les bras du Dieu de bonté infinie qu'il appelait de tous ses vœux.

L'année précédente, le jour de la Présentation de la sainte Vierge, le saint prêtre avait fait son testament par lequel il donnait les deux tiers de ses meubles aux pauvres et l'autre tiers à sa famille.

Les longues formalités, observées après le décès de M. Mondet, donnèrent à tous ses paroissiens le temps de venir prier auprès de son lit mortuaire, et de considérer une dernière fois les traits de leur père spirituel.

« Ils remarquèrent », dit son biographe, « que sa bouche, qui, depuis environ trois heures, était restée ouverte, se ferma d'elle-même, que son corps et son visage, tout décharnés et livides, devinrent blancs, francs et à peu près semblables au visage d'une personne de trente ans, qui aurait reposé. Il fut enterré dans son cimetière, le 6 juillet 1798, la face tournée vers la grande croix. Il était bien conformé et d'un tempérament vif, fort et nerveux; sa taille était au-dessus de cinq pieds, mais un peu voûtée, sa tête médiocre, son visage blême, décharné et oblong, ses yeux bleuâtres étaient un peu cernés et rouges; sa vue était très-faible, depuis qu'il avait perdu l'œil droit dans les cachots. Il avait le nez un peu allongé, rétréci et usant de tabac à cause de ses infirmités, la bouche bien fendue, les dents belles, la voix forte et sonore, la barbe et les cheveux roussâtres, mêlés de gris, le haut de la tête dépeladé et le reste des cheveux recourbés en dessous ».

La paroisse de Saint-Jean-des-Bois et tout le canton de Tinchebray, qui furent évangélisés par M. Mondet, conservent précieusement le souvenir de cet homme apostolique. On trouve dans plusieurs presbytères et même dans les maisons des fidèles sa vie écrite par M. Chalmé. On peut dire qu'après sa mort il prêche encore l'amour de Dieu et du prochain, la charité pour les pauvres, la mortification des sens et la dévotion à la sainte Vierge, qui firent comme le fond de son admirable vie.

VI.

L'année suivante, Dieu appela à lui un autre confesseur de la foi, M. Pierre-Charles-Jacques Crosnier, célèbre dans tout ce diocèse pour son zèle apostolique et son admirable charité. Il était curé de Notre-Dame-de-la-Place de Séez, depuis neuf ans, lorsqu'arriva la révolution. Expulsé de son presbytère à cause de sa fidélité à la foi catholique, il se retira chez quelques personnes de sa paroisse, qui consentaient à lui donner l'hospitalité. Au mois d'août 1792, ne trouvant plus où reposer sa tête à cause de la violence de la persécution, il se vit obligé de partir pour l'exil. Comme il sortait de la ville de Séez, il fut insulté en face de l'hospice et poursuivi à coups de pierres par une troupe de sans-culottes qui l'avaient reconnu.

On ne saurait dire tout ce qu'il eut à souffrir pendant son voyage et pendant les premiers mois de son exil en Angleterre. En 1794, il passa en Allemagne, à la suite de Mgr d'Argentré, et se retira dans la ville d'Erfurt.

Comme ses ressources pécuniaires étaient depuis longtemps épuisées, le besoin ou plutôt la charité pour un grand nombre de ses compatriotes aussi pauvres que lui, le porta à leur ouvrir une maison de refuge, où il s'établit lui-même le *traiteur* de leur noble infortune. L'abbé Marre, dans ses *Mémoires*, nous fait le portrait suivant du maître d'hôtel et de ses habitués.

« J'allais », dit-il, « à l'un de mes sept dîners alternatifs (1). Venait à moi un homme tout blanc par devant et tout noir par derrière. Il portait sur chaque bras deux paniers pleins. Quel pouvait

(1) Sept familles chrétiennes le recevaient alternativement chaque semaine.

être cet homme?... C'était l'abbé Crosnier, un des curés de la ville de Séez. Il portait un tablier de toile à bavette, qui lui pendait du menton et lui descendait à mi-jambes. Nous nous regardâmes un instant et la connaissance se renouvela entre nous. Dans un de ses paniers, légumes, cresson, persil, choux, carottes, poireaux, etc., dans l'autre panier des pains blancs.

« Que voulez-vous faire de tout cela, Monsieur le curé?

— « Mon ami, c'est pour notre dîner.

— « Vous êtes donc bien du monde.

— « Tantôt nous sommes une trentaine, tantôt plus, tantôt moins, cela dépend... Mon ami, je suis traiteur... tenez, là-bas, voyez-vous une maison? Vous viendrez me voir.

« Dès le lendemain, j'allai pour le voir; il était aux provisions. L'une des dames écumait un grand pot de terre, l'autre frottait des carottes. Elles me dirent qu'elles tenaient table ouverte, moyennant trois bons gros (environ dix sous).

— « Ce n'est pas cher.

— « Tout ici est à bon compte. Nous n'y gagnons pas, mais nous vivons.

« Je vois pour siéges des carreaux de sapin sur des trétaux, pour tables des carreaux de sapin sur des trétaux.

— « Où est le linge, où est la vaisselle?

— « On s'en passe.

« Je supposais que je ne trouverais chez monsieur le curé traiteur que des ecclésiastiques. Point du tout. Les deux tiers et plus se composaient de dames et de messieurs qui soutenaient leur misère avec patience, grandeur et dignité. Comtes, barons, marquis et leurs épouses, à une table nue, plus mal servie que ne l'avait été celle de leurs manœuvres, ne se plaignaient pas. Ils tiraient au même plat et mangeaient sans répugnance ».

En 1796, apprenant que la persécution devenait moins violente, M. Crosnier revint à Séez afin de réunir, s'il était possible, son troupeau dispersé (1). Malgré les souffrances de tout genre qu'il eut à endurer, malgré les dangers conti-

(1) Il était accompagné de M. Jean-Louis-Nicolas Maillard, ancien vicaire de Saint-Gervais de Séez, qui devint plus tard doyen du chapitre.

nuels qui le menaçaient, il resta au milieu de sa paroisse. Il se cachait quelquefois dans les maisons des fidèles ; mais le plus souvent dans les granges et les étables. Plusieurs fois même il dut passer la nuit dans les champs, exposé aux injures de l'air. Epuisé de fatigues, il tomba malade vers la fin de l'année 1799, et mourut saintement chez M. Monnet, ancien capitaine de cavalerie.

L'évêque constitutionnel de l'Orne, ayant eu connaissance de son décès, se rendit chez M. Monnet, et lui fit défense d'inhumer cet ecclésiastique réfractaire, avant d'avoir accompli les formalités prescrites par les lois. Le capitaine de cavalerie méprisa les menaces de l'intrus, à qui il répondit qu'il n'avait aucun droit sur les personnes qui pouvaient loger chez lui. L'inhumation de M. Crosnier fut faite le soir même par deux ecclésiastiques insermentés, cachés dans la ville de Séez : M. Maillard, qui fut depuis doyen du Chapitre, et M. Lafontaine, curé de Neauphe-près-Séez.

Nous ne pouvons mieux terminer les actes de nos martyrs qu'en rappelant ici les paroles adressées par l'Apôtre saint Paul aux chrétiens de tous les siècles. « Voyez, dit-il, ces saints personnages, à qui l'Ecriture rend un témoignage si avantageux à cause de leur foi... Les uns ont souffert les insultes, les fouets, les chaînes et les prisons. D'autres ont été lapidés, ils ont été sciés, ils ont été éprouvés de toute manière. Ceux-ci sont morts sous le tranchant du glaive ; ceux-là étaient vagabonds, dénués de tout, affligés et persécutés. Eux dont le monde n'était pas digne, ils étaient obligés d'errer dans les solitudes et sur les montagnes, de se retirer dans les antres et les cavernes de la terre. Ayant donc au-dessus de nos têtes une si grande nuée de témoins, jetons loin de nous toute espèce de fardeau, et, à leur exemple, courons par la patience à la récompense qui nous est proposée. Jetons surtout les yeux sur Jésus, l'auteur et le consommateur de notre foi, qui, en vue du bonheur éternel qui lui était proposé, a souffert la croix, compté pour rien les opprobres, et qui maintenant est assis à la droite de Dieu. N'oublions jamais les paroles consolantes qu'il nous adresse comme à ses enfants : « Mon fils, profitez des châtiments que le Seigneur vous envoie, et ne vous laissez point abattre lorsqu'il vous afflige ; car le Seigneur châtie ceux qu'il aime et il éprouve tous ceux qu'il choisit pour ses enfants. Ici-bas il semble dur de passer par ces épreuves, mais plus tard elles font goûter les joies les plus délicieuses à ceux qui savent les supporter. Relevez donc vos bras languissants et ranimez votre course vers le ciel. (Hebr.)

SUPPLÉMENT

Pour rendre ce petit ouvrage moins imparfait, nous donnerons ici quelques détails historiques sur plusieurs confesseurs de la foi, qui ont partagé les souffrances de nos martyrs, et qui n'ont été préservés de la mort que par un dessein particulier de la divine Providence. Nous espérons qu'on lira encore avec quelque intérêt ce que la tradition nous a conservé sur la vie et la mort de ces fidèles serviteurs de Dieu.

I.

PRÊTRES DÉPORTÉS A RAMBOUILLET.

1. M. Michel-Charles Magne naquit à Alençon, en 1752. Ordonné prêtre à l'âge de vingt-cinq ans, il se livra avec beaucoup d'ardeur aux fonctions du saint ministère dans la paroisse de Nocé. De graves intérêts de famille, dont nous ne connaissons pas bien la nature, l'obligèrent de revenir à Alençon vers l'année 1778. Il continua de s'y livrer au saint ministère, quoiqu'il n'eût pas d'autre titre que celui de prêtre habitué. On assure qu'il ne voulut pas en recevoir d'autre, afin de se dévouer plus librement au soulagement spirituel et corporel des pauvres, qu'il aimait comme ses enfants. Une de ses plus douces occupations était d'aller chaque jour les visiter, leur distribuer tous les secours qui étaient en son pouvoir, et les engager à sanctifier leurs peines par la patience.

Ce saint prêtre était trop détaché du monde pour prêter l'oreille aux promesses des ennemis de l'Eglise. Il refusa donc le serment constitutionnel et même celui de liberté-égalité, prescrit par la loi du 15 août 1792. Poussant plus loin la fidélité à l'Eglise, il brava tous les décrets de déportation, et resta au milieu de ses pauvres pour leur administrer les sacrements. Comme il ne refusait d'assister à la mort aucune des personnes qui réclamaient son ministère, il tomba bientôt aux mains des satellites révolutionnaires. Le 23 octobre 1793, il fut condamné à la déportation pour avoir refusé de prêter le serment prescrit par la loi du 15 août 1792. Il était encore dans la prison de Sainte-Claire, lorsque la nouvelle de l'arrivée prochaine des Vendéens se répandit dans la ville d'Alençon. Par ordre des persécuteurs, il fut alors transféré à Chartres, et un mois plus tard à Rambouillet. Une maladie qu'il avait contractée dans les prisons de la république l'ayant empêché de partir pour Rochefort avec les autres prêtres condamnés à la déportation à la Guyane, il fut reconduit à Rambouillet où il se livra sans réserve au service des confesseurs de la foi atteints par le fléau de la dyssenterie. Il devint l'infirmier et l'ange consolateur de ces infortunés. Jour et nuit il était près d'eux pour leur donner des secours. Dieu, qui est le maître de la vie et de la mort, ne permit point qu'il succombât à tant de fatigues et de dévouement.

M. Magne revint à Alençon au mois de mars 1795. Il continua d'y travailler sans bruit au bien spirituel et temporel des pauvres, jusqu'au mois de septembre 1797. A cette époque, se voyant persécuté de nouveau, parce que sa conscience l'empêchait de faire le serment *de haine à la royauté*, il déclara qu'il était prêt à se retirer en Suisse. C'est ce que nous apprend une *note* conservée à la préfecture, relative aux prêtres insoumis, connus dans le canton d'Alençon *intra muros*.

« Magne (Michel), ex-prêtre, fanatique, dangereux à la tranquillité de ces contrées, corrompant l'esprit public et l'amour du gouvernement républicain par tous les moyens possibles, ayant obéi à la loi du 19 fructidor an V, a déclaré se retirer en Suisse ».

Après la révolution, M. Magne rentra en France, et fut nommé chapelain de l'hospice d'Alençon. Plusieurs vieillards parlent encore avec admiration de la vie humble, pauvre et pleine d'édification qu'il menait dans cet asile de la souffrance.

L'hospice d'Alençon était ordinairement rempli de militaires blessés ou atteints de maladies contagieuses occasionnées par les guerres du premier empire. Plusieurs fois le saint prêtre exposa ses jours avec le plus entier dévouement pour soigner ces infortunés. En 1814, l'hospice renfermait jusqu'à neuf cents militaires, et chaque jour il en mourait dix, vingt et même trente, emportés par le typhus. Au milieu de cette affreuse contagion, M. Magne sembla redoubler de courage. Il prodigua de jour et de nuit ses soins paternels à ces malheureux, jusqu'au moment où atteint lui-même du typhus il mourut victime de son admirable dévouement. Martyr de la foi et de la charité, il dut se présenter avec une grande confiance devant Celui qui a dit : « Quiconque donnera à l'un de ces petits un verre d'eau froide pour l'amour de moi, ne perdra pas sa récompense (1) ».

2. M. François Chalaux, curé de la Ferté-Macé, était un ecclésiastique rempli de piété, de science et de modestie. En 1789, ayant été invité à exprimer ses vœux par rapport aux réformes à faire dans l'administration civile, il envoya aux états généraux le *cahier* suivant :

« *Demandes de M. François Chalaux, curé de la Ferté-Macé, diocèse*
« *du Mans, généralité d'Alençon, élection de Falaise, et subdéléga-*
« *tion de la Ferté-Macé.*

« Je demande que les prérogatives, priviléges, et propriétés
« des deux premiers ordres leur soient conservés ; qu'ils ne
« soient pas imposés à la discrétion du tiers-ordre, sans que
« pour cela ils soient dispensés de payer autant que le tiers pour
« l'acquit des dettes nationales et les autres charges de l'Etat.

« Que les décimes et don gratuit soient perçus gratuitement ;
« que la chambre ecclésiastique soit composée d'un nombre
« de curés égal à celui des autres bénéficiers.

« Que les charges de judicature, tant des cours souveraines
« que des bailliages royaux, ne soient plus vénales, et qu'on
« rembourse le prix des offices à proportion que les titulaires
« décéderont.

« Que les successeurs des officiers décédés ou qui demande-

---

(1) Matth., x, 42.

« raient leur retraite soient élus par les trois ordres, et pris
« dans le corps des avocats les plus célèbres par leurs capacités,
« expérience, probité et impartialité, et dont la moitié soit pris
« dans le tiers.

« Que les tribunaux d'exception soient supprimés et rembour-
« sés au plus tôt, à proportion de leur centième denier, n'y
« ayant déjà que trop de privilégiés et nombre de gentils-
« hommes créés au préjudice du peuple.

« Qu'aucun ne puisse prétendre à la noblesse que par des
« services rendus au roi dans ses armées, ou pour avoir beau-
« coup mérité de la patrie par d'autres talents.

« Que le seigneur roi soit supplié de révoquer sa déclaration
« par laquelle il exclut le tiers-état des grades militaires, cela
« étant capable d'éteindre l'émulation et le courage du soldat
« et de priver la patrie de leurs talents.

« Que les gabelles soient supprimées comme l'impôt le plus
« accablant pour le tiers ; que le sel soit marchand, ce qui pro-
« curera un commerce très-considérable tant dans l'intérieur
« que l'extérieur du royaume.

« Que pour remplacer cet impôt et subvenir au *déficit*, on
« mette des taxes considérables sur tous les objets de faste et de
« luxe, tels que : les étoffes de soie, d'or et d'argent, les voi-
« tures, la trop grande quantité de chevaux et de chiens, le
« nombre prodigieux de laquais relativement à la dignité des
« personnes, cela étant aussi ruineux pour les grandes maisons
« que pour la population.

« Que dans chaque paroisse on établisse des bureaux de cha-
« rité pour subvenir aux malheureux, supprimer la mendicité.

« Que l'on ouvre dans le royaume des grandes routes partout
« où elles seront utiles, que l'on consulte sur leur utilité surtout
« le tiers-état, les principaux marchands des bourgs et villes, et
« principalement dans les endroits où il y a des manufactures
« pour en faciliter l'exploitation.

« Que les ingénieurs soient tenus de prêter serment de ne
« s'occuper que du plus grand avantage du public en traçant les
« routes, sans aucune acception de personne, les seigneurs
« n'ayant souvent d'autres vues que l'agrément de leurs châ-
« teaux.

« Qu'aux Etats-Généraux, on aille aux opinions par ordre et
« non par tête.

« Que tous les ans on fasse une chasse aux bêtes fauves pour
« en diminuer le nombre dans les forêts qui ne servent point
« au plaisir du roi ou des princes du sang, et qu'en outre il soit
« permis au particulier de les tuer dans leur grain.

« A la Ferté, ce 12 mars 1789.

« F. Chalaux, curé de la Ferté-Macé ».

Ayant refusé le serment constitutionnel, M. Chalaux fut arrêté pour ce motif, en 1792, et conduit à la prison d'Alençon. Le 28 octobre 1793, le Conseil général du département donna l'ordre de transférer M. Chalaux et ses compagnons d'infortune dans la prison de Chartres. Quelques jours après, on les fit partir pour Rambouillet, où pendant seize mois ils souffrirent cruellement de la faim, de la nudité, de la maladie, et des insultes continuelles de leurs gardiens.

Rendu à la liberté au mois de mars 1795, il revint avec joie dans sa paroisse. Il y fut reçu comme en triomphe par son troupeau, pour lequel il n'avait pas craint d'exposer sa vie. Il s'appliqua à mériter de plus en plus son respect par sa fidélité à travailler au salut des âmes confiées à sa sollicitude. Comme il ne voulut faire aucune des soumissions exigées par la révolution, il fut poursuivi de nouveau (1) en 1796. On trouve sur les régistres d'écrou de la prison de Bicêtre, à Alençon, le nom de ce vénérable confesseur de la foi avec la note suivante : « François Chalaux, ex-prêtre de la Ferté-Macé, soixante-huit ans, 26 ventôse an VI (16 mars 1798) ». Le Directoire exécutif condamna

(1) Ce fut vers cette époque que mourut Legallois, curé constitutionnel de la Ferté-Macé. « Apprenant l'arrivée des chouans à la Saulaie, il prit son broquet et marcha contre eux avec les bleus, conduits, je crois, par M. C... « Quand je n'en « diguerais qu'un », disait-il. A la première décharge, il tomba mort d'un coup de fusil. La tête de Legallois, coupée et promenée dans les rues, fut ensuite, pendant trois heures, piquée, dans le Champ-des-Bûches, sur un bâton ; enfin elle fut bouillie, rue Palluel, dans le chaudron de la femme Bidard, couturière, qui disparut le lendemain. Les chouans entrèrent à la Ferté, et incendièrent la maison de Saint-Denis, appartenant à M. Lemeunier de la Gérardière, « parce que », disaient-ils, « il avait voté la mort de Louis XVI ». *Mémoire sur l'histoire ecclésiastique de la Ferté-Macé, pendant la Révolution.*

M. Chalaux à la déportation à l'île de Ré. Mais l'administration centrale du département de l'Orne « considérant qu'il était plus que sexagénaire et hors d'état d'être déporté, sans que l'humanité n'en fût blessée, arrêta qu'il resterait reclus dans le lieu où il était actuellement, jusqu'à ce qu'il en fût autrement ordonné (26 floréal an VI, 15 mai 1798) ».

Le 3 messidor an VI, le Directoire de l'Orne rendit l'arrêté suivant :

« Vu les renseignements donnés par l'administration du can-
« ton de la Ferté-Macé, en réponse à notre lettre du 9 floréal
« dernier, qui fut écrite sur la demande du citoyen Labarre,
« de la même commune, aux fins d'obtenir la liberté du nom-
« mé Chalaux, ex-curé de ladite commune, et d'être autorisé
« à le prendre sous sa garde, et sous la surveillance de l'admi-
« nistration de la Ferté-Macé » ;

« Considérant qu'il résulte des renseignements donnés par
« l'administration du canton de la Ferté-Macé, que le nommé
« Chalaux a dans tous les temps prêché une morale douce, que
« sa conduite a été celle d'un homme ami de la paix, et qu'en-
« fin il n'y a pas lieu de le considérer comme dangereux » ;

« Considérant que, s'il est du devoir de l'administration d'em-
« pêcher les ennemis du gouvernement de lui nuire, il est aussi
« de son humanité d'accorder du soulagement à un vieillard
« qui d'ailleurs n'a donné aucun sujet de plaintes contre lui » ;

« L'administration du département de l'Orne, ouï le commis-
« saire du Directoire exécutif, arrête que le nommé Chalaux,
« ex-curé de la Ferté-Macé, va être mis sur-le-champ en liberté,
« et confié au citoyen Labarre, qui le gardera chez lui, sous la
« surveillance de l'administration municipale de la Ferté-
« Macé ».

« Signé : Josselle, Levé, Delestang, Deshayes, Vengeon. Vu : Dupré ».

Délivré une seconde fois de la captivité, ce zélé pasteur ne cessa de supplier le Seigneur de jeter sur la France un regard de miséricorde, afin de la sauver de l'anarchie, et de lui rendre, avec la paix, le libre exercice de la vraie religion. Ses prières, qui montaient chaque jour vers le trône de Dieu, comme un agréable encens, furent exaucées à la fin de 1799. Quelle joie ce fut alors pour ce bon pasteur de voir les fidèles accourir comme aux anciens jours aux solennités de la religion, quel bonheur de leur distribuer de nouveau le pain de la parole de Dieu et de les faire asseoir au banquet céleste !

On voit sur un registre de l'évêché quelle vénération inspiraient à tous les prêtres du diocèse de Séez les vertus de ce fidèle serviteur de Dieu. On fait son éloge dans les termes suivants : « François Chalaux, âgé de 75 ans, insassermenté, et en conséquence incarcéré en divers lieux ; très-bon ecclésiastique, instruit, pieux, désintéressé, charitable, doux, pacifique, d'une saine morale, hors d'état d'instruire en public par défaut d'organe, très-aimé dans sa paroisse, où il a mérité et obtenu en tous les temps par sa bonne conduite l'estime générale, au point qu'on ne lui a pas connu d'ennemis, même pendant la révolution. Les instructions et catéchismes se font à la Ferté-Macé régulièrement, et les soins véritablement religieux et sages, avec lesquels cette paroisse est desservie, sont cause que les sacrements y sont bien fréquentés ».

Quoique épuisé de forces par les souffrances de sa double captivité, le bon pasteur exerça le ministère jusqu'à la fin de sa vie. Il eût craint de cesser un instant de travailler à la gloire de Dieu selon la mesure de ses forces. Le 8 novembre 1817, il alla recevoir au ciel la récompense promise aux fidèles serviteurs de Jésus-Christ.

II.

PRÊTRES DÉPORTÉS A ROCHEFORT.

1. M. l'abbé Prod'homme, de Séez, fut ordonné prêtre vers 1780, et sa science, jointe à la piété, le fit choisir pour précepteur de M. Dufriche des Genettes, qui devait fonder un jour l'Archiconfrérie de Notre-Dame-des-Victoires, et qui est mort à Paris en odeur de sainteté. Il sut inspirer à son élève une telle ardeur pour l'étude, qu'à l'âge de sept ans il était capable de suivre le cours de cinquième au collège ecclésiastique de Séez

(1785). Placé à la tête de sa classe dès la première composition, il se maintint toujours aux premiers rangs.

M. Prod'homme, qui appartenait à une famille riche et considérée, continua d'habiter à Séez jusqu'à la révolution. A cette époque, ayant refusé tous les serments prescrits par les tyrans révolutionnaires, il fut obligé de chercher un asile hors de sa famille. Quelques mois après il se vit arrêté à cause de sa fidélité au Saint-Siége, et condamné à la déportation. Sa piété profonde soutint son énergie naturelle au milieu des tortures auxquelles étaient soumis les confesseurs de la foi. La piété lui donna encore des forces, lorsque les maladies épidémiques se déclarèrent à bord du *Washington*. Il fut du nombre des prêtres qui se dévouèrent avec le plus d'ardeur au soulagement de leurs confrères. Après les avoir assistés avec une bonté angélique jusqu'à leur dernier soupir, M. Prod'homme se chargeait encore de leur donner la sépulture.

M. Labiche, dans sa *relation de ce qu'ont souffert pour la religion les prêtres détenus à bord des Deux-Associés et du Washington,* parle en ces termes des prêtres qui avaient le courage de rendre à leurs confrères défunts les derniers devoirs : « Parvenus à
« l'île d'Aix, les prêtres députés étaient obligés d'aller, quelque
« temps qu'il fît, à travers des sables mouvants, à la distance
« de plus d'un quart de lieue, portant le corps de leur con-
« frère sur une civière, à moins qu'il ne se trouvât quelque
« paysan charitable qui leur prêtât une brouette pour le voi-
« turer. Il creusaient eux-mêmes une fosse très-profonde, et y
« déposaient, sans aucun signe extérieur de religion (1), ces
« tristes dépouilles des généreux confesseurs de la foi... »

M. Labiche ajoute en note : « On n'exigeait pas seulement
« que nous inhumassions nos confrères : on nous fit une fois
« porter en terre le cadavre, tombant par lambeaux, d'un garde
« national, que la mer avait rejeté sur la côte, et dont per-
« sonne ne pouvait supporter l'infection. Il est vrai qu'on nous
« en pria honnêtement, car le peuple le désirait avec ardeur, et
« il disait ouvertement « qu'il n'y avait que les prêtres déportés
« qui pussent avoir assez de charité pour l'entreprendre. Mais

---

(1) Les prêtres députés pour cet office étaient escortés par la garde nationale.

« les prières que fait un officier public en écharpe, à de pauvres
« prêtres captifs, peuvent aisément passer pour des ordres. Il
« est vrai encore que les habitants de l'île comblèrent de remer-
« ciements et de bénédictions MM. Guibert, de Limoges, et
« Prod'homme, de Séez, qui eurent seuls le courage de se prê-
« ter à cette œuvre de charité ; mais elle n'en fut pas moins
« dégoûtante et moins pénible ; elle n'en eut pas pour eux des
« suites moins fâcheuses. Ils tombèrent, en effet, malades dès le
« lendemain, l'un et l'autre ; et ce fut sans doute par un mi-
« racle de la Providence qui voulait récompenser leur généreux
« dévouement, qu'ils réchappèrent des portes de la mort, aux-
« quelles les conduisit cette maladie ».

M. Prod'homme survécut à cette terrible épreuve de la déportation à Rochefort. Rendu à la liberté vers la fin de février
1795, il revint dans sa famille où il travailla quelque temps au
salut des âmes. Lorsque la persécution recommença il parvint
à se dérober pour cette fois aux recherches des satellites révolutionnaires. Ce pieux confesseur de la foi mourut peu de temps
après le rétablissement de la paix religieuse.

2. M. Pierre-Guillaume-François Anceaume, né à Rânes, en
1744, était curé de Saint-Georges-d'Annebec, lorsque l'impiété
voltairienne se déchaîna contre l'Eglise de Dieu. Il refusa tous
les serments qu'on lui demandait pour le laisser en possession
de son bénéfice, et se vit bientôt remplacé par un intrus. Poursuivi de maison en maison par les ennemis de l'Eglise, il se retira, dans la ville d'Alençon, chez la pieuse Catherine Vannier.
Il y fut arrêté, le 20 octobre 1793, conduit à Bicêtre, et quelques
jours après déporté à Rambouillet. Le tribunal révolutionnaire
d'Alençon le fit ramener dans la prison de cette ville vers la fin
de mars 1794, et, le 2 avril, le fidèle ministre du Seigneur
comparaissait devant Joseph Provost, président du tribunal révolutionnaire.

« Quels sont tes noms, citoyen », lui dit le magistrat ré-
« publicain, « quel est ton âge, ta profession et ta de-
« meure ? »

« Je m'appelle Pierre-Guillaume-François-Anceaume. Je suis
« âgé d'environ quarante-neuf ans, curé de Saint-Georges-d'An-
« nebec, district d'Argentan ».

« Y a-t-il longtemps que tu as quitté ton bénéfice, et pour
« quelle raison ? »

« Je l'ai quitté à l'époque de la promulgation de la loi cons-
« titutionnelle du clergé, parce que je ne voulus pas prêter le
« serment qu'elle ordonne ».

« Puisque tu n'as pas voulu te conformer aux dispositions de
« cette loi, t'es-tu conformé du moins à celle qui ordonne aux
« prêtres fonctionnaires insermentés de se déporter, et d'en
« passer déclaration à la municipalité ? »

« Mon intention était de me conformer à cette loi et de re-
« joindre mon frère, prêtre aussi insermenté, qui venait de
« partir pour se déporter (1). A cette fin, je vins passer ma dé-
« claration et me faire inscrire au district. Mais en sortant, je
« fus assailli à diverses reprises par un citoyen de cette ville,
« qui m'aurait fait périr sans quelques braves volontaires, qui
« me secoururent. J'allai promptement chercher un asile, et ce
« fut le lendemain de cette scène qu'un Capucin mourut sous
« les coups des malveillants. J'appris en outre que trois ou
« quatre prêtres venaient d'être assassinés à Gacé. Tout cela
« m'intimida au point que je n'osai partir, et que je me cachai
« dans la maison où j'ai été arrêté ».

« Tu pouvais bien prendre des précautions pour te mettre à
« couvert des événements que tu dis avoir appréhendés. Il est
« beaucoup plus croyable que tu croyais au rétablissement de
« l'ancien ordre de choses, et que tu n'es resté que par fana-
« tisme. Quelles personnes assistaient aux messes que tu disais
« chez la fille Vannier ?

« Il n'y a jamais assisté personne, parce qu'il était extrême-
« ment difficile d'entrer dans le grenier où nous étions, ce qui
« peut être attesté par les citoyens qui m'ont arrêté.

« Combien de temps es-tu demeuré dans ladite maison ?
« Pendant environ quatorze mois ».

Le tribunal condamna M. Anceaume à la déportation sur les
côtes d'Afrique. Quelques jours après il partait pour Rochefort
en compagnie de MM. Lelandais, Duplain, Besniard Chaumont,
et de plusieurs autres confesseurs de la foi. Soutenu par la

---

(1) Il mourut en exil.

grâce de Dieu, il triompha de tous les mauvais traitements, de toutes les privations et de toutes les tortures qu'on lui fit endurer sur le *Washington*. Mais il eut la douleur de voir mourir à ses côtés la plupart des pieux confrères venus avec lui du département de l'Orne. Le 6 février 1795, on le débarqua avec deux cent trente-six autres confesseurs de la foi, seul reste de plus de huit cent prêtres entassés sur les pontons de Rochefort, et quelques jours après il put repartir pour sa paroisse. La Providence lui réservait, avec de nouvelles persécutions, de nouvelles victoires. Arrêté une seconde fois, en 1796, il comparut encore devant Joseph Provost, qui, touché cette fois de ses malheurs et de ses nombreuses infirmités, le condamna seulement à la réclusion dans la maison à ce destinée par l'administration du département.

L'année suivante, M. Anceaume fut mis en liberté. Il retourna sur-le-champ dans sa paroisse, afin de lui donner les secours de la religion. La persécution s'étant rallumée peu après, il se retira dans la ville d'Alençon, où il se cacha une troisième fois pour ne pas retomber entre les mains de ses ennemis.

On trouve sur les registres de la préfecture la note suivante relative à ce pieux confesseur de la foi :

« Anceaume (Pierre-Guillaume), ex-curé, fanatique outré,
« dangereux à la tranquillité publique, est caché dans nos con-
« trées depuis le 18 fructidor an V (4 septembre 1797) ».

Après la persécution, cet intrépide soldat de Jésus-Christ revint encore une fois à son poste et fut accueilli avec joie par tous les honnêtes gens. Mais il se trouva dans sa paroisse quelques impies qui continuèrent à le persécuter. Comme il avait peu d'espoir de les adoucir pour le bien de la paix, il crut devoir céder sa place à un autre ecclésiastique (1), et priant pour

---

(1) Ce malheur arriva à plusieurs autres confesseurs de la foi, particulièrement à M. l'abbé Jacques Heudier, curé de la Carneille et ancien prieur de l'abbaye du Val, au diocèse de Bayeux. Revenu de l'exil en 1801, ce vénérable ecclésiastique dont la vie avait été une longue suite de bonnes œuvres, fut obligé de quitter sa paroisse une seconde fois. Il se retira dans son pays natal, aux environs de Caen, où il mourut peu de temps après. On peut voir d'intéressants détails sur sa vie dans l'*Essai historique sur l'abbaye de Notre-Dame-du-Val*, par M. l'abbé Lefournier, p. 175, 247 et suiv.

ses ennemis comme pour ses amis les plus dévoués, il se retira dans la ville d'Alençon.

Après le Concordat, quoiqu'il fût accablé par les infirmités qu'il avait contractées à Rochefort, il accepta le titre de desservant de Saint-Didier-sous-Ecouves, afin de pouvoir, jusqu'à la mort, travailler au salut des âmes. C'est dans cette paroisse qu'il termina pieusement sa vie, en 1802.

3. M. Charles-Etienne-Théodore Rosé, vicaire de Ticheville, fut arrêté, le 14 avril 1793, pour sa fidélité au chef de l'Eglise. On trouve au palais de justice le procès-verbal de son arrestation, conçu en ces termes :

« Sap, 15 avril 1793, l'an II° de la république.

« Citoyens membres du Directoire, hier la municipalité du
« Boscrenoult, en faisant des visites domiciliaires, a trouvé chez
« son père un prêtre absent depuis la prestation du serment. Ce
« prêtre se nomme Rosé, ci-devant vicaire de Ticheville, muni
« d'un certificat que nous vous envoyons, saisi sur la personne
« de ce dernier. Amené à la municipalité du Sap, où il lui a été
« fait des questions, il n'y a répondu qu'avec les expressions d'un
« homme suspect. Quant à nous, citoyens, nous le croyons ré-
« fractaire. C'est pourquoi nous vous l'envoyons avec son père,
« qui, selon nous, est en contravention avec l'art. 4 de la loi
« du 26 février dernier. Dans ses déclarations il a dit qu'il avait
« été à Rouen. Nous n'en sommes pas surpris ; car cette ville a
« servi de réceptacle à tous ces vautours enfroqués, qui vou-
« draient nous égorger au nom de Dieu. Nous ne connaissons
« point que le père se soit mal comporté.

« Nous avons l'honneur, etc.

« Signé : Touzée, commissaire ; Sevray, commissaire ; Dali-
« fard, commissaire ; Soucy, commissaire ».

Le 17 avril 1793, le Directoire d'Alençon fit conduire M. Rosé devant le citoyen François-Etienne Meurger, juge de paix de la section du Collége, pour y subir un interrogatoire. Ce magistrat lui ayant demandé s'il avait prêté le serment décrété par l'Assemblée nationale du mois de novembre 1790 et en quels endroits il avait résidé, il répondit « qu'il avait fait un serment « *restrictif*, que ce serment avait été accepté par le Directoire

« d'Argentan, que cependant il avait quitté sa paroisse peu de
« temps après, et que depuis il n'avait occupé aucune place ».
Il ajouta « qu'il était allé à Rouen, qu'il était revenu chez son
« père, qu'il était retourné à Rouen, était parti pour le Havre,
« et enfin était revenu chez son père ».

Envoyé devant le Directoire de Laigle, M. Rosé fut condamné à la déportation, *comme prêtre insermenté*. Les fatigues qu'il avait endurées dans ses voyages et surtout les mauvais traitements qu'il avait éprouvés de la part de ses gardiens dans les prisons du Sap, d'Alençon et de Laigle, avaient tellement altéré sa santé, qu'il tomba gravement malade peu après son retour en cette dernière ville.

Le 15 septembre 1793, M. Frédéric Galeron, médecin à Laigle, envoyait au Directoire de cette ville l'attestation suivante :

« Je reconnais que j'ai gouverné tant à la maison d'arrêt
« qu'à la Madeleine le citoyen Rosé, lequel est atteint d'une
« fièvre intermittente. J'atteste aussi que le moral du citoyen
« Rosé est sensiblement affecté, et que ses facultés intellec-
« tuelles sont tellement dérangées, qu'il se livre à des genres
« de gaîté et de dissipation que l'on pardonnerait à peine à un
« jeune homme de huit ans ».

Au mois de janvier 1794, il reconnaissait « que ses facultés
« intellectuelles étaient mieux organisées et que les idées
« étaient plus nettes ». En conséquence, les membres du Directoire de Laigle prenaient, le 12 janvier 1794, l'arrêté suivant où se peint toute la barbarie de l'époque :

« Le 23 nivôse, l'an II de la République, en la séance perma-
« nente et publique du conseil général d'administration, pré-
« sidé par Paul Courdemanche, où étaient Jamot, Anquetin,
« Margot, Desnos-Josselle, Doyen, La Rocque, Gibory, Lefrère,
« administrateurs, en présence du citoyen Aury, agent natio-
« nal provisoire, un membre a dit :

« Un prêtre insermenté, nommé Rosé, est encore dans nos
« murs. Ce particulier, qui avait été renvoyé ici par jugement
« du tribunal criminel d'Alençon, fut, peu de temps après son
« arrivée, condamné à la peine de la déportation qu'il n'a
« point été possible jusqu'à ce jour de lui faire supporter, vu

« la désorganisation de sa tête. Il a été observé cependant qu'il
« reste à cet ecclésiastique *quelques moments lucides, et que main-*
« *tenant il pourrait être sans inconvénients transféré à la Guyane,*
« *ou tout autre lieu qu'il plaira au département de fixer* ».

« L'administration délibérant sur le tout, et considérant que
« le prêtre Rosé n'avait été déposé dans la maison des ci-devant
« pénitents de la Madeleine que provisoirement, et parce que
« ses facultés intellectuelles s'étaient désorganisées, a arrêté,
« de l'avis de l'agent national provisoire, que cet églisier, dont
« la tête est un peu rétablie, sera, sans délai, envoyé au dépar-
« tement par la gendarmerie nationale avec toutes les pièces
« qui ont servi à sa condamnation, ensemble les certificats du
« médecin, qui attestent les motifs qui ont déterminé sa lon-
« gue détention à la maison de la Madeleine, pour être de
« suite prises par le département des mesures pour la déporta-
« tion, ou adopter tels autres moyens qu'il jugera convena-
« bles ».

Le 1er février 1794, le Directoire d'Alençon arrêta que ledit
prêtre Etienne-Théodore Rosé serait, dans le plus bref délai,
transféré à la côte d'Afrique. Mais le ministre de l'intérieur
n'ayant pas trouvé cette procédure conforme à la loi, ordonna
de la réviser et de traduire le citoyen Rosé devant le tribunal
criminel du département de l'Orne. Le serviteur de Dieu comparut, le 8 avril 1794, devant Joseph Provost, et fut condamné
de nouveau à la déportation comme prêtre insermenté.
M. Bougon, médecin des prisons d'Alençon, et M. Lachapelle,
chirurgien, firent un dernier effort pour sauver ce juste op-
primé. Le 11 avril 1794, ils lui donnèrent le certificat suivant :

« Nous, médecin et chirurgien, soussignés, certifions à tous
« qu'il appartiendra que le nommé Charles-Etienne-Théodore
« Rosé, détenu dans les prisons de cette ville, vient d'éprouver
« une maladie dont il est à peine en convalescence, ce qui le
« rend hors d'état d'entreprendre un voyage de long cours d'ici
« six semaines ou deux mois ; en foi de quoi nous avons donné
« le présent, à Alençon, le 23 germinal an II ».

Rappelés par le cri de l'humanité à des sentiments de compassion, les membres du Directoire différèrent jusqu'aux premiers jours de juillet le départ de M. Rosé pour Rochefort. Le

9 juillet, on le voit écroué à l'évêché du Mans, transformé en prison. Le lendemain, il repartit chargé de chaînes et conduit de brigade en brigade, comme le dernier des malfaiteurs. Dieu lui fit la grâce de supporter, sans se plaindre, les injures et les mauvais traitements de ses gardiens. Après bien des fatigues, il arriva à Rochefort, vers la fin de juillet 1794. Il ne tarda pas à voir ses forces défaillir de nouveau, et sa santé décliner d'une manière effrayante, sous l'affreux régime des pontons de Rochefort. Il conserva cependant une paix profonde au milieu de ses souffrances, et se montra constamment disposé à obliger ses confrères, autant que sa faiblesse pouvait le permettre. Un cœur excellent, beaucoup de foi, de confiance en Dieu et de charité formaient comme la marque distinctive de ce digne prêtre.

Rendu à la liberté après de longues et cruelles souffrances, il se retira à Saint-Aubin-de-Bonneval, où il recommença à travailler à l'œuvre de Dieu. Il s'occupait surtout de l'éducation d'un de ses neveux, qui se destinait au ministère ecclésiastique (1).

Sa fidélité inviolable au Saint-Siége le fit arrêter de nouveau, au mois de novembre 1797. On lit sur le registre d'écrou de la prison de Bicêtre à Alençon : « Charles-Etienne-Théodore « Rosé, prêtre réfractaire de la commune du Boscrenoult, près « le Sap, 33 ans, écroué le 24 brumaire an VI (14 novembre « 1797), conduit de brigade en brigade à l'île de Ré, le 16 fri- « maire an VII (6 décembre 1798) ». En 1801, il vit s'ouvrir une seconde fois les portes de sa prison. Le confesseur de la foi revint alors dans son pays, où il fut reçu avec des transports de joie par le clergé et les fidèles. Mais sa santé, épuisée par les souffrances de cette double déportation, ne lui permit pas de

(1) Il s'agit ici de M. Rosé, qui a rendu les plus grands services au diocèse de Séez, en rétablissant la maison des Religieuses Bénédictines d'Almenêches, fondée par sainte Opportune. Le registre de l'évêché contient sur ce vénérable ecclésiastique une petite notice que nous croyons utile de rapporter ici : « Rosey, ordonné à la Saint-Matthieu 1803, doux, un peu timide, studieux, d'une conduite régulière, jouissant d'une bonne réputation. Il est d'une bonne santé, dessert provisoirement une église supprimée (Courménil), est chapelain de Mme de Courménil, religieuse d'Exmes ». C'est cette vénérable servante de Dieu qui aida M. l'abbé Rosey à rétablir la communauté de Sainte-Opportune, transférée aujourd'hui à Argentan.

reprendre de suite le saint ministère. En 1805, on faisait le portrait suivant du serviteur de Dieu, sur les registres de l'évêché : « Rosé, 41 ans, déporté, d'excellentes mœurs, délica- « tesse outrée, a enfin accepté la desserte de l'oratoire du « Pont-de-Vie ». Plus tard il fut nommé desservant de Bures. Ce bon pasteur rendit son âme à Dieu, le 16 novembre 1841.

III.

PRÊTRES DÉPORTÉS A L'ÎLE DE RÉ OU A LA GUYANE.

1. M. Louis-François-Marin Deschamps, dit Lafosse, naquit à Montreuil-en-Houlme, en 1772. Il était sur le point de commencer ses études théologiques, lorsque l'impiété révolutionnaire vint porter le trouble dans l'Eglise, en établissant partout des pasteurs schismatiques. Ne connaissant point les décisions du Saint-Siége sur la question du serment, il résolut de diriger sa conduite sur celle du curé de sa paroisse natale, Jacques-François Faucillon. Malheureusement cet ecclésiastique, imbu des idées gallicanes et jansénistes, l'engagea dans la voie du schisme constitutionnel. Il le présenta même à l'évêque intrus de l'Orne, qui après deux années à peine d'études théologiques l'éleva au sacerdoce.

M. Deschamps exerça pendant quelque temps les fonctions de vicaire à Chailloué, près Séez, de là il fut envoyé comme curé à Lonlay-le-Tesson. Cependant la conscience de ce jeune prêtre n'était pas tranquille. Il se disait souvent à la vue des désordres, où se jetaient comme à l'envi les prêtres constitutionnels, esclaves de la révolution et du libertinage : « Mon « Dieu ! où allons-nous ? Est-il possible que ce soit là l'Eglise « de Dieu ? »

En 1795, ayant rencontré un prêtre catholique (1), qui était venu se réfugier dans une paroisse voisine de Lonlay, après un quart d'heure de conversation avec ce nouvel Ananie, il sentit,

---

(1) M. Jean-François Logre, curé de La Haye, près Macé. Il rendit de très-grands services à l'Eglise pendant la Révolution, et mourut curé de Bazoches-sur-Hoëne, le 13 août 1811.

comme saint Paul, ses yeux s'ouvrir à la lumière de la foi, tous ses doutes se dissipèrent, et il résolut d'aller trouver son évêque légitime, pour recevoir de lui l'absolution de ses fautes. Il partit donc pour Munster, en Allemagne, où Mgr d'Argentré s'était réfugié, traversa à pied, et au prix de mille dangers, la France, la Belgique, la Hollande et la Westphalie, et, se jetant aux pieds de son évêque, il lui dit comme l'enfant prodigue : « O mon père, j'ai péché contre le ciel et contre vous, je ne « suis pas digne d'être appelé votre enfant, traitez-moi seule- « ment comme l'un de vos serviteurs ». Avant de le réconcilier avec l'Eglise, Mgr d'Argentré le soumit à une épreuve de six mois de retraite dans le monastère de Darfeld (1).

Comme il persévéra pendant ce temps dans la prière, l'oraison et l'étude de la théologie, avec une ferveur qui édifiait ses directeurs spirituels, le pieux évêque non-seulement le réconcilia avec l'Eglise, mais il lui donna des pouvoirs pour administrer les sacrements dans son diocèse. Revenu dans son département, au mépris des lois de la Convention, qui punissaient de mort tout prêtre émigré, il s'appliqua sans relâche à réparer le scandale qu'il avait donné aux fidèles. Il s'efforça surtout de réconcilier à l'Eglise M. l'abbé Faucillon et plusieurs autres ecclésiastiques, dont l'exemple et les conseils l'avaient entraîné dans la voie du schisme. Il eut le bonheur de réussir dans cette noble entreprise. L'Esprit-Saint lui donnait des paroles qui pénétraient si avant dans les cœurs qu'il était presque impossible de lui résister.

(1) Abbaye de Trappistes, fondée par Dom Augustin de l'Estrange, pendant la Révolution. M. l'abbé Marre en parle en ces termes dans ses *Mémoires* : « Une colonie de ces saints pénitents (les Trappistes) était venue s'établir à Darfeld, en Westphalie, à deux lieues d'Awisbeck, sur un terrain de briboudage par eux défriché, à eux concédé par l'illustre maison où naquit l'archevêque de Cologne qui, il y a deux ou trois ans, se distingua dans la question des mariages mixtes. Ils y avaient élevé un vaste bâtiment, murailles en torchis, toit en chaume. Ils s'y couchaient sur des nattes étendues sur le plancher, leurs têtes sur des oreillers de bois. Ils y vivaient d'aumônes et la faisaient ; ils recevaient gratis des adolescents que leurs parents leur confiaient. Ces jeunes gens, ils les formaient à la piété, aux travaux manuels, et les renvoyaient dans leur famille quand ils étaient parvenus à l'âge de dix-huit ans, sans doute pour qu'on ne les accusât pas d'avoir le dessein d'en faire des prosélytes ».

Son zèle attira bientôt l'attention des persécuteurs. Ils essayèrent plusieurs fois d'arrêter ce généreux serviteur de Jésus-Christ ; mais sa prudence et la charité des fidèles le firent échapper longtemps aux recherches les plus actives. Enfin ils découvrirent sa retraite au commencement de juillet 1799, et parvinrent à l'arrêter avec M. Faucillon, curé de Montreuil. Le 13 juillet, ils furent écroués à la prison d'Alençon et condamnés presque aussitôt à la déportation à la Guyane. Leur départ d'Alençon eut lieu, d'après le registre d'écrou, le 8 fructidor an VII (25 août 1799).

M. Deschamps accepta avec joie cette épreuve que lui avait ménagée la Providence pour le purifier plus parfaitement de ses fautes et lui donner l'auréole des confesseurs de la foi. On ne saurait dire combien il édifiait ses confrères, lorsque l'âme brisée de douleur au souvenir de ses fautes, il les conjurait de prier pour lui, et ne craignait pas de leur dire : « Oh ! que je « suis coupable ! J'ai été un persécuteur de la sainte Eglise. « J'ai forcé même plusieurs fois les fidèles d'assister à mes offi- « ces. Suppliez la divine miséricorde de me pardonner ». On peut assurer que dès lors on voyait en lui tant d'humilité, de douceur et d'empressement à obliger tous ses confrères, tant d'ardeur pour les consoler dans leurs souffrances et les porter à Dieu, qu'il avait la réputation d'un saint.

Aussi, quand il fut revenu de la déportation, portant sur son visage, avec les marques de la souffrance pour Jésus-Christ, celles de la piété la plus affectueuse, personne ne songea plus à ses fautes passées ; on ne vit plus en lui qu'un grand serviteur de Dieu et un confesseur de la foi. Nommé après le concordat curé de Saint-André-de-Messey, puis curé de Saint-Michel-de-la-Forêt, il fit refleurir la piété dans ces deux paroisses par ses prédications, par ses catéchismes, et surtout par l'exemple irrésistible de sa vie pure, mortifiée et presque angélique. Souvent on le voyait passer des heures entières devant le Saint-Sacrement, et, quand on s'approchait pour lui parler, on le trouvait le visage inondé de larmes.

Plein d'estime pour ce bon pasteur, Mgr de Boischollet le nomma, en 1805, curé d'Echaufour. Il montra dans cette grande paroisse la même simplicité, la même ferveur, qui l'avaient fait vénérer des fidèles à Saint-André-de-Messey et à Saint-Michel-de-la-Forêt. Sa charité étant sur un plus vaste théâtre, parut avec plus d'éclat. Non content de travailler de toutes ses forces au salut éternel de ses paroissiens, il eût voulu pouvoir aller, comme saint Paul, prêcher l'amour de Dieu à tous les peuples. C'est dans cette pensée qu'il entreprit avec d'autres prêtres de ce diocèse, animés de l'esprit de Dieu, plusieurs missions qui portèrent des fruits de salut très-abondants. Il est peu de cantons du diocèse où son zèle n'ait fait retentir la parole de Dieu. On conserve encore dans plusieurs paroisses de l'arrondissement de Domfront le souvenir de ses prédications onctueuses, entraînantes et presque irrésistibles.

C'est aussi dans le but de faire connaître et aimer de plus en plus Notre-Seigneur Jésus-Christ, que ce bon pasteur fonda la communauté de l'Education chrétienne, dont la maison-mère fut établie d'abord à Echaufour. En voyant le bien que cette communauté fait dans notre diocèse, on doit reconnaître que l'homme de Dieu qui a conçu cette belle et grande œuvre, l'homme de Dieu qui l'a soutenue dans son origine, de ses soins, de sa fortune, de ses prières et de ses conseils, a bien mérité de la sainte Eglise. Aussi tous les prêtres de ce diocèse avaient-ils une grande vénération pour ce saint prêtre. Un grand nombre d'entre eux s'adressaient à lui pour la confession, soit dans sa paroisse, soit dans les retraites ecclésiastiques. Après les avoir édifiés par l'ardeur de sa foi et les plus brûlantes exhortations à la fidélité dans le service de leur bon maître, il leur disait presque toujours adieu par ces paroles touchantes, qui sont restées gravées dans la mémoire de ces pieux ecclésiastiques : « Oh! priez pour moi. J'ai bien besoin de vos prières, moi, « pauvre pécheur, qui ai persécuté l'Eglise de Dieu! » et de grosses larmes coulaient le long de son visage, qui portait déjà le caractère de la sainteté.

Vers l'année 1835, cet homme de Dieu donna au diocèse de Séez une nouvelle preuve de son repentir et de son humilité admirable, qui suffirait à elle seule pour immortaliser sa mémoire. Etant revenu à Lonlay-le-Tesson, il se rendit à l'église, y resta longtemps devant le Saint-Sacrement, inondant de ses larmes le pavé du sanctuaire. M. l'abbé Lefèvre, curé de cette paroisse, venant faire le soir sa visite au Saint-Sacrement, trouva ce vénérable ecclésiastique prosterné devant l'autel. M. Deschamps, s'étant aperçu de son arrivée, alla se jeter à ses pieds, et lui montrant l'autel : « C'est là, lui dit-il, que j'ai « commis tant de fautes dans les premières années de mon sa- « cerdoce, c'est là aussi que je veux en faire pénitence avant « de mourir ». Il le pria ensuite d'entendre la confession de toute sa vie. Le lendemain, après avoir dit la sainte messe, il pria M. l'abbé Lefèvre de le conduire dans toutes les maisons de la paroisse, parce qu'il voulait demander pardon à tous les fidèles des scandales qu'il leur avait donnés, en les forçant d'assister à ses offices pendant le temps de son intrusion. M. Lefèvre ne pouvait retenir ses larmes en voyant ce vénérable vieillard se mettre humblement à genoux aux pieds de tous les chefs de famille et les prier à mains jointes de lui pardonner. En quittant le presbytère, M. Deschamps remit à M. Lefèvre une somme de quatre mille francs, pour lui aider à rebâtir son Église.

Ce bon pasteur mourut le 21 décembre 1839. M. l'abbé Deletang prononça son oraison funèbre, que malheureusement l'on n'a pu retrouver. Le 7 septembre 1853, le corps de M. Deschamps fut retiré du cimetière et transféré dans la chapelle des religieuses de l'Education chrétienne d'Echaufour. On remarqua qu'il s'était conservé exempt de toute corruption, et la soutane, dont il était revêtu, n'avait elle-même subi aucune altération.

2. M. Jean-Jacques-François Garnier naquit en 1766, au hameau de la Foutelaye, dans la paroisse de Chanu. Dès l'âge de sept ans, il quitta la maison paternelle pour se rendre chez un grand oncle, curé de Tyville, au diocèse de Chartres, qui avait pour vicaire un de ses neveux, oncle également du petit Jean-Jacques-François. C'est à l'école de ces deux prêtres, recommandables pour leurs vertus, que ce pieux enfant reçut les premiers principes de la science ecclésiastique. Il acheva ses études au petit séminaire de Chartres, où il exerça lui-même les fonctions de professeur jusqu'à son ordination. Vers cette époque, son grand oncle étant mort, M. Garnier devint vicaire

de son oncle, nommé curé de Legault, dans le diocèse de Chartres (1).

Peu de temps après éclata la révolution de 1789. Le curé de Legault, au lieu de prendre le chemin de l'exil, trouva un abri dans une pieuse et riche famille d'Orléans, d'où il continua de veiller sur son troupeau. Son neveu, moins heureux aux yeux du monde, erra longtemps de paroisse en paroisse, exerçant partout le saint ministère. A la fin de 1797, il fut arrêté par les persécuteurs et condamné à la déportation. Embarqué pour la Guyane, au mois de mars 1798, il fut transporté d'abord à Cayenne, puis à Sinnamary. Après avoir séjourné seulement quelques semaines dans ce lieu mortel, M. Garnier fut atteint de la fièvre et courut les plus grands dangers pour sa vie pendant près de deux mois. Il languissait entre le recteur de l'université de Louvain et un autre ecclésiastique, qui ne tardèrent pas à succomber. Dieu, réservant M. Garnier pour travailler encore à sa gloire pendant de nombreuses années, lui rendit peu à peu la santé.

Il était à peine rétabli, lorsque le Directoire envoya aux déportés de Sinnamary de nouveaux compagnons d'infortune, parmi lesquels étaient le général Pichegru et Barbey-Marbois. Ces deux personnages ne tardèrent pas à former des projets d'évasion ; M. Garnier consentit à partager leurs périls. Grâce au concours des Anglais, ils parvinrent à s'échapper et se réfugièrent à la Martinique. Une des premières connaissances que le confesseur de la foi fit dans cette île, fut celle de Mme Tascher de la Pagerie, tante de Joséphine, la future impératrice des Français. Mme Tascher possédait une fortune immense ; seize cents nègres cultivaient ses terres. Elle fit nommer M. Garnier, curé des Nègres à Saint-Pierre, le chargea d'achever l'éducation de ses deux fils, qui plus tard eurent des emplois importants à la cour de Napoléon, et lui confia l'instruction religieuse de leur sœur.

Quelques années s'écoulèrent, mais le souvenir de la patrie vivait toujours au fond de son cœur. En juillet 1809, il rentra en France, et se rendit dans la capitale. Mlle Tascher, à qui il

---

(1) Legault, canton de Droué, arrondissement de Vendôme (Loir-et-Cher).

avait fait faire la première communion, était à la cour, et l'empereur l'avait mariée à un prince allemand, le comte d'Aremberg. La première visite de M. Garnier fut pour la princesse. Il passa trois semaines chez elle, au Louvre. Il eut l'honneur d'être présenté par elle à l'empereur et d'être admis à sa table. L'empereur, voulant lui donner une marque de son estime, lui proposa le choix d'un évêché parmi ceux qui étaient alors vacants. « Sire, répondit le confesseur de la foi, je ne « suis point revenu en France pour être évêque, c'est pour être « vicaire de mon oncle, curé de Legault, dans le diocèse d'Or- « léans (1) ». L'empereur respecta son désintéressement, et M. l'abbé Garnier reprit son ancien poste auprès de son oncle.

Au bout de trois ans, la mort ravit à sa tendresse cet oncle vénéré. Vers la même époque, la cure du Ménil-Ciboult se trouva également vacante par la mort du titulaire. Le maire de cette commune, cousin de M. Garnier, conçut le projet de faire placer ce pieux ecclésiastique à la tête de sa paroisse. Celui-ci, qui désirait se rapprocher de sa famille, accueillit avec joie cette proposition. Mais l'évêque d'Orléans, qui avait besoin de prêtres, s'opposa fortement à son départ. M. Garnier retourna alors chez la princesse d'Aremberg, et lui fit connaître la difficulté de sa situation. L'empereur, dit-on, intervint lui-même auprès de l'évêque pour obtenir à M. Garnier la permission de retourner dans son diocèse. Nommé curé du Ménil-Ciboult, le 1er octobre 1812, le confesseur de la foi fit pendant trente-trois ans l'édification de ses paroissiens par son zèle pour la gloire de Dieu, l'austérité de sa vie et son inépuisable charité pour les malheureux. Il mourut le 20 octobre 1845, laissant par testament tout son bien aux pauvres. Il avait écrit des mémoires sur la déportation des prêtres à la Guyane, mais, malgré les recherches les plus actives, il m'a été impossible de les retrouver.

(1) Cette paroisse était alors réunie au diocèse d'Orléans. Elle fait aujourd'hui partie du diocèse de Blois.

(2) Lettre de M. Leprince, médecin à Chanu, et neveu du confesseur de la foi.

IV.

PRÊTRES INCARCÉRÉS.

M. Julien Roussel, né à Domfront, en 1753, était vicaire de Saint-Baudelle, près Mayenne, lorsque l'Assemblée nationale entreprit de jeter la France dans le schisme. Soit par faiblesse, soit par ignorance des principes de la foi catholique sur l'autorité du Saint-Siége, il eut le malheur de suivre les exigences de la révolution. Comme Domfront, sa paroisse natale, était réunie à l'évêché de l'Orne, il voulut faire partie de ce nouveau diocèse, et demanda une place à l'évêque constitutionnel. Fessier l'accueillit très-bien, le nomma vicaire de Berjou (1), puis curé de Sainte-Honorine-la-Chardonne (2). La vue des scandales affreux auxquels s'abandonnaient les intrus, et de l'héroïque fermeté que montraient les prêtres catholiques sous le coup de la plus horrible persécution, le fit réfléchir sur les conséquences du serment constitutionnel. Il comprit que se séparer de Rome, c'est aller à l'abîme et à la destruction du christianisme. Il prit alors la ferme résolution de se réconcilier avec l'Eglise.

Pour donner à sa rétractation une plus grande publicité, il envoya la lettre suivante « aux officiers municipaux de la pa-
« roisse de Sainte-Honorine-la-Chardonne » :

« De Domfront, ce 14 prairial an III de la république fran-
« çaise (2 juin 1795) ».

« Citoyens,

« Je vous envoie ma rétractation conçue dans les termes
« suivants. Vous voudrez bien m'obliger de la rendre publique
« autant que faire se pourra. Vous rendrez véritablement un
« service à celui qui est avec toute l'attache possible, citoyens.

« Votre très-humble serviteur, Roussel, qui a remplacé
« M. de la Huberdière, votre légitime pasteur ».

« Il est temps enfin de secouer le joug de l'hérésie, de con-

---

(1) Canton d'Athis, arrondissement de Domfront (Orne).
(2) Canton d'Athis.

« fesser mes erreurs et de faire triompher la vérité. Il ne m'est
« plus possible de résister plus longtemps au cri de ma cons-
« cience, ni d'étouffer la voix du sang de Jésus-Christ, qui
« daigne encore, malgré mes infidélités, m'appeler à la péni-
« tence. Je déclare donc, à la face de Dieu et de tout l'uni-
« vers, que je désirerais être témoin de ma rétractation, que
« j'abjure toutes les erreurs de cette funeste Constitution, que
« je me suis engagé de soutenir par tous les serments que j'ai
« prêtés depuis 1790, que je rétracte tous ces serments comme
« étant en effet destructifs de la religion catholique, aposto-
« lique et romaine, comme entièrement opposés au dogme et
« à la discipline de notre sainte mère l'Eglise, comme autant
« d'actes de schisme et d'apostasie, où m'a entraîné ma propre
« faiblesse et l'exemple du curé avec qui je demeurais, lors de
« la prestation de cet affreux serment. S'il y a eu quelque autre
« motif, qui m'ait engagé à la prêter (c'est cependant ce que
« je ne me rappelle pas), j'en demande pardon à Dieu. Et
« comme une chute en entraîne ordinairement une autre,
« après avoir lâchement abandonné mon légitime évêque, j'ai
« eu le malheur de reconnaître un évêque intrus, sans mission
« ni juridiction, et, malgré l'interdit, la suspense, l'irrégula-
« rité, j'ai osé envahir le bénéfice d'un vrai pasteur et ravager
« son cher troupeau.

« Je confesse avoir commis autant de profanations et de sa-
« criléges que j'ai administré de sacrements, avoir séduit et
« abusé le peuple plus qu'aucun autre peut-être, par ma con-
« duite assez régulière d'ailleurs. Tous les mariages que j'ai
« célébrés sont nuls et invalides, ainsi que toutes les confes-
« sions que j'ai entendues. J'invite donc tous ceux que j'ai
« mariés et dont j'ai entendu les confessions depuis mon mal-
« heureux serment, à se faire remarier et à recommencer leurs
« confessions à un prêtre non assermenté et approuvé, comme
« je vais m'y présenter moi-même pour laver mes crimes dans
« les eaux salutaires de la pénitence et pour en recevoir l'abso-
« lution. De même je me repens d'avoir tiré les vases sacrés
« des lieux où ils étaient, pour les mettre sur une serviette
« qu'on avait mise sur le grand autel, à la seule fin d'en faci-
« liter à la municipalité, qui avait mis cette dite serviette, l'ex-

« portation dans la sacristie. Il ne me restait plus, pour
« mettre le comble à mes crimes, que de renoncer à ma prê-
« trise, comme on a voulu m'y engager. Mais le ciel m'en a
« préservé, et je n'ai jamais voulu remettre mes lettres de prê-
« trise, ni renoncer, ni abjurer mes fonctions de prêtre. Je me
« soumets en tout aux décisions de notre sainte mère l'Eglise
« catholique, apostolique et romaine, dont je reconnais notre
« Saint-Père le Pape pour le chef visible, et je promets de vivre
« et de mourir dans son sein.

« Ames justes et pieuses, qui avez eu le bonheur de rester
« inviolablement attachées à la foi de vos pères, pleurez avec
« moi, et tâchez de fléchir la miséricorde d'un Dieu toujours
« prêt à pardonner. Il ne veut pas la mort du pécheur, mais sa
« conversion. David a péché, saint Pierre a renoncé Jésus-
« Christ, saint Augustin a reçu son pardon. Comme eux, j'ai
« péché et, comme eux, j'espère recevoir le pardon de mes
« péchés, qui, parce qu'ils sont grands, feront plus éclater la
« puissance et la miséricorde de Dieu.

« Roussel, qui a remplacé votre légitime pasteur (1) ».

Cette lettre, ayant été publiée, attira aussitôt à son auteur la haine des ennemis de l'Eglise. Ils le firent arrêter à Domfront et conduire dans les prisons d'Alençon. Il comparut le 27 ventôse de l'an IV devant le président du tribunal criminel, et le lendemain il fut condamné à la peine de la réclusion, dans la maison à ce destinée par l'administration du département.

Quelques jours après, il partit pour Argentan, et fut enfermé dans le couvent des Capucins. D'autres souffrances lui étaient réservées. Vers le mois de juillet 1796, les persécuteurs le firent conduire à Chartres, où il fut retenu pendant près d'un an dans l'ancien couvent des Carmélites. Le 11 janvier 1797, il adressa, avec plusieurs autres confesseurs de la foi, la requête suivante aux juges du tribunal criminel du département de l'Orne :

« Citoyens,

« Les soussignés prêtres du département de l'Orne, reclus en
« la maison des Carmélites de Chartres (département d'Eure-

---

(1) Copié sur l'original, conservé à la mairie de Sainte-Honorine.

« 'et-Loir), vous exposent que par l'art. 6 du décret du 14 fri-
« maire dernier, les art. 10, 11, et autres de la loi du 3 bru-
« maire an IV, qui font tout le fondement de leur détention,
« sont rapportés ; pourquoi les exposants demandent que vous
« ordonniez leur mise en liberté, en exécution du susdit décret
« du 14 frimaire an IV.

« Ce faisant vous remplirez le vœu de la justice et de l'hu-
« manité ».

Signé : Jacques-Toussaint Beaudoir, prêtre (1); Jacques-Guillaume Dumoulinet-Hardemare, prêtre (2); Pierre-Jacques Baloche, prêtre (3); Jean Chapelain, prêtre (4); L. Pénel, prêtre (5); J. Roussel, prêtre.

Quoique l'article de la loi invoqué par les confesseurs de la foi fût évidemment en leur faveur, les juges du tribunal révolutionnaire méprisèrent les cris de ces opprimés. Ce ne fut qu'au mois d'août 1797 qu'ils furent rendus à la liberté. Bientôt ils retombèrent sous le coup de la persécution, par suite de la révolution opérée le 4 septembre de la même année. M. Roussel parvint cette fois à déjouer les recherches des révolutionnaires en s'éloignant de sa famille. Mais, accablé par les privations et les mauvais traitements qu'il avait endurés dans les prisons de la république, il expira dans le courant de l'année 1800.

2. M. Charles-Nicolas Lange, chanoine de la collégiale de Mortagne, refusa le serment constitutionnel; mais, à l'exemple de plusieurs prêtres distingués par leur science et leur piété, il crut pouvoir prêter le serment de liberté prescrit par la loi du 12 août 1792. Il profita de la paix relative que lui procura pen-

---

(1) Ancien professeur au collége d'Alençon ; nommé curé de Mortagne en 1802, décédé le 6 décembre 1812.

(2) Déporté à Rambouillet en 1793, arrêté de nouveau en 1795 et en 1796, décédé le 15 septembre 1806.

(3) Pierre-Jacques Baloche, vicaire de Saint-Roch-sur-Egrenne ; après le Concordat, il fut curé de Saint-Mard-d'Egrenne, mort le 7 mars 1828.

(4) Curé de Saint-Sauveur de Carrouges, mort le 29 décembre 1830.

(5) Louis Baudet, dit Pesnel, vicaire de Bellême, prêta le serment en 1791. Ayant fait sa rétractation dès l'année 1792, il fut condamné pour ce motif à la déportation, le 28 ventôse an IV.

dant la terreur la prestation de ce serment, pour donner les secours de l'Eglise aux personnes en danger de mort. Le dévouement qu'il témoigna aux fidèles de Mortagne et des paroisses voisines, lui mérita de plus en plus leur affection. Ils se firent un bonheur de se montrer reconnaissants, lorsque ce pieux serviteur de Dieu, arrêté par ordre du citoyen Gohier, commissaire à Mortagne, fut écroué à la prison de cette ville (12 germinal an IV — 1ᵉʳ mai 1796). En moins d'une demi-journée, des centaines de signatures, données par les habitants les plus honorables de Mortagne, furent apposées au bas d'un certificat ainsi conçu :

« Nous attestons que le citoyen Charles-Nicolas Lange, prêtre,
« ex-chanoine de la collégiale de Toussaint, s'est toujours mon-
« tré soumis aux lois de la république, en prêtant le serment
« de liberté et d'égalité, et en faisant sa soumission aux lois de
« la république; qu'il s'est constamment montré ami de l'ordre
« et de la paix (1) ».

Le citoyen Gohier avait malheureusement saisi parmi les papiers de M. Lange plusieurs pièces capables de le compromettre devant le tribunal.

Au nombre de ces pièces figuraient :

1° Une lettre de M. Lefrançois, vicaire-général, ainsi conçue :
« J'ai l'honneur de vous adresser, Monsieur, deux *Mémoires*
« concernant la question présente (la soumission aux lois de la
« république). Voudriez-vous bien les communiquer dans Mor-
« tagne et les environs, lorsque vous aurez fait des copies, sur-
« tout du mien, qui commence ainsi : *Un ministre insermenté...*
« Je vous serai très-obligé de me le faire repasser par une occa-
« sion sûre. M. la Bigne, qui s'est donné la peine de venir ici,
« sera, s'il vous plaît, un de ceux qui pourront en prendre copie.
« Mes sentiments vous sont pleinement connus (14 octobre
« 1795) » ;

2° Les deux *Mémoires* précités ;

3° Une autre *Lettre* où M. Lefrançois répondait à M. Lange
« qu'il avait retiré les pouvoirs de dispenser *in secundo gradu*, et
« qu'il fallait de toute nécessité recourir au Saint-Siége » ;

(1) Archives du Palais de Justice.

4° Une lettre d'une femme de Saint-Mard-de-Reno, adressée « à M. de Saint-Léger, ancien curé de Saint-Mard-de-Reno, au « comté de la Marke, en Westphalie, pays de Prusse, sur la « Roer, près Cologne, à Essen », et contenant les détails suivants :

« Tous ceux qui ont fait des restrictions dans leurs soumis« sions aux lois de la république ne disent plus la messe à présent « (18 octobre 1795). Il y en a beaucoup dans notre voisinage qui « ne la disent plus. M. l'abbé Duchastel ne la dit plus. M. l'abbé « Lange continue à la dire dans notre paroisse. Il y est beaucoup « estimé ; tous les habitants l'aiment et en parlent avantageuse« ment... Le blé est très-cher chez nous. Il se vend à la halle « cent livres le boisseau, mais on y en voit très-peu, et à la « cache, c'est-à-dire chez les particuliers, depuis 250 livres « jusqu'à 300 livres le boisseau. Le cidre est très-cher ; il vaut « depuis 800 livres jusqu'à 1000 livres la pipe. Le beurre vaut « 25 livres la livre, les œufs valent 22 livres le quarteron. Les « pommes valent 300 livres la pipe. Le sel vaut 8 livres la livre, « un couple de poulets vaut de 25 à 35 livres. Le bois vaut « 300 livres la corde. La chandelle vaut 80 livres la livre. La « viande vaut 12 livres la livre. Le fil de brin vaut 120 livres la « livre, celui de gros vaut depuis 80 à 100 livres. Les toiles de « trois quarts valent 55 livres l'aune. Celles de trois quarts et « demi, 70 livres l'aune. Enfin tout est à un si grand prix qu'on « est obligé de se priver d'une partie de son nécessaire » ;

5° Une pièce de vers adressée « aux habitants de Mortagne » et ainsi conçue :

> Enfin vous échappez aux trames de Gohier,
> Aux poignards de Jarrys, aiguisés par Rattier,
> Et vous allez survivre à ces temps d'anarchie
> Où le juste craignait pour ses biens, pour sa vie,
> Où de son temple auguste, un monstre, un scélérat
> Faisait chasser son Dieu pour y mettre Marat,
> Où des bras d'un époux une épouse arrachée
> Etait par Desgrouas (1) cruellement livrée

(1) « Desgrouas », dit l'éditeur des *Œuvres de Louis XVI*, « était un voleur de profession. Il vota, à la Convention, la mort de Louis XVI », et fit trembler la

A vos buveurs de sang, Touchard, Angot, Pantou,
Et, pour comble d'horreur, à l'infâme Pérou.
Ce vil rebut d'un cloître avait pour concubine
Les uns disent sa fille, et d'autres sa cousine.
Il en a fait sa femme, et ce couple proscrit,
Sans pudeur, sans remords, fait venir l'Antechrist...

6° Une autre chanson conçue en ces termes :

Peuple français, peuple imbécile,
N'es-tu point las de tant de maux ;
Peux-tu rester encor tranquille
Sous le joug de sept cents bourreaux?
Quand le lis florissait en France,
Le bonheur régnait dans ton sein ;
Mais la révolte et la licence
T'ont réduit à manquer de pain.

Des tombeaux, des ombres sanglantes
Portent l'effroi dans tous les cœurs,
Des débris, des ruines fumantes
Te reprochent assez d'horreurs ;
Français, redeviens donc toi-même,
Sois vaillant et juste à la fois,
Et songe qu'un seul diadème
Ne peut servir à sept cents rois.

Un Dieu seul a créé la terre,
Un soleil seul fait les beaux jours,
Les astres n'ont dans leur carrière
Qu'une loi qui règle leur cours.
Il ne faut dans chaque ménage
Qu'un seul maître : un père, un époux.
Qu'en nous tirant de l'esclavage
Un seul Bourbon nous sauve tous !

Traduit le 30 mai 1796 devant le tribunal criminel d'Alençon, M. Lange y subit l'interrogatoire suivant, en présence du citoyen Mars, juge du tribunal civil, désigné pour remplacer le Président.

---

ville de Mortagne, qui garde encore le souvenir de ses violences. L'abbé Fret (t. III des *Chroniques percheronnes*), fait le portrait le plus sombre de ce régicide.

« — Citoyen », lui dit le magistrat républicain, « quels sont
« vos noms, votre âge, votre profession et votre demeure ?

« — Je m'appelle Charles-Nicolas Lange, prêtre, ancien cha-
« noine de la collégiale de Toussaint, âgé de 50 ans, demeurant
« en la commune de Mortagne.

« — Avez-vous prêté le serment du 26 décembre 1790 ?

« — Non, citoyen, n'étant pas fonctionnaire public, je n'y
« étais pas obligé.

« — Avez-vous dans le temps prêté le serment de liberté et
« d'égalité ordonné par la loi du mois d'août 1792 ?

« — J'ai prêté ce serment le 6 septembre de la même année?

« — N'avez-vous pas entretenu une correspondance avec un
« nommé Lefrançois, prêtre insermenté?

« — Non, citoyen ; il est bien vrai que je lui ai écrit, mais à
« titre d'ancien ami, qui m'avait vu élever, et en qui je connais-
« sais beaucoup de talents.

« — Ce prêtre passait pour un correspondant du ci-devant
« évêque de Séez, émigré ou déporté. Il passait également pour
« un correspondant du Pape. Pourquoi vous permettiez-vous,
« d'après cette notoriété publique, de lui écrire ?

« — Je lui écrivais, comme je vous l'ai dit, comme à un an-
« cien ami, et à un homme qui avait de très-grandes lumières.
« Je ne connais aucun cas, où il ait agi en qualité de délégué de
« l'ancien évêque de Séez ou du Pape.

« — Une lettre trouvée chez vous et qui se trouve au dos-
« sier, sous la cote C, prouve d'une manière certaine que vous
« ne pouviez ignorer sa qualité, puisque dans ce passage il vous
« dit : J'ai retiré les pouvoirs de dispenser *in secundo gradu*, il
« faut de nécessité recourir au Saint-Siége. Je vous interpelle de
« vous expliquer à cet égard.

« — Lisant les *conférences d'Angers*, je tombai par hasard sur
« le chapitre des dispenses de mariage. Pour m'instruire sur cet
« article, encore bien qu'il me fût inutile, puisque je ne faisais
« pas de mariages, j'écrivis à M. Lefrançois pour savoir si les
« évêques avaient le droit de dispenser du 3 au 3, et du 2 au 2.
« Il me fit la réponse que vous avez trouvée.

« — Je vous observe que votre réponse ne me paraît pas sin-
« cère, puisque la lettre qui vous est écrite répond d'une ma-

« nière positive à une demande positive que vous avez dû faire.

« — Ce que je viens de vous dire est la vérité.

« — Une copie de lettre trouvée à votre domicile était sans
« doute écrite audit Lefrançois.

« — Ce que vous qualifiez de copie, n'en est point une, mais
« bien un brouillon, et des idées que je jetais sur le papier. Je
« n'en ai fait aucun usage.

« — En supposant que ce que vous qualifiez de brouillon en
« soit un, il est toujours certain qu'il est votre ouvrage et
« exprime vos sentiments. Nous voyons à la première ligne ces
« mots : *J'apprends avec un grand plaisir que M. Monnier, curé de*
« *Notre-Dame, doit faire sa rétractation dimanche prochain. Je suis*
« *charmé de son retour et de sa soumission à l'Eglise...* Ce
« passage prouve d'une manière constante que vous approuviez
« la rétractation.

« — J'écrivais cela chez moi dans le particulier, et je ne le
« communiquais à personne.

« — Au moins vous ne pouvez nier que vous approuviez de
« la manière la plus formelle les rétractations.

« — Chacun était maître de faire chez soi ce qu'il voulait.

« — Une nouvelle preuve que vous correspondiez avec
« ledit Lefrançois, c'est que, d'après une lettre trouvée chez
« vous, vous vous êtes chargé de colporter dans Mortagne et
« les environs un *Mémoire*, qui contient la question de savoir
« si l'on doit ou non prêter soumission aux lois de la répu-
« blique.

« — Je n'ai jamais colporté ce *Mémoire*. Je ne l'ai commu-
« niqué qu'à une seule personne, qui me l'a remis une heure
« après, mon opinion étant d'ailleurs que l'on doit soumission
« aux lois de la république.

« — On a trouvé chez vous une chanson très-incivique. Quel
« usage en vouliez-vous faire ?

« — Je ne sais comment cette chanson m'est parvenue. Je l'ai
« vue une fois, et je l'ai laissé traîner chez moi. Je la regardais
« comme très-incivique, et je ne l'ai montrée à personne. »

Le jour même de son interrogatoire, M. Lange fut amené devant le tribunal criminel.

En 1793 on n'aurait pas manqué d'infliger la peine de mort à ce prêtre attaché si ouvertement au fanatisme et propagateur d'écrits inciviques. En 1796, le tribunal, revenu à des sentiments plus humains, porta cet arrêt :

« Considérant que ledit Charles-Nicolas Lange, prêtre non
« fonctionnaire public, a prêté devant le conseil général de la
« commune de Mortagne *intra muros*, le 6 septembre 1792, le
« serment de liberté et d'égalité, prescrit par la loi du 12 août
« dernier ;

« Considérant encore que le 7 brumaire dernier, il a égale-
« ment passé sa déclaration de soumission aux lois de la répu-
« blique ;

« Considérant aussi qu'on ne peut lui imputer à crime la
« correspondance avec le prêtre Lefrançois ;

« Le tribunal déclare nul et illégal le mandat d'arrêt décerné
« par le citoyen Gohier, commissaire du pouvoir exécutif près
« l'administration municipale de Mortagne, contre ledit Char-
« les-Nicolas Lange, et ordonne que ledit Lange soit sur-le-
« champ mis en liberté ».

M. Lange fut reçu en triomphe à son retour à Mortagne. Sa captivité ne servit qu'à lui concilier de plus en plus le respect des fidèles, et à couvrir du mépris public les persécuteurs de la religion. Ce saint prêtre continua de rendre aux catholiques de Mortagne tous les services qui furent en son pouvoir. Après une vie pleine de bonnes œuvres, il mourut à Mortagne le 30 vendémiaire an X (21 octobre 1802).

3. M. Laurent Charles-François Godéchal, d'Argentan, fut nommé curé d'Almenêches, en 1784 (1). La persécution le trouva inébranlable dans sa fidélité religieuse ; mais elle l'obligea à sortir de France, au mois de septembre 1792. Il se retira d'abord en Angleterre, puis en Belgique. Peu de temps après, les armées françaises, ayant envahi cette province, le forcèrent de se réfugier en Westphalie avec M. l'abbé Gélée, son compatriote, et ancien curé de Préaux (2).

(1) *Registre de l'ancien personnel du clergé.* — D'après M. Gallot, docteur-médecin à Almenêches, le confesseur de la foi s'appelait Laurent-Pierre-François.

(2) M. Gaspard Gélée, de Brai, près Montrée, après avoir longtemps professé au séminaire de Falaise, fut nommé curé de Préaux, près Bellême. Il refusa, en 1791, le serment constitutionnel, et prit le chemin de l'exil pour sauver sa vie.

Vers la mi-octobre 1795, M. Godéchal et M. Gélée rentrèrent
« en Belgique. « Ils sortaient », dit M. l'abbé Marre, « en plein
« jour dans les rues d'Anvers, et marchaient la tête levée,
« sans que les officiers et les soldats français les menaçassent
« même d'un seul regard. Leur cause leur paraissait, sinon
« gagnée, au moins en bon train. Un placard, émané de
« l'autorité militaire, et publié au son de la caisse, leur
« signifia, au nom de l'autorité militaire, le 20 ou le 21 dé-
« cembre 1795, d'avoir à sortir de la Belgique, dans les 24
« heures, sous la peine capitale. Averti de cette sévère injonc-
« tion, M. l'abbé Marre alla demander à MM. Godéchal et Gélée
« s'ils voulaient se mettre en route pour la Westphalie, qui leur
« était ouverte de nouveau. Bah ! lui dirent-ils, ce n'est qu'une
« bourouflée; en ne paraissant pas en public, on ne s'occupera
« pas de nous. Cet ordre ne peut venir que d'un brouillon
« subalterne, et sera peut-être rappelé sous quelques jours ».

« Confiants dans leurs conjectures, ils le laissèrent partir
« seul. Ils furent arrêtés trois jours après et conduits dans la
« prison de Bruxelles ».

Voici en quels termes M. Godéchal lui-même racontait ses
malheurs à M. l'abbé Marre quelques mois après. « Dans la nuit
« de Noël, en attendant l'heure de la messe, M. Gélée et moi
« nous fîmes une partie de piquet. Au moment où je disais à
« mon confrère : *ne es capot ;* nous le fûmes lui et moi.
« Des soldats entrent, ils nous disent insolemment que nous
« aurions une belle fête, ils nous lient et nous emmènent en
« prison en disant que nous n'aurions besoin de rien ».

« Nous passâmes en prières le reste de la nuit. Des soldats
« vinrent à notre prison dès le matin : ce n'étaient pas les
« mêmes. Ils nous lièrent les mains et nous dirent que nous
« serions débarbouillés à Bruxelles. Pourquoi pas à Anvers ?
« Probablement parce que quelque adroit honnête homme
« cherchait à nous sauver. Sur la route, un de nos conducteurs
« parut sensible à notre malheur : il nous donna un petit verre
« d'eau-de-vie ».

« A Bruxelles, jetés dans des cachots infects, confondus avec
« les plus infâmes scélérats, on nous fit pressentir que
« nous étions en réserve pour la guillotine. Quand nous enten-

« dions le bruissement des verrous, nous pensions que notre
« dernière heure avait sonné. Etions-nous soutenus par une
« main inconnue ou par notre bon ange ? Il fut statué que nous
« serions jugés à Paris. A Paris, il fut statué que nous serions
« jugés à Alençon, chef-lieu de notre département ».

« A Alençon, MM. Savary, frères, avocats, nous défendirent
« avec chaleur et éloquence. Leurs plaidoyers, bien nourris,
« appuyés sur la logique et le bon sens, ne paraissaient pas faire
« fléchir les juges, qui au reste acceptèrent de bon cœur ce
« syllogisme : « *Une loi n'oblige qu'autant qu'elle peut être connue.*
« *Or, la loi, qui enjoignait sous peine capitale à nos clients de vider*
« *de leurs personnes la ville d'Anvers dans un délai donné, n'a pu*
« *être connue d'eux, attendu qu'elle n'a été publiée qu'en langue fla-*
« *mande, qu'ils ne savent pas. Donc elle ne peut pas leur être*
« *applicable* ».

« Conséquence bien déduite ! Appointés à prouver la mineure,
« les défenseurs la prouvèrent en due forme, et la forme em-
« porta le fond. L'autorité anversane certifia à ses risques et
« périls, aux dépens de la vérité, que l'argument de MM. les
« défenseurs était fondé en tout point. Les accusés s'enten-
« dirent condamner, l'un à la déportation, l'autre à la réclu-
« sion à cause de ses infirmités ».

On trouve sur le registre du tribunal criminel du département de l'Orne le jugement porté contre M. Godéchal ; il est
ainsi conçu :

« Vu par le tribunal criminel : la procédure instruite contre
« Laurent-Charles-François Godéchal, ex-curé de la commune
« d'Almenêches, âgé de 38 ans, originaire de la commune d'Ar-
« gentan, volontairement déporté en vertu de la loi du 26 août
« 1792, et arrêté en la commune d'Anvers le 4 nivôse der-
« nier ».

« Considérant que, quand on considérerait comme déporté
« rentré ledit Godéchal, qui s'était déporté dans la Belgique
« avant sa réunion à la république française, et qui a été trouvé
« dans cette ci-devant province de l'Empire d'Allemagne, la loi
« du 3 brumaire ne pourrait l'atteindre : 1° parce qu'elle n'or-
« donne que l'exécution des lois de 1792 et 1793 ; 2° parce qu'elle
« n'avait pas été publiée dans la Belgique avant son arresta-

« tion (1), le tribunal ordonne que ledit Laurent-Charles-Fran-
« çois Godéchal sera déporté dans le lieu qu'il voudra choisir,
« et qu'il sera tenu d'indiquer dans le délai de trois jours, et
« pour l'exécution du présent le commissaire du pouvoir exé-
« cutif donnera les ordres pour le faire conduire aux frontières
« de France, voisines du lieu de sa déportation ».

« Fait et arrêté, le 16ᵉ jour de prairial de l'an IVᵉ de la répu-
« blique française ».

Obligé de laisser son confrère malade à Alençon (2), M. Godéchal prit un passeport pour Munster, où se trouvaient en grand
nombre les prêtres du diocèse de Séez à la suite de leur évêque.
« Il avait frisé la guillotine de bien près, ajoute M. l'abbé Marre,
« mais il devait courir de nouveaux dangers. Épuisé par les
« privations et les fatigues, par une longue captivité et les
« frayeurs d'une mort prochaine, il s'en va en Suisse pour y
« rétablir sa santé. Il part de Francfort entre deux armées en
« guerre, qui attendaient l'ordre de se battre. Le voilà en face
« de Strasbourg, et les boulets volent en sifflant par-dessus sa
« tête; il se couche à plat ventre et les laisse passer. Les batteries
« changent de place, il ne redoute plus les boulets. Il espère
« gagner la Suisse; un batelier le prend et le débarque.....
« sur la route suisse? Non, mais de Strasbourg à Paris ! A Stras-
« bourg, il se laisse déguiser, on l'équipe de faux papiers, il

(1) D'après ce considérant, le défenseur de M. Godéchal aurait fait valoir un autre motif que celui qui est rapporté par M. Marre : c'est que le délai accordé pour la publication de la loi du 21 octobre 1793 n'était point expiré en Belgique au moment de l'arrestation de M. Godéchal et de M. Gélée.

(2) M. Gaspard Gélée fut conduit à la maison des Capucins d'Argentan. Il y était enfermé depuis dix-huit mois, lorsqu'il adressa au président du tribunal criminel une requête tendant à obtenir sa liberté (13 prairial an V). Le confesseur de la foi atteste sur cette pièce que « sa santé s'est singulièrement altérée dans les diffé-rentes prisons où il est détenu depuis si longtemps, et qu'il serait exposé à périr, si le tribunal ne lui permet de sortir pour soigner sa santé, vu que tous les re-mèdes qu'il a faits depuis trois mois, par ordre du médecin, n'ont pu rétablir sa poitrine délabrée et ses jambes, qui sont fort souvent enflées ». Le lendemain de la présentation de cette requête, il fut mis en liberté provisoire sous caution. Il revint à Bray, près Mortrée, où il rendit de grands services aux fidèles pendant la Révolution. Après le Concordat, il retourna dans sa paroisse, d'où Mgr de Bois-chollet le transféra à Nocé, en 1807. Il y opéra beaucoup de bien, et mourut le 17 février 1813.

« prend la route du Rhin, le passe et revient à Munster, où je le
« retrouve, et où il me fait cette romantique narration. Je dis
« romantique, parce que dans un demi-siècle, la fermentation
« révolutionnaire ne sera plus ni comprise, ni envisagée, ni
« même suivie dans cette chaîne de malheurs qui accabla tant
« de milliers d'innocents ».

Après la révolution, M. Godéchal revint dans sa famille, mais l'épuisement de ses forces l'obligea de renoncer au gouvernement de son ancienne paroisse. Il se retira dans la ville d'Argentan pour y prendre un peu de repos. Aussitôt qu'il fut en état de travailler de nouveau à la vigne du Seigneur, il pria son évêque de l'employer dans une autre paroisse. Mgr de Boischollet le nomma d'abord desservant provisoire de la paroisse d'Occagnes, puis desservant de Sarceaux, près Argentan (1804). Il y travailla avec tant de zèle et d'édification au salut des âmes, qu'en 1805 Mgr de Boischollet déclarait sur le *registre du personnel* que cet ecclésiastique était « digne de toutes les places ». Sa santé délicate et surtout sa grande humilité le retinrent à Sarceaux jusqu'à sa mort, qui arriva le 1er octobre 1816. Sa mémoire est restée en bénédiction dans les paroisses d'Almenêches et de Sarceaux.

V.

PRÊTRES EXILÉS.

1. M. Jean Lebossé, curé de Passais-la-Conception, ne voulut pas se rendre infidèle au vicaire de Jésus-Christ par la prestation du serment constitutionnel. Obligé d'abandonner sa paroisse, où sa vie était en danger, il partit pour l'exil avec plusieurs prêtres des environs de Domfront et se retira à Jersey. Vers la fin de l'année 1794, il apprit que le prêtre, chargé par lui d'administrer les sacrements aux fidèles de sa paroisse, avait été lui-même obligé de prendre la fuite, et que son troupeau était resté exposé aux ravages d'un intrus. Il revint aussitôt dans sa paroisse au péril de sa vie. Il se retirait dans les fermes, dans les granges, dans les bois, partout où il pouvait

se cacher. Quoiqu'il fût d'une santé très-faible, il ne voulait pas accepter d'autre nourriture que celle des plus humbles paysans.

Plusieurs fois la colonne mobile de Domfront essaya d'arrêter ce bon pasteur qu'elle voulait fusiller. Mais Dieu veillait sur son fidèle serviteur. Dans des moments de pressant danger, M. Lebossé se retirait auprès du château du Pas-de-la-Vente, dans un trou creusé au milieu d'une haie. Cette cachette, pratiquée sous la racine d'un hêtre, n'est pas encore comblée ; une personne y peut facilement rester assise. Le curé intrus connaissait bien, dit-on, la présence de M. Lebossé dans la paroisse de Passais et le lieu de sa retraite ; mais il garda le silence.

Après le rétablissement de la paix dans l'Eglise de France, le bon pasteur continua d'administrer sa paroisse avec beaucoup de zèle et de charité. Il eut la joie de ramener au bercail presque toutes les brebis égarées. L'Eglise de Passais avait besoin de réparations considérables. M. Lebossé les exécuta en grande partie à ses frais ; il se dépouillait avec joie de tout pour orner la maison de Dieu. Comme il avait beaucoup souffert pendant la persécution, il ne put résister longtemps aux fatigues du saint ministère. Il mourut le 23 octobre 1804 et fut inhumé par son ami et son confesseur, M. Boujiard, curé de Saint-Brice. Sa mort fut pleurée par tous les fidèles de sa paroisse, et sa mémoire est restée en bénédiction dans tout le canton de Passais.

2. M. Jean-François Higmard, d'Alençon, fut ordonné prêtre, en 1767, et nommé curé de Saint-Aignan-sur-Sarthe, quelques années après. Il ne voulut pas prêter le serment constitutionnel, lorsqu'arrivèrent les troubles religieux. On trouve dans les *mémoires* de l'abbé Marre des détails pleins d'intérêt sur ce pieux ecclésiastique. « La paroisse de Saint-Aignan-sur-
« Sarthe, écrit-il, était alors exceptionnelle sous le rapport du
« progrès : elle ne faisait toujours qu'un pasteur et qu'un trou-
« peau. Il y avait bien quelques brebis galeuses, quelques
« boucs ; mais ils se tenaient à l'ombre, et ils n'étaient pas dan-
« gereux ; ils ne désiraient pas même le remplacement de leur
« curé, qui continuait avec son vicaire d'exercer ses fonctions
« sans être troublé.

« On nomma néanmoins pour le remplacer un curé constitu-
« tionnel : ce fut un abbé Hébert, ancien professeur de rhéto-
« rique et fait prêtre à l'âge de quarante-cinq ans. Nommé par
« la volonté électorale, cet abbé Hébert se conduisit avec M. le
« curé de Saint-Aignan avec une grandeur d'âme et une géné-
« rosité bien admirable. Il vint le trouver au presbytère de
« Saint-Aignan et lui parla en ces termes : « Monsieur le curé,
« la voix publique vous a sans doute appris que l'abbé Hébert
« est votre remplaçant. Je suis ce prêtre, Monsieur le curé,
« prêtre qui serait honteux de vous succéder. Je suis venu ici
« pour rendre hommage à l'excellence de vos qualités, pour
« vous dire que je ne serai jamais votre successeur, tant que
« vous vivrez, et que je ne donnerai cependant pas ma démis-
« sion, afin de vous remplacer ici seulement sur le papier ».
« Cet acte de délicatesse et le bon esprit des habitants mainte-
« naient M. le curé et M. Chéron, son vicaire, dans l'exercice
« de leurs fonctions. Mais les patriotes des paroisses environ-
« nantes ne les laissèrent pas longtemps dans cette tranquil-
« lité.

« Le samedi 14 septembre 1791, il en vint environ une tren-
« taine, qui, sur les dix ou onze heures du soir, se trouvèrent à
« la haie qui clôt le jardin du presbytère de Saint-Aignan. A
« l'envi et pêle-mêle, ils brisèrent cette clôture. La cuisinière
« les entendit. Aller avertir son maître qui était couché fut
« l'affaire d'un instant. Celui-ci avait eu la précaution d'aviser
« à un gîte en cas d'alerte. Il l'avait trouvé dans sa cuisine,
« derrière une boiserie mobile, garnie d'un siége pour les do-
« mestiques, quand ils prenaient leur repas. Appliquée contre
« la muraille, elle masquait un cendrier, dont l'ouverture res-
« semblait assez à la gueule d'un four à patisserie. M. le curé,
« qui n'était ni grand ni gros, et qui n'avait pas eu le temps de
« se vêtir, fit vite renverser la boiserie, se coula par ce trou,
« se blottit sur la cendre, et la cuisinière se hâta de redresser la
« boiserie.

« Cependant les patriotes, qui étaient venus à bout de s'in-
« troduire dans la cour, frappaient à coups redoublés à la porte
« du presbytère. La cuisinière fut enfin obligée d'ouvrir. Une
« fois entrés dans la maison, ils allèrent droit à la chambre du

« curé ; ils trouvèrent une couverture en désordre, des draps
« encore chauds, et tous les vêtements d'un prêtre. Ils jugèrent
« bien que le curé ne devait pas être loin ; ils cherchèrent et
« fouillèrent partout, dans la sacristie, dans les confessionnaux,
« dans la chaire, puis n'ayant rien trouvé, il leur vint dans
« l'idée de monter au clocher. Ils y trouvent le vicaire, l'abbé
« Chéron, qui était allé à l'église pour confesser un monsieur,
« venu exprès, mais fort tard de Moulins. Ces deux messieurs
« ayant entendu de l'église tout le vacarme qui se faisait au
« presbytère, n'avaient pas osé sortir ; mais ils étaient montés
« tous les deux dans le clocher, dans l'espoir que, si l'on venait
« à l'église, on ne viendrait pas les dénicher là. Vain espoir !

« Descendus, le confesseur et le pénitent furent saisis ; les
« railleries, les outrages et les mauvais traitements les assailli-
« rent. Garrottés et attachés l'un à l'autre, pour comble de vexa-
« tion, ils furent conduits au presbytère et gardés à vue, tandis
« que leurs bourreaux se gorgeaient du vin de M. le curé. Tout
« ce que l'ivresse, la sauvagerie, la fureur peuvent inventer, ils
« l'entendirent. Pendant tout ce temps le curé était caché dans
« son trou, et ils ne le découvrirent pas.

« Après avoir ainsi passé la nuit dans l'orgie, nos héros déli-
« bérèrent entre eux pour voir ce qu'ils feraient du pauvre
« vicaire et de son pénitent. Ils résolurent de les amener à
« Champeaux, où ils arrivèrent sur les neuf heures du matin.
« Comme en ce moment la messe de l'intrus sonnait (c'était le
« dimanche 15 septembre), ils les entraînèrent dans l'église et
« les forcèrent de rester bon gré mal gré pendant la messe de
« l'intrus (1).

« Après la messe, ils se décident à renvoyer le pénitent ; mais
« considérant qu'il était convaincu d'aristocratie, puisqu'il
« avait été surpris en flagrant délit de confession à un prêtre
« insermenté, ils ne veulent le renvoyer qu'après lui avoir
« infligé une rude pénitence. Ils le font mettre à genoux, ils le
« prennent par la tête, et, avec leurs sabres, ils lui coupent et

---

(1) Le malheureux curé-jureur de Champeaux se jeta plus tard dans un puits : quand on le retira, ce n'était plus qu'un cadavre. Un grand nombre d'autres jureurs périrent misérablement.

« lui arrachent les cheveux, et le renvoient ainsi la tête ensan-
« glantée.

« Ils affourchent ensuite l'abbé Chéron sur un âne, le dos
« tourné vers les oreilles ʾde la bête, le visage vers la queue
« qu'ils lui font tenir d'une main, et dans l'autre ils lui mettent
« un paquet d'*auribus* flambant. Dans cet équipage, ils le diri-
« gent vers Bazoches et de là ils l'emmènent à Mortagne, où
« ils le promenèrent par les rues et le déposèrent à la geôle.
« Je n'ai pu savoir ni quand, ni comment il était sorti de
« prison.

« Quant au curé de Saint-Aignan, il resta dans sa paroisse
« jusqu'à la fermeture des églises ; mais j'ignore ce qu'il est
« devenu ensuite ».

Ce bon pasteur passa en Angleterre, en 1792. Après avoir supporté avec une grande résignation les souffrances de l'exil, il eut la joie de voir le Seigneur exaucer les prières qu'il lui adressait sans cesse pour le rétablissement de la religion catholique en France. Rappelé dans sa patrie avec ceux des prêtres exilés pour la foi qui avaient survécu à la persécution, il se hâta de revenir porter secours à son troupeau désolé. Les registres de l'évêché nous donnent quelques détails sur les dernières années de ce bon pasteur. Ils nous apprennent qu'en 1804, M. Hignard, âgé de 61 ans, était encore curé de Saint-Aignan-sur-Sarthe. Ils ajoutent qu'il était d'une santé très-faible, instruit, bon directeur, et qu'il jouissait d'une excellente réputation. Il mourut peu de temps après dans la paroisse à laquelle il avait consacré toutes ses affections sur la terre.

VI.

PRÊTRES RESTÉS DANS NOS CONTRÉES.

1. M. Julien-Jean Legallois, né à la Ferté-Macé, en 1750, montra, dès ses plus tendres années, beaucoup de zèle pour défendre les intérêts de Dieu. On le voyait reprendre avec une sainte ardeur ceux de ses compagnons d'enfance qui s'abandonnaient en sa présence à quelque désordre. « Voici un trait,

« écrit M. l'abbé Vauloup, curé de Couterne (1), que je lui ai
« entendu raconter plusieurs fois et qui prouve combien son
« enfance a été innocente. A l'âge d'environ huit ans, ayant fait
« la rencontre de deux jeunes gens, à qui il entendit proférer
« des blasphèmes, il en fut si indigné qu'au risque d'en être
« maltraité il se mit à leur représenter avec force la sévérité
« des jugements de Dieu et les peines de l'enfer que méritaient
« leurs blasphèmes ».

Comme le désir de travailler à la gloire de Dieu se développait dans son cœur, à mesure qu'il avançait en âge, ses parents l'envoyèrent au collége ecclésiastique de Domfront. Là son grand amour de la prière, son humilité, sa douceur et sa modestie angélique brillèrent d'un nouvel éclat. Nous citerons encore sur ce point le témoignage de M. le curé de Couterne, parce que personne n'a eu plus de rapports que lui avec le serviteur de Dieu. Il écrivait en 1817 (2) : « J'ai entendu
« dire à plusieurs prêtres de ma connaissance, qui lui ont
« succédé dans la maison où il demeurait à Domfront, que
« leur maîtresse de pension ne pouvait leur parler, sans verser
« des larmes, de l'innocence de vie et de la pureté de mœurs de
« ce digne pensionnaire, quoiqu'il y eût déjà plusieurs années
« qu'il eût quitté Domfront ». La dévotion à la sainte Vierge était la source où il puisait les grâces dont il avait besoin pour mener cette vie angélique. Il ne laissait passer aucun jour sans lui rendre quelque hommage particulier, ni aucune de ses fêtes sans faire une communion en son honneur. Dieu se plut à bénir les études de ce pieux enfant de Marie. Doué d'un esprit vif et pénétrant, d'une élocution facile et agréable, d'une imagination brillante, M. Legallois emportait dans ses compositions les suffrages de tous ses maîtres. Il se signala surtout au séminaire de Saint-Sulpice, où il fut envoyé pour faire ses études philosophiques et théologiques. On rapporte qu'il obtint les premiers prix dans tous les concours qui eurent lieu à Saint-Sulpice pendant le temps de son séminaire (3).

Ordonné prêtre quelques années seulement avant la révo-

(1) Oraison funèbre de M. Legallois, prononcée au mois de décembre 1817.
(2) Ibid.
(3) *Notice* manuscrite *sur M. Legallois*, par M. le curé de Couterne.

lution, le serviteur de Dieu renonça sans peine aux honneurs qu'un séjour plus prolongé à la capitale semblait lui promettre. Embrasé d'une sainte ardeur pour travailler au salut des âmes et dilater le royaume de Dieu, il revint dans son diocèse, et se mit à la disposition de son évêque. La ville d'Ambrières eut le bonheur de le voir débuter dans la carrière ecclésiastique. Il exerça ensuite le saint ministère dans la ville de Mayenne. En 1820, on parlait encore avec admiration, dans ces deux paroisses, du zèle et du dévouement sans bornes avec lesquels ce pieux vicaire travaillait à l'œuvre de Dieu (1).

Il exerçait depuis quelque temps les fonctions pastorales à Couterne, lorsque l'orage révolutionnaire commença à gronder sur la France. En voyant la haine mortelle que les chefs de l'impiété avaient jurée au catholicisme, il comprit qu'une horrible persécution allait se déchaîner contre l'Eglise et qu'il ne faudrait pas moins que le bras de Dieu pour la sauver. Il redoubla ses prières, ses mortifications, ses jeûnes, et ses tendres exhortations à son peuple, afin de le tenir étroitement attaché à l'Eglise romaine. Bientôt parurent les décrets de l'Assemblée qui prescrivaient à tous les ecclésiastiques employés dans le ministère de prêter le serment constitutionnel, ou d'abandonner leurs églises à des intrus. Quelque dure que fût cette alternative pour le cœur de M. Legallois, il ne balança pas un instant à faire ce que lui prescrivait sa conscience.

Chassé de son église par les gardes nationaux à la suite de son refus de serment, il resta dans sa paroisse, malgré les lois de proscription portées contre les prêtres, et continua, au péril de ses jours, de travailler au salut des âmes. Il contribua puissamment par ses prières et ses charitables exhortations à ramener à la véritable Eglise plusieurs curés et vicaires de son voisinage, qui avaient oublié un instant la fidélité due au Saint-Siége. Parmi ces ecclésiastiques ramenés par M. Legallois à la communion de l'Eglise, on cite M. l'abbé Lelandais, vicaire de Couterne, qui fut plus tard déporté à Rochefort et mourut martyr de la foi catholique.

Vers la fin de 1793, M. Legallois, quoique vénéré dans sa

---

(1) *Notice* manuscrite *sur M. Legallois*, par M. le curé de Couterne.

paroisse, fut obligé de la quitter, parce que la crainte de la mort empêchait les fidèles de lui donner asile. Il se retira d'abord dans la paroisse de Taillebois (1), chez une de ses sœurs, puis dans la ville de Laval, où il avait quelques connaissances. Il y exerça en secret le saint ministère, surtout auprès des malades. Revenant un soir d'administrer un moribond, il fut arrêté par un militaire qui le conduisit devant son général comme prêtre insermenté. La peine de mort était encore appliquée aux ecclésiastiques réfractaires que l'on arrêtait sur le territoire de la république. Le général, jetant les yeux sur M. Legallois, vit bien à son air de modestie et de distinction qu'il était prêtre. « A quoi juges-tu, dit-il au militaire, que « cet homme est un prêtre ? — A son habit vert-bouteille. — « Imbécile, reprit le général, si tu m'amènes tous les hommes « en habit vert-bouteille, tu m'amèneras comme prêtres la « moitié des habitants de Laval. — Citoyen, dit-il à M. Legallois, « je vous demande pardon pour les procédés de ce militaire. « Retirez-vous ». Rentré chez lui, M. Legallois écrivit au général une lettre de remercîment, à laquelle celui-ci répondit avec amabilité.

M. Legallois ne se contentait pas de défendre la religion par ses œuvres, il la défendait encore par ses écrits. Je n'ai pu retrouver ceux qu'il publia au commencement de la révolution ; mais on conserve plusieurs ouvrages qu'il composa de 1796 à 1801.

Celui qui paraît être le premier, dans l'ordre chronologique, est une *Lettre d'un curé de campagne à un de ses amis à Laval, touchant la liberté des opinions sur les matières controversées, particulièrement touchant la soumission* (2). L'auteur y soutient avec beaucoup de talent, « qu'en attendant le jugement de « l'Eglise sur la soumission aux lois de la république, chacun « peut suivre l'opinion qui lui paraît la plus probable ». — « Ici les faits parlent », s'écrie l'apôtre de la charité. « Un grand « nombre d'hommes, il est vrai, recommandables par leur piété « et leur savoir, sont opposés à la soumission. Mais aussi un

---

(1) Taillebois, canton d'Athis, arrondissement de Domfront (Orne).
(2) Manuscrit de dix pages in-folio.

« grand nombre, certainement aussi recommandables, la sou-
« tiennent, témoin les Eglises du Mans, d'Alençon, de Blois, de
« Tours, de Noyon, de Verdun, de Toulouse, de Lyon, de Bor-
« deaux et de Paris. Donc la diversité des opinions sur la sou-
« mission ne doit faire impression sur personne, puisque ceux
« qui sont divisés n'en sont pas moins catholiques. Cette con-
« séquence est nécessaire. Le principe sur lequel elle porte
« n'est pas particulier à saint Augustin (qui dit que la diversité
« des *opinions* entre les évêques ne nuit point à l'unité), c'est
« une règle de l'Eglise. Les maîtres de l'école donnent tous
« pour certain que lorsque les théologiens sont divisés d'opi-
« nion sur une question, chacun peut suivre celle qui lui pa-
« raît la plus probable. Que penser donc de la charité et de la
« justice de ceux qui, sur une matière controversée, ont osé
« censurer pour leur opinion des hommes dont la jeunesse n'a
« été qu'une suite de travaux pénibles, édifiants et utiles à la
« religion, et la vieillesse n'a été que périls, que combats, que
« tourments pour la foi ? Ne jugez point sur les dehors ; mais
« jugez selon l'équité », dit saint Jean. « On a donc foulé aux
« pieds cette maxime de l'apôtre, en accusant de lâcheté de
« généreux athlètes, qui revenaient du combat tout chargés
« de lauriers, en taxant contre toute apparence de relâchement
« en la morale des hommes vénérables, qui venaient de braver
« mille morts pour confesser Jésus-Christ ».

Le second ouvrage de M. Legallois a pour titre : *Entretien
sur la validité et la légitimité du ministère des prêtres soumissionnaires par un curé de campagne à un de ses amis à Laval* (1).
Dans cet écrit, dont on voit déjà clairement le but, l'auteur
nous apprend un fait important pour l'histoire ecclésiastique :

« Le pape, dit-il, a refusé nommément d'approuver le *Mémoire
« de M. l'évêque de Boulogne contre la soumission*. C'est M. l'évêque
« de Châlons-sur-Marne qui l'a mandé, et, quoique ce Prélat ait
« fait faire la soumission, il n'en est pas moins croyable sur
« un fait qu'il dépose... Huit ou neuf évêques réfugiés en An-
« gleterre ont refusé leur approbation et leur seing à l'*Instruc-*

(1) Manuscrit de dix-neuf pages petit in-quarto.

« tion des évêques résidant à Londres contre la soumission. C'est
« M. l'archevêque d'Aix, un des plus savants et des plus distin-
« gués Prélats de l'Eglise de France, qui a mandé ce fait à son
« grand-vicaire à Paris ».

L'auteur, en terminant son travail, conjure les fidèles de cesser toute controverse sur un sujet qui de lui-même n'est propre qu'à ranimer la persécution contre le clergé, en manifestant son opposition à l'ordre de choses établi. « Hélas », s'écrie-t-il, « nous ne sommes pas encore sortis de ces terribles
« défilés, où le Seigneur en sa colère a fait prendre l'Arche
« sainte, et déjà nous ne craignons plus de déceler notre mar-
« che par nos cris imprudents, nous ne craignons pas de faire
« fondre de nouveau sur nous les Philistins ! Dieu juste ! Quels
« étaient donc nos crimes, dont le sang de tant de martyrs n'a
« pu effacer le souvenir devant vous, puisque vous les punissez
« encore par de si étranges renversements de raison ! » Quelques mois après on portait en effet de nouvelles lois de proscription contre le clergé.

En 1798, M. Legallois publia de nouveaux ouvrages sous ces différents titres :

Réponse à quelques difficultés contre les mariages décadaires ;

Deuxième réponse à quelques difficultés contre les mariages décadaires ;

Observations sur la deuxième brochure de M. le Docteur Marin... contre les mariages décadaires ;

Rapport de la controverse sur les mariages décadaires.

L'auteur avait pour but de combattre les doctrines du docteur Marin N., qui soutenait, contre le sentiment de tous les évêques de France, qu'il n'était pas permis aux époux d'aller à la réunion décadaire déclarer leur consentement de mariage, pour le rendre légal. « C'était prendre part, disait ce docteur,
« à un culte superstitieux, et lui donner de l'éclat par cette
« démarche solennelle ». M. Legallois lui répondait : « L'unique
« fin que se proposent les époux est de déclarer leur mariage
« conformément à la loi. Cette fin est bonne. Donc la présence
« des époux à la décade n'est pas illicite ».

Une prétendue lettre pastorale du citoyen Charles-François d'Orlodot, curé constitutionnel de Saint-Vénérand-de-Laval, élu par le peuple évêque de la Mayenne, le 6 février 1799, donna occasion à M. Legallois de combattre le schisme avec une nouvelle ardeur. Pour confondre l'impudence du sectaire qui pressait les catholiques de son département de reconnaître la légitimité de son titre et de revenir à l'unité de foi, M. Legallois fait appel aux témoignages des Pères les plus vénérés dans l'Eglise, à ceux des conciles, des Papes et des Docteurs les plus célèbres, et prouve d'une manière invincible qu'on ne doit rien aux évêques intrus, aux évêques mis par violence, aux évêques dont la succession n'est pas constante. Pour donner une idée de la force avec laquelle M. Legallois attaque son adversaire, nous citerons seulement un passage de son ouvrage.

« Suivant Bossuet, dit-il à l'apostat, *vous êtes sans autorité,*
« *votre titre seul porte votre condamnation.* Suivant saint Optat,
« *vous êtes usurpateur, comme placé sur le siége d'un autre, du vi-*
« *vant du premier évêque ordonné, et ce seul fait décide la question*
« *contre vous.* Suivant saint Chrysostome, *vous êtes un adultère.*
« Suivant saint Cyprien et toute l'Eglise, *M. de Gonssans* (1)
« *étant premier, vous ne pouvez être second, vous êtes un étranger,*
« *un profane, vous êtes hors la maison de Dieu*, et hors la maison
« de Dieu, point d'administration légitime des sacrements, point
« de salut. Si vous n'êtes point glacé d'effroi à la lecture de ces
« autorités irréfragables qui vous foudroient, si la crosse
« n'échappe pas de vos mains, vous êtes perdu, et je ne vois
« plus en vous que la triste victime des vengeances éternelles.
« Ah ! du moins perdez-vous tout seul. La réprobation n'est
« consommée qu'au terme. On ne hait nécessairement les
« hommes, on ne cherche nécessairement à leur nuire, que
« quand on est devenu par la mort l'associé du démon. Ne les
« haïssez donc pas d'avance. Ne les séduisez plus en disant
« comme vous faites que vous offrez de nous rendre compte de
« votre foi. Pourriez-vous ignorer la faiblesse de ce piége gros-
« sier ? Eh ! que nous importe quelle est votre foi ?... Jetez
« donc loin de vous cette mitre, qui ne peut obscurcir, aux
« yeux d'un païen même, le signe de la bête empreint sur votre
« front en caractères ineffaçables... Plus d'invitation, je vous

---

(1) Evêque légitime du Mans.

« prie. Avant de nous tendre les bras, il fallait penser à guérir
« la lèpre qui les couvre, et je vous conseille pour cela les eaux
« du Jourdain, *qui rendent la chair saine et nette.* Nous avons ce
« fleuve qui n'arrose que l'héritage du Seigneur, et vous n'avez
« que ceux de Samarie. Pourriez-vous balancer? »

Cette *lettre* est certainement le plus remarquable de tous les ouvrages composés par M. Legallois pour la défense de la religion (1).

Vers la même époque, René Liger, prêtre de Mayenne, causait à l'administration du diocèse du Mans de sérieux embarras, en publiant différentes brochures pour justifier le *serment de haine à la royauté*, condamné par l'évêque du Mans et plus tard par le Saint-Siége. Comme il avait répandu ses principes avec l'ardeur qui le caractérisait, une grande division se produisit dans le pays de Mayenne. M. Legallois essaya de lui ouvrir les yeux sur la fausse voie dans laquelle il s'engageait. « Il lui
« adressa, dit le R. P. dom Piolin (2), une lettre remplie de cha-
« rité, l'avertissant de l'effet fâcheux que ses brochures produi-
« saient parmi les fidèles et le clergé. En écrivant cette lettre,
« toutefois, le curé de Couterne avait cru devoir garder l'ano-
« nyme. Il reçut aussitôt une réponse commençant ainsi : « Qui
« que vous soyez qui reprenez mes écrits, recevez-en le témoi-
« gnage de ma reconnaissance. Faites-vous connaître et je vous
« ouvrirai mon cœur, et je vous prendrai pour juge. Vous ne
« m'êtes suspect que par la bonne, mais fausse idée que vous
« avez de moi. Vous ne devez voir en moi qu'une mesure bien
« stricte de talents et par malheur le plus grand abus de ces
« talents, que j'aurais dû consacrer à l'édification publique, etc.»
« Ce début donna de l'espoir, et cet espoir ne fut pas trompé.
« Liger fit un voyage à Laval et il prit pour juges Julien Legal-
« lois, Etienne Leveau, curé de la Gravelle et un troisième
« ecclésiastique, promettant de s'en rapporter à ce qu'ils exi-
« geraient de lui. La vue du bien de la religion fit accepter aux
« juges la commission délicate qui allait leur échoir. Ils crurent

(1) Elle a pour titre : *Lettre d'un curé de campagne en réponse à la pastorale de M. d'Orlodot, se disant évêque de la Mayenne.* Brochure de 24 pages in-8º, imprimée à Paris, chez les Frères Associés.

(2) *L'Eglise du Mans durant la Révolution*, t. IV, p. 9.

« trouver dans les trois dernières brochures de l'auteur, les
« seules dont ils s'occupèrent, des propositions peu exactes ou
« hasardées, et certaines autres qui n'étaient pas suffisamment
« respectueuses envers le dépositaire de l'autorité épiscopale.
« Ils demandèrent en conséquence la suppression de ces trois
« brochures et une réparation envers Charles Duperrier, vicaire-
« général, administrateur du diocèse du Mans. René Liger se
« soumit avec une docilité vraiment édifiante. Les trois arbitres
« s'accordèrent d'ailleurs à rendre hommage à la pureté de ses
« mœurs, à son zèle, à sa science, à sa franchise et à ses autres
« qualités. Ce fut pour les arbitres un vrai bonheur que de
« pouvoir écrire tout ce qui s'était passé à Charles Duperrier ».

Jusqu'à la fin de la révolution, M. Legallois ne cessa de procurer, souvent au péril de sa vie, la gloire de Dieu et le salut de ses frères. Le 11 janvier 1800, le gouvernement consulaire qui venait de remplacer le Directoire, ayant publié une loi, d'après laquelle les ministres du culte pouvaient exercer publiquement leurs fonctions, en promettant simplement fidélité à la nouvelle Constitution, M. Legallois ne balança pas à faire cette promesse. Il publia même en 1801 une lettre intitulée :
« *Adresse de l'ancien curé de ... à ses confrères de l'arrondissement*
« *de Laval, sur la prestation de leur serment de fidélité au gouver-*
« *nement* (1) ». Dans cette lettre, qui a pour but de montrer la légitimité de la soumission aux gouvernements établis, l'auteur rappelle la doctrine de l'Eglise à ce sujet, puis il ajoute :

« Quoique l'encens qu'on brûlait à *Marat* ne nous portât
« qu'une odeur de mort, quoique les cruautés des *Lebon*, des
« *Carrier* que l'enfer avait vomis pour ravager et dépeupler la
« plus belle portion de la terre, révoltent encore notre imagina-
« tion, nous eussions respecté en ces suppôts de la tyrannie la
« plus légère portion de l'autorité publique, s'ils en eussent été
« revêtus... Pour habiter un pays, il faut être soumis à son
« gouvernement, quel qu'il soit ; nous l'avons toujours professé,
« nous n'avons cessé de le dire. Mais ce n'était plus là ce qu'on
« entendait par soumission aux lois. On entendait alors une

---

(1) Brochure de 8 pages in-4°, imprimée à Laval, chez François Boutevillain, rue Renaise, n° 289.

« soumission active, approbatrice, coopérante à quelque loi que
« ce fût, ce que notre conscience nous défend à l'égard de celles
« qui seraient contraires à l'Evangile, en nous obligeant néan-
« moins à souffrir et à ne pas nous révolter contre elles ».

On lit à la fin de cette brochure les lignes suivantes, qui montrent que tous les prêtres en France ne jouissaient pas de la même tranquillité que M. Legallois.

« On incarcérait, dit-il, on déportait encore dans les îles nos
« frères surpris dans l'exercice de nos saintes fonctions : et nous,
« sous la protection de notre sage Préfet, nous faisions retentir
« de nos hymnes sacrées l'auguste temple d'Avénières, et autres
« qu'il nous permit de rouvrir : nous allions publiquement
« porter les consolations de la religion aux malades, aux mou-
« rants, aux criminels même, qui allaient périr sous le glaive de
« la loi (1) ».

Enfin une paix générale ayant été rendue par le Concordat à l'Eglise de France, M. Legallois revint à Couterne et reprit l'exercice de ses fonctions pastorales avec une ferveur qu'on ne saurait décrire. Après avoir consacré au Seigneur les prémices de sa journée et retrempé son zèle dans l'oraison et l'offrande du saint sacrifice, il travaillait avec une sainte ardeur à la gloire de Dieu, soit au confessionnal, où sa bonté paternelle attirait un grand nombre de pécheurs, soit à sa chambre, où il se livrait à la composition de sermons pathétiques, par lesquels il remuait jusqu'au fond du cœur les pécheurs les plus endurcis. Pour convertir et sauver les âmes, il employait tous les moyens imaginables, prédications, catéchismes, visites fréquentes aux malades et aux pauvres pécheurs, services empressés, aumônes abondantes, surtout vie de prière, vie édifiante et mortifiée. Dieu bénit tellement ses travaux, qu'au bout de quelques années les traces malheureuses de la révolution avaient disparu dans sa paroisse et la piété des anciens jours avait refleuri. Les sacrements y étaient si fréquentés, que les simples dimanches étaient comparables pour le grand nombre des communiants aux fêtes principales des autres paroisses.

---

(1) M. Legallois atteste dans cette brochure qu' « à Rochefort, il périt *cinq cent cinquante* prêtres déportés sur *huit cents* ».

Dès les premières années de son épiscopat, Mgr de Boischollet, évêque de Séez, étant venu dans le canton de la Ferté-Macé, pour y faire la visite des églises et administrer aux fidèles le sacrement de confirmation, distingua sans peine M. Legallois parmi tous les ecclésiastiques du canton. Il portait sur sa figure un tel caractère de sainteté, sa conversation était si édifiante, sa science si étendue, sa maison et sa paroisse si bien réglées, qu'il se concilia de suite l'estime du vénérable évêque. A partir de ce moment, il entretint avec lui une correspondance très-active, et lui demanda plusieurs fois des conseils que les ennemis de M. Legallois présentèrent plus tard à Napoléon Bonaparte comme funestes à la paix du diocèse. On conserve une pièce qui peut nous donner une idée de cette correspondance : c'est un projet de règlement pour une école ecclésiastique que Mgr de Boischollet voulait établir dans son diocèse en 1804 (1). Non-seulement on ne trouve dans cet écrit aucune expression contraire au gouvernement, mais on y voit une sagesse, une prudence et une modération admirables. On y remarque le passage suivant qui sert comme de préambule à tout l'ouvrage :

« Aujourd'hui la tourbe des philosophes a redoublé d'efforts
« pour emporter d'assaut la forteresse (2) que ne purent enta-
« mer les fiers géants qui les précédèrent (3). On sait trop à
« quel état de faiblesse ils ont réduit la garde intrépide (4) que
« la mort seule peut désarmer. Son nombre est considérable-
« ment diminué. Il faut tâcher de la compléter. Ce n'est pas
« assez. Il est nécessaire d'établir des écoles propres à former
« ces jeunes combattants. C'est un des plus grands soins des
« premiers pasteurs. C'est avec la plus grande satisfaction que
« je vois le très-révérend évêque de Séez mettre le premier les
« mains à cette œuvre importante. Daigne le ciel bénir une
« entreprise qui n'est que pour la gloire de Dieu et le salut des
« âmes. Je me regarderais comme trop heureux, si hors de

---

(1) Manuscrit de 10 pages petit in-4º.
(2) L'Eglise catholique.
(3) Les premiers persécuteurs, Néron, Domitien, Dèce, Dioclétien, Julien l'Apostat, etc.
(4) Le clergé.

« combat faute de forces, je pouvais contribuer en quelque
« chose à l'accomplissement d'un si beau dessein ».

L'auteur expose ensuite ses idées sur le choix du supérieur de la nouvelle école, sur celui des maîtres, et sur la manière de diriger et d'instruire les élèves. Cet ouvrage fait le plus grand honneur à la science et à la piété du serviteur de Dieu.

Vers la fin de l'année 1805, un des chanoines de la cathédrale étant venu à mourir, Mgr de Boischollet nomma M. Legallois au canonicat vacant et le fit agréer par le gouvernement, quoiqu'il fût déjà noté à la préfecture comme *ayant donné de très-mauvais conseils à l'évêque*. C'était une erreur bien regrettable ; car les seuls conseils que le bon pasteur se permît de donner à son supérieur ecclésiastique, lorsque l'obéissance le forçait à parler, avaient uniquement pour but le bien de l'Eglise et la bonne administration du diocèse.

M. Legallois connaissait trop bien le caractère irascible et l'ambition effrénée de Napoléon, pour croire qu'on pût le provoquer impunément. Dans toutes les affaires qui touchaient au pouvoir civil, il recommandait la plus grande circonspection. Ses conseils, dictés par la prudence, n'étaient pas toujours suivis par le vénérable évêque, qui avait cependant la plus grande confiance en M. Legallois, puisqu'il l'avait honoré du titre de vicaire-général. Ce prélat s'inspirait avant tout de son zèle pour la gloire de Dieu. Cependant, à force de froisser, sans le vouloir, cette administration ombrageuse, qui surveillait ses moindres démarches, il s'attira la disgrâce de l'empereur. Tous les prêtres du diocèse, surtout M. Legallois, souffrirent alors cruellement des malheurs de leur pieux évêque.

Pendant les cinq années qui précédèrent ce déplorable événement, le confesseur de la foi rendit au diocèse de Séez les services les plus importants. C'est à lui qu'est due en grande partie la fondation des retraites annuelles que Mgr de Boischollet faisait donner à ses prêtres, et l'établissement du petit séminaire de la Ferté-Macé (1808). Les religieuses de la Sainte-Famille étaient en butte aux persécutions de l'administration civile, qui ne voulait souffrir que les corporations religieuses consacrées à l'éducation de la jeunesse ou au soulagement des malades. M. Legallois, pour sauver cette communauté naissante, qui devait être un jour l'ornement de ce diocèse, conseilla à la vénérable fondatrice d'établir dans sa maison une manufacture de fil et de renoncer pour un temps à porter l'habit religieux. Il favorisa aussi le rétablissement de la communauté de la Providence de Séez, et la fondation d'une autre maison religieuse dans la même ville, celle de l'Adoration perpétuelle. Plusieurs curés surtout, persécutés par les administrations municipales de leur paroisse, trouvèrent en cet homme de Dieu un défenseur plein de bienveillance et d'habileté.

En 1809, l'usurpation du domaine de Saint-Pierre consommée violemment par Bonaparte ayant attiré sur son gouvernement une sentence d'excommunication, le tyran y répondit par un ordre d'arrêter le pape Pie VII, et de le conduire prisonnier à Savone. Toute la France catholique gémit en apprenant ce sacrilége attentat contre la liberté du vicaire de Jésus-Christ. M. Legallois crut devoir redoubler de prudence pour ne point irriter inutilement ceux qui le considéraient déjà comme un ennemi. Ce fut peut-être le motif qui le porta à s'éloigner pour quelque temps de la ville de Séez.

Il était depuis un mois dans sa terre de la Pigeonnière, à la Ferté-Macé, lorsqu'il reçut une circulaire, où Mgr de Boischollet recommandait à ses prêtres de chanter la messe et les vêpres les jours de fêtes supprimées par l'indult du cardinal Caprara, après avoir averti les fidèles qu'ils n'étaient pas tenus d'y assister (1). Presque nulle part dans le diocèse de Séez, on ne célébrait ces fêtes avec solennité, et le gouvernement voyait avec un extrême déplaisir qu'on invitât les fidèles à les sanctifier. M. Legallois n'eut pas plus tôt reçu cette circulaire, qu'effrayé des dangers qu'elle pouvait susciter à l'administration épiscopale, il accourut à Séez pour conseiller au prélat une circulaire qui modifiait la première.

(1) Le Saint-Siége avait supprimé, le 9 avril 1802, l'obligation de sanctifier un certain nombre de fêtes très-anciennes dans l'Eglise. « Il voulait cependant que dans aucune église rien ne fût innové dans l'ordre et le rite des offices et des cérémonies qu'on avait coutume d'observer aux fêtes supprimées, mais que *tout fût entièrement fait comme on avait coutume de faire jusqu'à présent* ». Voir l'*Indult* pour la réduction des fêtes, *Cours de droit canon*, par M. l'abbé André, art. *Fête.*

Il prenait de telles précautions pour ne point blesser le gouvernement, que, dînant un jour avec quelques confrères chez M. François, curé de Notre-Dame d'Alençon, il refusa de voir la bulle d'excommunication portée contre le gouvernement impérial, qu'un ecclésiastique offrait de lui lire ou du moins de lui montrer. « Je prévois, dit-il, qu'il y aura des victimes à « l'évêché ; je serai du nombre. Quand on me demandera si j'ai « vu la bulle (il y avait peine de mort portée contre celui qui « conservait cette pièce), je ne veux pas mentir, je ne veux pas « même m'y exposer ».

Malgré sa réserve et sa prudence, M. Legallois fut dénoncé à plusieurs reprises par un officier municipal de la commune de Séez, comme ayant empêché l'évêque d'assister au mariage des Rosières (1), comme auteur de la circulaire où ce prélat recommandait aux curés de chanter la messe et les vêpres les jours de fêtes supprimées, enfin comme étant la cause principale que l'évêque outrait les mauvais traitements à l'égard de quelques prêtres assermentés (2). Sans se mettre en peine de vérifier si ces dénonciations avaient quelque fondement, le préfet Lamagdeleine les remit à l'empereur, qui visitait alors les principales villes de Normandie avec la nouvelle impératrice Marie-Louise. Le serviteur de Dieu ne tarda pas à voir éclater la colère du despote. Comme celui-ci devait passer par Séez, à six heures du soir, le 31 mai 1811, pour se rendre à Alençon, Mgr de Boischollet, accompagné du clergé et des habitants de la ville, se rendit devant le portail de la cathédrale pour le recevoir au moment de son arrivée. Mais, malgré ces marques d'honneur et les cris répétés de : « Vive l'empereur », qui saluèrent son passage sur la place du Parquet, le soldat corse parvenu au trône daigna à peine faire au clergé une ombre de salut. M. Legallois était en ce moment près de l'évêque. « Monsei« gneur, lui dit-il, nous sommes perdus. — Dieu nous garde, « répondit le pieux évêque, ne craignons rien ! »

Le soir du même jour, à dix heures, le prélat reçut une dé-

---

(1) Les Rosières étaient souvent des filles très-peu honorables, qu'on faisait épouser à d'anciens militaires, après les avoir dotées *aux frais des villes*.

(2) Mgr de Boischollet ne demanda jamais à ces prêtres que le strict accomplissement de leurs devoirs ; c'était beaucoup trop pour quelques-uns d'entre eux.

pêche de l'empereur, qui lui enjoignait de se rendre de suite à Alençon avec ses grands-vicaires et les membres de son chapitre. Comme le lendemain était le saint jour de la Pentecôte, il crut qu'il était appelé pour célébrer pontificalement devant l'empereur. Mais quelle ne fut pas sa surprise, lorsque admis le lendemain au lever du prince, il l'entendit éclater en reproches au sujet de sa circulaire relative aux fêtes supprimées, de son refus d'assister au mariage des Rosières, et de sa prétendue vérité à l'égard des prêtres constitutionnels ! « Vous voulez « donc la guerre civile, ajouta le despote. Vous l'avez déjà faite. « Vous avez trempé vos mains dans le sang français (1). Je vous « ai pardonné, et vous ne pardonnez pas aux autres, misérable? « Rendez-moi votre croix. » Le noble évêque détacha de sa poitrine la croix de la Légion d'honneur, qu'il avait reçue au sacre de l'empereur en 1804, et la lui rendit sans mot dire. — « L'autre, » reprit l'empereur. — Sire, dit alors le vénérable évêque, celle-là, je l'ai reçue de Dieu, vous ne l'aurez jamais. Après lui avoir dit qu'il n'était qu'*une bête*, Napoléon lui ordonna de se retirer (2). Le vénérable évêque sortit.

Les grands-vicaires et les membres du chapitre furent alors introduits devant Bonaparte. Il se tenait les genoux sur une chaise, les mains appuyées sur le dossier. Ils s'apprêtaient à intercéder pour leur évêque, lorsque Bonaparte, leur imposant silence, leur dit sur ce ton violent et grossier qu'il prenait souvent dans ses colères : « Quel est celui d'entre vous qui « conduit son évêque, lequel d'ailleurs n'est qu'une bête ? » On lui désigna M. Legallois (3). — Ah ! c'est donc vous qui conduisez votre évêque. Eh ! pourquoi ne lui avez-vous pas conseillé d'assister au mariage des Rosières ? — Sire, répondit M. Legallois, Dieu sait que je ne conduis point mon évêque. J'étais

(1) M. l'abbé Boischollet, exilé pour la foi en 1792, était rentré en France en 1795 pour y travailler au salut des âmes, malgré les lois de proscription portées contre les prêtres catholiques. C'est là ce que Bonaparte appelait tremper ses mains dans le sang français.

(2) Note de M. l'abbé Radiguet, ancien grand vicaire de Séez.

(3) M. l'abbé Vauloup, curé de Couterne, ancien vicaire et ami intime de M. Legallois, rapporte que ce fut M. Leclerc, vicaire général titulaire de Mgr de Boischollet, qui fit cette déclaration.

même absent depuis plusieurs semaines à l'époque du mariage de ces rosières. — Pourquoi avez-vous fait faire à votre évêque une circulaire au sujet des fêtes supprimées? — Sire, pour vous dire encore la vérité, je n'étais pas à Séez, lorsque cette circulaire a été faite. Aussitôt que j'en ai eu connaissance, je suis revenu pour conseiller une circulaire tout opposée qui a effectivement paru. — Où étiez-vous donc? — Dans ma famille. — Comment avec un évêque pareil, étiez-vous si souvent absent? Et qui donc alors gouverne le diocèse? Et pourquoi vous êtes-vous rendu auprès d'un évêque comme ça, pour être son grand vicaire? — « Sire, j'ai obéi à mon supérieur. » Bonaparte adressa aux autres chanoines quelques paroles flatteuses pour adoucir un peu l'impression que cette scène leur avait produite, puis il les congédia.

En s'en retournant à Séez, M. Legallois dit à Mgr de Boischollet : « Il est certain qu'on veut nous sacrifier ; pour moi, quand je ne coucherais pas ce soir dans ma maison, je n'en serais pas surpris. » Le vénérable évêque voulait lui ôter cette idée, mais elle revenait souvent dans la conversation. Arrivé à l'évêché, M. Legallois accompagna l'évêque jusqu'à son appartement. Il ne l'avait pas encore quitté, lorsqu'il aperçut un officier de police qui s'avançait dans la cour vers l'escalier du palais. « Monseigneur, dit-il, c'est moi qu'on vient chercher. » L'officier arrive en effet, demande M. Legallois, et lui déclare qu'il a ordre de l'arrêter. On ne lui permit pas même d'entrer chez lui pour prendre les effets nécessaires à son voyage. Il fut obligé de passer la nuit dans une des pièces de l'évêché avec l'officier de police. Pendant ce temps, le juge de paix mit les scellés sur tous ses papiers, qui furent envoyés à Paris.

Le lendemain matin l'officier municipal, qui, plusieurs fois avait dénoncé M. Legallois à la préfecture, vint, accompagné de deux gendarmes, lui commander de le suivre. Quand il le vit entre les deux gendarmes, il lui dit d'un air de satisfaction : « Ah! il y a longtemps que je vous gardais cela. »

L'arrestation de M. Legallois fut un coup de foudre à l'évêché et dans la ville.

Sur ces entrefaites, un officier de la maison de l'empereur vint dire au vénérable évêque que, pour éviter un sort pareil à celui de M. Legallois, il n'avait qu'un moyen à prendre : envoyer sa démission. On dit que M. Leclerc, vicaire-général, lui donna aussi un conseil plus prudent que courageux. Après avoir considéré quelques instants devant Dieu quel était le parti le plus favorable à la paix de son clergé, il envoya sa démission à l'empereur, en conservant toutefois l'exercice de la juridiction épiscopale jusqu'à ce que le pape eût pourvu à l'évêché de Séez, par une nouvelle nomination.

Pour M. Legallois, victime de la calomnie et de son dévouement à la cause de l'Eglise, il fut conduit par deux gendarmes à la prison d'Alençon. Comme il n'avait aucun argent sur lui, M. Basile Binet, alors élève au grand séminaire, pria M. Bazin, son vénérable supérieur, de lui prêter vingt-cinq louis, qu'il porta avec une lettre à M. François, curé de Notre-Dame d'Alençon, afin que celui-ci les fit passer au serviteur de Dieu. Sur la demande de M. François, le concierge, se chargea de remettre l'argent au vénérable prisonnier, mais non la lettre, à moins qu'elle ne fût lue par la police, attendu que M. Legallois était au secret.

Le lendemain M. Legallois fut dirigé sur Paris. Les gendarmes qui le conduisaient avaient ordre, pour ne pas offenser les populations, de le traiter avec tous les égards possibles, ils avaient même quitté leur uniforme. Arrivé à Paris, M. Legallois fut conduit à la prison de la Force, et mis au secret pendant onze jours. Il couchait sur la paille d'un malheureux que l'on venait de traîner à la guillotine. Il comparut ensuite devant M. Patrice, préfet de la police impériale. Celui-ci lui demanda ses noms, prénoms, et les différents postes qu'il avait occupés dans le ministère. M. Legallois lui ayant dit qu'il avait été curé de Couterne, M. Patrice se rappela que son oncle, ancien curé de Neuilly-le-Vendin (1), lui avait souvent parlé avec beaucoup d'éloges d'un M. Legallois, curé de Couterne. « Etes-« vous, lui dit-il, ce M. Legallois qui administrait la paroisse « de Couterne, du temps que M. Patrice était curé de Neuilly-« le-Vendin ? — Oui, Monsieur, répondit le saint prêtre, et « j'étais très-lié avec l'ecclésiastique dont vous me rappelez le

---

(1) Neuilly-le-Vendin, à deux lieues de Couterne (Mayenne).

« nom. — Mais vous jouissiez d'une très-bonne réputation dans
« ce temps-là. — Monsieur, reprit en souriant le serviteur de
« Dieu, je ne crois pas l'avoir perdue. Ce n'est pas un déshon-
« neur de paraître aujourd'hui devant vous. En effet, lorsque
le vicaire de Jésus-Christ et les cardinaux les plus fidèles à la
sainte Eglise Romaine étaient prisonniers de Bonaparte, lorsque
les plus saints évêques, particulièrement Mgr de Boischollet,
étaient en exil, c'était une gloire pour un simple prêtre d'être
associé aux souffrances de ces nobles confesseurs de la foi.
M. Patrice donna connaissance à M. Legallois des accusations
qui pesaient sur lui et l'invita à choisir un avocat d'office. « Je
« n'en ai pas besoin, répondit le serviteur de Dieu ; je demande
« qu'on me permette de me défendre moi-même ».

Ses moyens de défense furent présentés deux jours après
à Fouché, ministre de la police. Celui-ci chargea le Préfet de
l'Orne, Lamagdeleine, de s'assurer à Séez si les faits rapportés
par M. Legallois pouvaient être confirmés par des témoins
dignes de foi. Il s'en trouva beaucoup plus que les ennemis du
saint prêtre n'auraient voulu. Fouché, voyant que toutes les
accusations étaient fausses, se montra bienveillant pour
M. Legallois, et lui fit dire que, s'il avait quelques affaires à
Paris, il s'empressât de les régler ; car il ne doutait pas qu'à
la première occasion l'Empereur ne prît connaissance des
pièces de son procès et ne le fît mettre en liberté. Mais le despote, après avoir lu le rapport de Fouché et le mémoire justifi-
catif de M. Legallois, en bâtonna les pages à grands traits de
plumes. « Ce chanoine a trop d'esprit, s'écria-t-il, c'est un
« homme dangereux, à Vincennes ! » Il ne voulait pas avoir
tort aux yeux du public, après avoir donné tant d'éclat à
l'arrestation d'un innocent.

Le serviteur de Dieu fut donc conduit à Vincennes, où il
passa neuf mois. Les premiers jours on le laissa au donjon ;
mais il fut ensuite descendu dans les cachots. Là, en plein
midi, il avait besoin d'un flambeau pour dire son bréviaire. Ce
fut en vain que le Préfet de police adressa plusieurs supliques
à l'Empereur, dans lesquelles il disait qu'il avait fait les perqui-
sitions les plus minutieuses, et qu'il n'avait rien trouvé de compromettant pour M. Legallois. L'empereur entrait en fureur,

lorsqu'il entendait proclamer innocent un prêtre qu'il avait jugé coupable, et il le gardait en prison. M. Legallois avait pour compagnon de captivité, le général Lahorie, Malet, et quelques autres détenus politiques, qui (le 24 octobre 1812) entreprirent de renverser Bonaparte et d'opérer une nouvelle révolution (1). Quoique le serviteur de Dieu n'eût jamais voulu communiquer avec ces hommes, on essaya de l'envelopper dans leur condamnation. Mais, après quelques jours d'examen, on rougit de donner suite à un pareil projet.

Cependant la santé de M. Legallois déclinait rapidement au milieu de traitements aussi injustes et des chagrins qu'ils ne pouvaient manquer de lui causer. Vers la fin de 1812, ayant éprouvé une attaque de paralysie, il obtint la permission de se faire transférer dans une maison de santé, située dans la rue Pivacoine, à Paris. Là du moins il put correspondre librement avec sa famille, et recevoir des nouvelles sur l'état des affaires ecclésiastiques en France. Combien il versa de larmes sur les malheurs du Saint-Père, prisonnier à Fontainebleau, sur la mort de son vénérable évêque, décédé dans l'exil, le 23 février 1812 (2), sur l'oppression exercée, à l'égard du chapitre de Séez, qu'on avait obligé, sous les peines les plus graves, de nommer pour vicaire capitulaire un prétendu évêque, désigné par l'Empereur et repoussé par le Pape ? Cependant l'excès même des maux de l'Eglise lui fit espérer des jours meilleurs dans un avenir peu éloigné. Il se dit : « Dieu n'abandonne jamais « son Eglise ; il commande à la tempête de s'apaiser, alors « même que les hommes sans foi s'écrient que tout est per- « du. »

(1) Voir *Biographie universelle*, art. *Malet*.

(2) Sa vie avait été celle d'un saint. Né le 6 juin 1746, il entra de bonne heure dans l'état ecclésiastique, devint chanoine honoraire, puis grand-vicaire et archidiacre du diocèse de Nantes, où il rendit d'importants services, surtout au commencement de la révolution. La persécution l'ayant obligé de quitter son diocèse, en 1792, il y revint en 1795, et, pendant quatre ans, il exposa sa vie tous les jours pour travailler au salut des âmes. Sacré évêque de Séez, le 16 mai 1802, il fit beaucoup de bien dans ce diocèse, et s'attira, par ses vertus apostoliques, la vénération de tout le clergé. Il fut victime de son zèle et de son attachement à l'Eglise romaine, et mourut, exilé de son diocèse, le 23 février 1812. On trouva sur lui le cilice qu'il avait toujours porté.

Dans la maison de santé où il avait été conduit, il y avait plusieurs prisonniers politiques d'une grande distinction. On y voyait entre autres M. Jules de Polignac, qui fut ministre sous la estauration, et qui se faisait alors un honneur de répondre à la messe du serviteur de Dieu, car on lui avait permis de dire la messe pour alléger sa captivité. On y voyait aussi le célèbre baron de Géramb, adonné dans le monde à tous les faux plaisirs qui éloignent les âmes de Dieu. Il fut touché de la grave et pieuse tenue de M. Legallois, de ses paroles animées de la foi la plus ardente, et de ses raisonnements invincibles en faveur de la religion. Dès lors il résolut de changer complètement de vie et même de se consacrer à Dieu. Un jour il conduisit le saint prêtre au bas du jardin attenant à la maison où ils étaient détenus et le pria d'entendre sa confession. M. Legallois, qui se défiait de la sincérité de sa conversion, se montra surpris d'une pareille demande. « C'est sérieux, reprit le baron pénitent, « et c'est sincère. — Je m'en réjouis, repartit M. Legallois; « mais je n'ai pas le pouvoir de vous confesser. Je vous ferai « venir, si vous le désirez, un prêtre de la ville. — Toute ma « vie, je vous en serai reconnaissant, ajouta M. de Géramb, « cependant mon bonheur serait plus grand encore, si vous « daigniez vous-même me préparer au grand acte de ma récon- « ciliation avec Dieu, en m'instruisant des vérités de la foi. »

M. Legallois se prêta avec une joie bien vive au désir de son illustre ami. Sorti de prison, M. de Géramb devint le célèbre trappiste du Port-du-Salut, près Laval, qui édifia toute la France par sa pénitence et le récit de son voyage en Terre-Sainte. Quant à M. Legallois, il resta prisonnier jusqu'à la chute de Bonaparte.

Il n'eût pas plutôt recouvré la liberté, qu'il revint dans sa chère paroisse de Couterne, dont il avait été comme arraché par la volonté de son évêque. Il trouva auprès de M. l'abbé Vauloup, son ancien vicaire devenu curé de Couterne, tous les soins de l'amitié la plus respectueuse et la plus prévenante. « J'ai vu de près, écrit ce bon pasteur, le vénérable « M. Legallois pendant ses trois dernières années; nous vivions « ensemble d'un bout du jour à l'autre. Je ne puis exprimer « l'impression qu'ont faite sur moi son éminent savoir, ses

« admirables vertus et la tendre dévotion qu'il avait pour le
« Saint-Sacrement. Combien de fois ne l'ai-je pas vu verser de
« grosses larmes en ouvrant le tabernacle, tant sa foi en la pré-
« sence réelle était vive dans le moment qu'il tenait entre ses
« mains le corps du Dieu vivant ! On pouvait dire de lui alors
« ce qu'on disait du vénérable évêque d'Amiens, M. de la
« Motte, que le Seigneur était porté par un de ses meilleurs amis.
« Sa piété n'était pas moins vive envers la Mère du Divin Sau-
« veur. Il a toujours eu pour elle une si tendre dévotion, qu'il
« n'a pas manqué un seul jour, depuis son séminaire, la réci-
« tation du chapelet, quelques affaires qu'il ait eues. Lui-même
« m'en a fait l'aveu dans l'intimité. Un soir qu'il était très-
« fatigué et que la nuit était très-avancée, je me permis de lui
« représenter qu'il pouvait bien remettre au lendemain la ré-
« citation de son chapelet, et prendre le repos nécessaire à
« l'état de sa santé : « Mon ami, me répondit-il, je n'ai point
« encore manqué un seul jour à réciter le chapelet depuis que
« je suis sorti du séminaire. Ce n'est pas aujourd'hui que je
« cesserai de donner à notre bonne Mère cette marque d'hon-
« neur. » Cette tendre dévotion pour la Mère de Dieu, il l'avait
« eue dès sa jeunesse, puisque pendant ses études il ne passait
« aucun jour sans réciter le petit office de la Sainte Vierge, qui
« est presque aussi long que le bréviaire.

« Avec une telle piété, quel zèle n'avait-il pas pour glorifier
« Dieu, réveiller la foi et faire fleurir la vertu... Quelle com-
« passion pour les malheureux, quelle charité pour tous les
« hommes en général, et en particulier pour ses ennemis. Ah !
« il n'a jamais connu le moindre ressentiment contre eux ; il
« leur a toujours pardonné généreusement, il les aimait au-
« tant que lui-même. Combien n'était-il pas charitable et bien-
« veillant même à l'égard de ces hommes ennemis de tout bien,
« qui se rencontrent quelquefois dans le monde ! Lorsqu'en
« sa présence on en parlait avec mépris, que de fois je lui ai
« entendu répliquer, comme un second Saint François de Sales :
« Dieu les supporte bien tels qu'ils sont ; pourquoi ne les sup-
« porterions-nous pas aussi ? »... C'est, il n'y a pas de doute,
« cette piété admirable, cette héroïque charité, jointes à
« ses rares et vastes connaissances, qui lui méritèrent la con-

« sidération dont il jouissait dans l'esprit de beaucoup d'évê-
« ques.
« Aussi sa fin a-t-elle été celle d'un saint et d'un grand saint.
« Plus d'un mois avant sa mort, il ne parlait que du ciel, ne
« respirait que le ciel, et ne cessait de chanter cette belle stro-
« phe de l'hymne de la Toussaint (1) ».

*Cœlo quos eadem gloria consecrat,
Terris vos eadem concelebrat dies :
Læti vestra simul præmia pangimus,
Duris parta laboribus.*

Il ne prévoyait pas cependant une mort prochaine. Mais Dieu lui donnait comme un avant-goût des joies de la patrie, auxquelles il touchait. Au mois de novembre 1817, Mgr. Saussol ayant exigé qu'il allât résider à Séez pour l'aider dans l'administration du diocèse, qu'il avait dirigé pendant plusieurs années, M. Legallois se rendit à la Ferté-Macé, afin de faire ses adieux à sa famille (26 novembre 1817). Comme il entrait dans la ville il fut frappé une seconde fois de paralysie. On le transporta au presbytère, où il se confessa et reçut les sacrements de l'Eglise avec une foi admirable. Quelques heures après une apoplexie se déclara. Le confesseur de la foi rendit son âme entre les mains de son bon Maître, le 1er décembre 1817.
« Après sa mort, ajoute M. le curé de Couterne, il semblait
« qu'on voyait reluire sur ses traits la gloire céleste dont il
« jouissait. Telle est l'impression qu'éprouvèrent un grand nom-
« bre de fidèles, qui allèrent contempler sa dépouille mortelle
« avec une pieuse admiration. »

Ce fut une consternation générale dans tout le pays, lorsqu'on apprit la mort du saint prêtre. Une foule immense de fidèles se rendit à la Ferté-Macé pour assister à ses funérailles. Il fut inhumé dans le cimetière de Saint-Denis par M. Laforge, curé de Bellou, en présence d'un grand nombre de prêtres, venus plutôt pour se recommander aux prières du serviteur de Dieu, que pour implorer la miséricorde divine en sa faveur. Les magistrats s'associèrent à ces marques de vénération données

(1) Hymne tirée du bréviaire de Séez, imprimé en 1737.

par le clergé et le peuple au noble confesseur de la foi, et, lorsque, quelques jours après, M. l'abbé Vauloup, curé de Couterne, prononça son oraison funèbre dans son église paroissiale, il put s'écrier avec vérité : « Que pourrais-je dire qui approche de l'é-
« loquence de ses funérailles ? Les magistrats, les autorités ci-
« viles et militaires dans un recueillement religieux et empreint
« de douleur, une foule immense de fidèles, qui, pour venir ho-
« norer ses obsèques, remplissait tous les chemins qui abou-
« tissent au bourg qui a reçu ses derniers soupirs, ses enfants
« désolés qui réclamaient les dépouilles de leur tendre père, qui
« cherchaient avec tant d'empressement à arroser son tombeau
« de leurs larmes, la consternation générale de tout le pays,
« quelle oraison funèbre que celle-là ! Bossuet et Fléchier en
« firent-ils de plus éloquente ? »

Plus de cinquante ans se sont écoulés depuis la mort de ce vénérable serviteur de Dieu ; le souvenir de ses vertus est encore vivant dans les paroisses qu'il a évangélisées. Plusieurs vieillards, qui l'ont connu, n'en peuvent parler sans que leurs yeux se remplissent encore de larmes. « Pour moi », écrit le vénérable curé de Couternes, « je ne taris pas, quand je parle de
« ce saint homme, et je ne crains pas de rappeler quelquefois
« en chaire ses admirables sentiments de piété (1). »

2. Un an s'était à peine écoulé que Dieu appelait à lui le vénérable prêtre qui avait présidé aux funérailles de M. Legallois. M. Jean-Louis Laforge était né à Loisey près Mortagne, en 1750. Son père, qui exerçait la profession de marchand, se faisait remarquer dans toute la ville par son exquise probité, la douceur de son caractère et sa fidélité à remplir ses devoirs religieux. Sa mère, qui était une personne recommandable sous tout rapport, faisait l'édification de la ville par sa piété aussi vive qu'éclairée. Formé à la vertu dès l'âge le plus tendre par des mains aussi pures, cet enfant s'adonna au service de Dieu avec une ferveur extraordinaire. On rapporte que dès l'âge de sept ans il fit part à ses parents de la résolution qu'il avait formée de se consacrer au service des autels (2).

---

(1) Lettre du 10 octobre 1871.
(2) *Oraison funèbre de M. Jean-Louis Laforge*, par M. Verdrie, ancien vicaire de Bellou.

Il fut envoyé à Séez pour y commencer ses études. C'est là qu'il eut le bonheur de faire sa première communion. Son recueillement, sa ferveur angélique, son visage plein de grâce et tout brillant de la charité qui consumait son cœur, attirèrent l'attention de tous les fidèles qui assistaient à cette touchante cérémonie. Son application à l'étude était proportionnée à l'ardeur de sa piété. Comme il avait reçu de Dieu une mémoire et un jugement excellents, il ne tarda pas à faire la joie de ses maîtres par ses progrès rapides dans les sciences. Chaque année il remportait presque tous les premiers prix de sa classe. Ses compagnons d'étude le lui pardonnaient facilement, car sa douceur et sa modestie lui gagnaient tous les cœurs.

Après avoir terminé ses humanités, il se rendit à Paris pour s'y livrer à l'étude de la théologie. Au rapport de plusieurs prêtres qui l'ont connu, la pénétration de son esprit excita souvent l'admiration des professeurs de la Sorbonne, où il était allé puiser l'enseignement théologique. Un cœur moins humble que le sien aurait pu songer à profiter de ces talents et de ces connaissances pour se lancer dans une plus vaste carrière ; mais le serviteur de Dieu n'en choisit point d'autre que celle de la pauvreté. Lorsqu'il eut achevé son cours de théologie, il revint avec joie dans son diocèse, où il fut élevé au sacerdoce (septembre 1776). Après avoir été pendant quelques années vicaire d'Eperrais, il accepta avec beaucoup de reconnaissance la place de chapelain de Saint-Michel à l'Hôtel-Dieu de Séez (novembre 1784).

Cependant Notre-Seigneur Jésus-Christ avait d'autres vues sur son humble serviteur. Au mois de décembre 1785, Mgr d'Argentré lui conféra la cure de Bellou-en-Houlme. C'était, comme aujourd'hui, une des paroisses les plus considérables du diocèse. Elle avait eu successivement deux pasteurs remplis de talents et de piété. Cependant il y restait bien des vices à corriger et bien des ignorants à instruire. M. Laforge se mit courageusement à l'œuvre. Par ses prédications et ses catéchismes il avait opéré déjà beaucoup de bien, lorsque le feu de la persécution vint mettre sa charité à l'épreuve.

« Le bon pasteur doit donner sa vie pour son troupeau », telle fut la règle de conduite qu'adopta le serviteur de Dieu. Malgré le décret de déportation lancé contre tous les prêtres attachés à l'Eglise romaine, malgré les violences horribles exercées contre les prêtres catholiques par les colonnes mobiles de Domfront et de la Carneille, malgré la mort cruelle dont le menaçaient les persécuteurs, l'intrépide soldat de Jésus-Christ demeura ferme au poste que son évêque ou plutôt la divine Providence lui avait confié. Il ne bornait pas son zèle à porter à ses paroissiens les secours de la religion, toutes les paroisses environnantes eurent part aux bienfaits de sa charité. On parle encore avec attendrissement à Briouse, à Sainte-Opportune, à Durcet, à Landigou, à Echalou, à Saires, à la Coulonche et au Mesnil-de-Briouse, des prodiges de zèle qu'il opérait pour sauver les âmes. Les vieillards qui l'ont connu, attestent qu'on ne saurait dire combien de fois il exposa sa vie pour donner aux malades les consolations de la religion, combien de fois il fut poursuivi par les colonnes mobiles, combien de fois il n'échappa à la mort que par une espèce de miracle, Dieu voulant le conserver à son peuple, afin de montrer ce que peut un seul prêtre animé de l'Esprit de Dieu.

Quoiqu'il n'ait pas succombé à la violence de la persécution, il est certain que sa vie, surtout pendant les temps de la Terreur, fut un long et cruel martyre, tant il eut de fatigues et de privations à supporter. Plusieurs fois, à la suite de longues courses faites dans la neige, les ongles lui tombèrent des pieds; plusieurs fois il se vit dévoré par la vermine dans les horribles cachettes où il était forcé de se retirer; plusieurs fois il lui fallut passer des nuits entières en plein air ou dans le milieu d'une haie, avec des vêtements tout trempés par la pluie ou glacés par le froid. Mais la charité qui consumait son cœur était plus forte que les éléments.

Au mois de mai 1795, le gouvernement ayant prescrit aux prêtres catholiques de faire un acte de soumission aux lois, s'ils voulaient exercer publiquement leur culte, M. Laforge fit cet acte de soumission « sous la réserve expresse de tout ce qui concernait la foi, la morale, la discipline et la hiérarchie de l'Eglise catholique, apostolique et romaine ».

Le 19 fructidor an III, en la séance publique de l'Administration du département de l'Orne, présidée par le citoyen Chesnel, et où étaient les citoyens Renault, Bourdon, Vangeon, Launay, Josselle, Savary, et Delangle, procureur-général-syndic, le Directoire prit l'arrêté suivant relatif à ce fidèle serviteur de Dieu :

« Vu les déclarations faites à la municipalité de Bellou, le
« 27 thermidor dernier par les citoyens Jean-Louis Laforge, Jac-
« ques-François His, et Pierre-Charles Féret, tous trois prêtres
« insermentés, par lesquelles ils déclarent « qu'ils se proposent
« d'exercer le ministère de la religion catholique, apostolique et
« romaine dans l'étendue de ladite commune, et déclarent
« que « sous la réserve expresse de tout ce qui concerne la
« foi, la morale, la discipline et la hiérarchie de l'Eglise catho-
« lique, apostolique et romaine, ils vivent soumis aux lois de la
« République, autant que leurs principes religieux le leur per-
« mettent, » de laquelle déclaration ils ont requis acte, lequel
« leur a été décerné conformément à la loi du 11 prairial der-
« nier (30 mai 1795) ; du 14 fructidor dernier ;

« Le Directoire, considérant que la loi du 11 prairial n'admet
« aucune restriction dans « la déclaration de soumission aux
« lois de la République » que doivent faire les ministres de tout
« culte, que la *Lettre du comité de législation* du 22 thermidor
« dernier porte « qu'on ne doit point accepter une soumission
« qui renfermerait d'autres expressions que celles déterminées
« par la loi, que cette soumission doit être pure et simple, sans
« modifications, réserves ni exceptions. »

« Considérant encore que le ministre d'un culte quelconque,
« qui l'a exprimé et désigné par sa déclaration conformément
« à la loi, n'a plus besoin de faire de réserves et exceptions pour
« la manifestation de ses opinions religieuses suffisamment
« indiquées par cette déclaration, qu'ainsi sa soumission aux
« lois doit être pure et simple ;

« Le Directoire du département arrête, ouï sur cela le procu-
« reur-général-syndic, que les déclarations, faites par lesdits
« citoyens Forge, His et Féret, sont nulles et qu'ils sont tenus
« de se conformer à la loi du 11 prairial dernier dans celles
« qu'ils seront tenus de réitérer à ladite municipalité de Bellou,
« et que, jusqu'à ce qu'ils les aient réitérées, et qu'il leur en ait
« été décerné acte par ladite municipalité, ils ne pourront, aux

« termes de ladite loi, remplir le ministère du culte énoncé en
« leurs dites déclarations sous les peines portées par l'article 5 de
« la loi dudit jour 11 prairial, et que le présent arrêté sera adressé
« au district qui le transmettra à la municipalité pour être
notifié auxdits Laforge, His et Féret pour s'y conformer (1). »
(suivent les signatures).

Incapables de transiger avec leur conscience, M. Laforge et ses deux confrères aimèrent mieux recommencer une vie de souffrance et de dangers continuels que de faire une soumission absolue.

Le fidèle serviteur de Dieu ne porta point sa croix avec moins d'ardeur, lorsque la divine Providence eut mis fin à l'horrible persécution déchaînée contre l'Eglise. Il était épuisé de forces à la suite de ce long martyre de neuf années; cependant en voyant la riche moisson qu'il y avait à faire après ces années malheureuses, il reprit l'exercice public de ses fonctions avec un nouveau courage. Pendant plusieurs années il fut seul à administrer sa paroisse qui comptait près de 3,000 habitants. Avec un ministère si occupé, il n'eut pas à regretter un seul enfant mort sans baptême ou un seul malade mort sans sacrements. Il semblait se multiplier à mesure que les difficultés croissaient.

Nous empruntons à M. l'abbé Berthout, ancien curé de Saires, les détails suivants sur la vie intime de ce zélé serviteur de Dieu. « De son presbytère, qui était une vraie chaumière, pour
« se rendre à l'église, distante de plus de 200 mètres, il lui fallait
« traverser des fossés assez larges, pleins de boue et de fange,
« sur une étroite planche, quelquefois au péril de sa vie, la nuit
« surtout. Cependant, hiver comme été, il était à l'église dès
« quatre heures du matin. Je tiens de la bouche de ses pénitentes
« qu'après avoir été à confesse, elles rentraient chez elles avant
« le lever du reste de la famille. Son assiduité au confessionnal
« ne l'empêchait ni de visiter ses malades, ni d'assister, quand il
« en était invité, à un service dans les paroisses voisines. Il était
« pauvrement vêtu, mais propre, toujours avec le rabat, le

---

(1) Le Directoire de l'Orne prit un arrêté semblable par rapport à M. l'abbé de Monthaut, qui avait été déporté à Rochefort en 1793.

« ceinturon et le tricorne. Sa table était très-frugale ; parfois,
« m'a dit son premier vicaire, il n'y avait pas de pain à la cui-
« sine, les pauvres étaient passés par-là. Comme à cette époque
« il n'y avait point de traitement pour MM. les vicaires, ce bon
« curé, voyant partir son aide-de-camp pour une autre desti-
« nation, voulut partager avec lui soixante francs, son unique
« fortune. »

De son côté, M. Verdier, ancien vicaire de M. Laforge (1),
nous fait le portrait suivant de ce bon pasteur, avec lequel il
avait passé de longues et heureuses années (2). « Il était, dit-il,
« d'une douceur angélique, quoique d'un caractère très-vif ;
« mais il avait fait tant et de si généreux efforts, qu'il avait
« remporté une ample et glorieuse victoire sur son naturel. »

« Il était d'une humilité si profonde qu'il cédait à tous ses
« confrères, se mettait le dernier dans les sociétés où il se
« trouvait et se regardait comme indigne de toute espèce
« d'honneur. Les cures de canton, les cures de ville lui étaient
« offertes. Mais il a préféré la pauvreté aux richesses et l'hu-
« milité aux honneurs ».

« Jamais personne ne fut plus mortifié que mon cher curé.
« S'il prêchait, comme saint Jean-Baptiste, la pénitence et la
« mortification aux peuples qui venaient en foule l'écouter, il
« leur en donnait l'exemple ; car il m'a dit lui-même qu'il
« n'avait pas connaissance d'avoir manqué pendant quarante
« ans un seul jeûne ordonné par l'église. » (On rapporte même
qu'outre les jours de jeûne marqués par l'Eglise, il passait les
trois quarts de l'année sans prendre de nourriture avant midi.
Souvent il couchait sur la dure ou mettait des pierres dans
son lit, afin que, le corps étant dompté par la pénitence, l'esprit
s'élevât plus facilement vers le Ciel.)

« S'étant consacré au service de son Dieu et des saints autels,
« dès sa plus tendre jeunesse, il fut toujours d'une chasteté
« angélique. Il était si prudent dans ses expressions qu'il ne
« lui est jamais sorti de la bouche aucune parole équivoque.
« Les langues médisantes et empoisonnées, qui ne cherchent

(1) Il est mort curé de Bonsmoulins.
(2) *Oraison funèbre de M. Laforge*, brochure in-12 imprimée en 1819.

« que l'occasion de critiquer la conduite des prêtres, n'ont
« jamais parlé contre la chasteté qu'il avait vouée au Seigneur.
« On peut dire de lui ce qu'on disait de saint Jean-Baptiste,
« qu'il était regardé par tout le monde comme un saint
« homme ».

« Si M. le curé de Bellou a été un exellent modèle dans la
« pratique des vertus chrétiennes, on peut dire qu'il a encore
« plus excellé dans la pratique des vertus ecclésiastiques.
« Examinons-le depuis sa promotion aux ordres sacrés jusqu'à
« sa mort : tout dans sa conduite ne respire que le plus pur
« amour de Dieu ».

« S'il disait la messe, ce n'était qu'après s'être longtemps
« préparé à cette sainte action par une pieuse prière au pied
« des saints autels et par une longue méditation sur la grandeur
« des saints mystères qu'il allait célébrer... Il savait que c'est
« dans la méditation des vérités célestes que l'amour de Dieu
« s'enflamme... Son maintien, son air grave et composé, la
« sérénité de son visage inspiraient la piété et faisaient passer
« dans les cœurs les plus froids la plus tendre dévotion.
« Il était ce bon pasteur dont parle l'Apôtre, qui offre des
« sacrifices et des prières pour lui et pour son cher troupeau. »
(Hébr., v, 1.)

« Sa charité était si grande pour les peuples qui lui étaient
« confiés qu'il les nourrissait tous les jours de la parole de Dieu.
« Il ne se passait pas un dimanche, pas un jour de fête dans
« l'année qu'il ne fît retentir la chaire de vérité du bruit des
« oracles de la sainte Ecriture. C'était là surtout qu'il instrui-
« sait les ignorants des mystères de leur salut, là qu'il distri-
« buait aux forts le pain solide de la parole divine, là qu'il
« traçait aux pères et mères des règles de conduite pour vivre
« saintement dans l'état conjugal et élever leurs enfants dans la
« crainte de Dieu, là qu'il édifiait les âmes chastes en leur fai-
« sant goûter par avance les délices éternelles de la sainte pureté
« dont il était un si parfait modèle.

« S'il était zélé pour le salut des âmes, il ne l'était pas moins
« pour procurer à son prochain tous les secours temporels qui
« dépendaient de lui. A-t-il jamais refusé aux malheureux qui
« réclamaient sa charité ? Pauvre lui-même, il donnait comme

« la veuve de l'Évangile, de son nécessaire pour assister les in-
« digents. Mais s'il a fait du bien pendant sa vie, il a porté sa
« charité encore plus loin. Quels étaient ses projets avant sa
« mort? C'était d'édifier une maison de charité pour avoir deux
« sœurs de Providence pour gouverner gratuitement les pauvres
« et former les petites filles à la vertu ». Son zèle pour la bonne
éducation des enfants s'étendait même bien au-delà de sa paroisse; car il fut un des prêtres qui contribuèrent le plus
à l'établissement de la communauté de Notre-Dame-de-
Briouse, cette œuvre admirable qui fait aujourd'hui l'une
des principales gloires de notre diocèse et à laquelle tant
de communes des départements de l'Orne, de la Mayenne
et de la Sarthe, doivent des religieuses pleines de dévouement
à l'instruction des enfants et au soulagement des pauvres malades.

« Aussi l'on peut dire de cet homme de Dieu ce qu'on dit de
« saint Jean-Baptiste, dont il portait le nom, qu'il a été grand
« par sa piété envers Dieu, grand par sa dévotion envers la sainte
« Vierge, dont il récitait tous les jours le petit office, grand par
« sa fermeté à soutenir les principes de la foi dans le temps
« de la persécution, grand par sa chasteté, grand par ses
« prédications, en un mot, grand par la pratique de toutes les
« vertus ».

Cédant aux instances de l'administration diocésaine, M. Laforge accepta, le 15 mai 1812, la cure de Saint-Gervais-de-
Briouse. Mais son humilité et son attachement pour son ancienne paroisse le portèrent, dès le 20 juillet suivant, à se démettre de la cure de Briouse et à retourner à Bellou.

Cet homme de Dieu, qui ne vivait que pour le ciel, rendit
doucement son âme entre les mains de son Créateur, le
13 mai 1849. La vénération que les fidèles lui portaient pendant sa vie, a persévéré après sa mort. Plusieurs personnes
vont même en pèlerinage à son tombeau et la croyance popu-
laire est que plusieurs malades ont recouvré la santé par son
intercession.

3. M. Pierre Huet naquit à Flers, en 1741. Dès son enfance il
se fit remarquer par sa piété, sa douceur et sa tendre charité
pour les pauvres. Ordonné prêtre, vers 1770, il fut envoyé par

son évêque dans sa paroisse natale pour y remplir les fonctions de vicaire. Dix ans après il fut présenté à la cure d'Abbeville, près Falaise, par le seigneur temporel, et reçut de Mgr d'Argentré les pouvoirs nécessaires pour gouverner cette paroisse. Il s'y montra, comme à Flers, un prêtre selon le cœur de Dieu, l'exemple des fidèles et un modèle de la vie ecclésiastique. Il ne cherchait point à briller par le luxe des ameublements. Quoiqu'il eût une fortune assez considérable en biens patrimoniaux, il n'en paraissait rien dans la tenue de sa maison, tant il s'appliquait à pratiquer les conseils évangéliques touchant le détachement des richesses. Tous ses revenus passaient dans les mains des pauvres ou dans celles des ouvriers occupés à réparer son église. Il la fit restaurer en grande partie de ses propres deniers et lui procura tous les ornements nécessaires pour la célébration décente des saints offices.

Ses bonnes œuvres furent interrompues, en 1791, par la révolution. N'ayant pas voulu trahir par un serment sacrilége la fidélité due au chef de l'Eglise, ce bon pasteur fut chassé de son presbytère qu'il venait de faire rebâtir. Pendant plusieurs mois il trouva un asile dans les maisons des pauvres qu'il avait soulagés. Mais, en 1792, les persécuteurs lui ravirent cette dernière consolation : ils effrayèrent tellement par leurs menaces les personnes qui lui restaient fidèles, que, malgré leur respect et leur affection pour le représentant de Dieu, elles n'osèrent plus lui donner asile dans leurs pauvres demeures. M. Huet fut alors obligé de quitter sa paroisse et d'abandonner à la rapacité des révolutionnaires l'humble mobilier qui garnissait sa maison presbytérale. Il se réjouit alors d'avoir mis en pratique ce conseil du Sauveur : « Ne vous faites point de trésors sur la terre
« où les voleurs les dérobent, mais faites-vous des trésors
« dans le ciel, où il n'y a point de voleurs qui les déterrent
« et les dérobent, où ni la rouille ni les vers ne les con-
« sument ».

Il revint dans sa pieuse famille à Flers, où il déploya le zèle d'un missionnaire apostolique pendant tout le temps de la révolution. Ce n'était pas seulement les nuits qu'il passait à parcourir cette paroisse et les localités voisines, Messey, la Selle, Echalou, Landigou, Saint-Georges, Caligny, la Chapelle-Biche et la

Chapelle-aux-Moines, en plein jour on le voyait aller aux malades avec autant de calme que si l'Eglise eût joui d'une paix entière. Sa famille fut plusieurs fois menacée, pillée, insultée à cause de lui. Plusieurs fois même on attenta à la vie de son neveu, qui fut un jour blessé d'un coup de fusil. Rien ne put séparer ce bon pasteur de la paroisse de Flers, pour laquelle il désirait donner son sang. Notre-Seigneur se contenta de sa bonne volonté, et pendant huit ans que les colonnes mobiles de la Carneille, de Domfront et de Condé, égorgèrent comme à plaisir les prêtres et les chrétiens fidèles à leur religion dans les cantons de Flers, de Messey et de Tinchebray, il protégea son fidèle serviteur et le conduisit comme par la main au milieu des dangers.

Vingt fois il fut dénoncé à la colonne mobile de la Carneille, mais jamais les brigands qui la composaient ne purent mettre la main sur lui. Il avait des cachettes dans presque tous les villages, et, quand il se voyait serré de trop près, il se retirait à Caligny dans une pieuse famille du village de la Hârie, où il n'avait absolument rien à craindre. « Bien des fois, écrit un des « petits-neveux du serviteur de Dieu (1), M. Huet s'est rencontré « avec la garde mobile de la Carneille. Il portait sur son dos un « petit sac dans lequel étaient les ornements nécessaires pour « dire la messe. Ces égorgeurs de prêtres lui demandaient s'il « n'avait point vu le citoyen curé. Jamais il n'a été reconnu ». L'année la plus périlleuse et la plus pénible pour lui fut celle de 1794. Comme il y avait peine de mort portée contre les fidèles qui donnaient asile aux prêtres, ne voulant compromettre personne, il se retira près de dix mois sous une barge de genêts assez éloignée d'habitation. Il y souffrit cruellement; car l'hiver fut très-rude et très-long. Il y contracta des rhumatismes aigus et des douleurs de poitrine, qui firent du reste de sa vie un véritable martyre.

Après le Concordat, quoique M. Bertrand, ancien curé de Flers, fût revenu de l'exil, les fidèles avaient une telle vénération pour le serviteur de Dieu, qui mille fois avait exposé sa vie pour sauver leurs âmes, que Mgr de Boischollet crut devoir

---

(1) M. l'abbé Dumesnil, curé de Saint-Clair-de-Halouze.

lui donner le titre de curé de Flers. Il continua de mener une vie véritablement apostolique, tant elle était pleine de zèle, de piété et de charité pour les pauvres, de mortification et de dévouement.

« M. Huet, écrit un de ses anciens vicaires (1), était bien « l'homme du monde le plus mortifié que j'aie vu. Ordinairement « il ne buvait qu'un verre de cidre à son repas. Une fois seule- « ment dans sa vie il prit du café, pour obéir à Mgr Saussol, avec « qui il dînait au presbytère de Frênes, et une fois de l'eau-de- « vie par mégarde. La domestique avait apporté une bouteille « d'eau-de-vie, croyant que c'était du vin blanc. Je lui en versai « le tiers d'un verre ; il en goûta un peu et me dit : Ce vin là est « fort, prenez-en donc ». J'y goûtai, et je lui dis : « C'est de « l'eau-de-vie ; n'en prenez pas d'autre ».

« Il a jeûné tous les carêmes jusqu'à quatre-vingt-dix ans, « quoique n'aimant rien en maigre, et crachant souvent le sang « à pleine bouche. Un jour de jeûne, je l'ai vu, à quatre-vingt- « dix ans, prendre vers l'heure de midi une assiette de soupe à « la hâte, avant de partir pour visiter un malade, couper un « morceau de pain, monter à cheval, et achever son repas le « long du chemin. C'était bien l'homme infatigable, qui traite « rudement son corps et ne lui donne que le repos strictement « nécessaire. L'hiver, il ne faisait jamais de feu dans sa chambre, « quoiqu'elle fût très-froide. Cet homme de Dieu avait au moins « douze cents francs de rente de bien patrimonial, tout était « pour l'Église et les pauvres ».

Au mois de juin 1834, M. Huet fut frappé d'apoplexie au moment où il récitait l'Angelus. On le porta sur un lit où il resta dix-huit à vingt jours, souffrant beaucoup, mais avec une admirable résignation. M. l'abbé Guillard, son vicaire, lui administra le saint Viatique et l'Extrême-Onction. Le serviteur de Dieu répondit à toutes les prières comme dans sa parfaite santé. Peu de temps après, il expira doucement, et alla recevoir au ciel le prix de tant de bonnes œuvres qui avaient marqué sa longue et glorieuse carrière.

---

(1) M. l'abbé Guillard, ancien curé de la Sauvagère, religieux de l'abbaye du Port-du-Salut.

« Depuis trente-huit ans qu'il n'est plus de ce monde, écrit
« M. l'abbé Guillard, je n'ai pu oublier sa bienveillance pour
« moi, son humilité extraordinaire, son zèle infatigable et son
« dévouement apostolique. Je pense qu'en mourant il aurait pu
« dire comme saint Paul : « *Cursum consummavi* ».

FIN DU SUPPLÉMENT.

PIÈCES JUSTIFICATIVES

I.

Le curé un peu franc (1) *à Monsieur Lefessier, évêque constitutionnel du département de l'Orne* (2).

Monsieur,

Vous le savez : je suis franc et sincère (3) ; en cette qualité, je vous renvoie comme fort déplaisante la prétendue *Lettre pastorale* qu'on m'a remise de votre part. Les premières pages m'ont tellement révolté, qu'il a fallu me faire violence pour aller plus loin. Vous y parlez de paix et vous soufflez la guerre. Vous y parlez de charité et vous calomniez horriblement des hommes qui, après tout, valent bien au moins tous vos prêtres jureurs, sans excepter vous, M. Lefessier, leur évêque jureur. Vous nous parlez d'une guerre cruelle « de celle des brigands qui n'ont rien que leur férocité contre ceux qui possèdent, de celle qui soulève le sang contre le sang, qui égorge le père par le fils, le fils par le père ». Vous demandez ensuite : « Et pourquoi ces projets homicides contre le peuple français ? » Vous

---

(1) M. Gérard, curé de Mebeudin, près Argentan.

(2) Brochure in-8° de 30 pages, imprimée à Paris, chez Crapart, place Saint-Michel, n° 129.

(3) M. Gérard, qui habitait près d'Argentan et qui avait des parents en cette ville, y avait rencontré plus d'une fois l'ancien curé de Bérus, avant son élection à l'évêché de l'Orne. Il avait dû même le connaître intimement, puisque Fessier avait exercé pendant quelques années les fonctions de *prêtre condonné* à l'hospice d'Argentan, avant sa nomination à Bérus.

demandez si les instigateurs de ces férocités sont des *sauvages* ou des *barbares* ? Vous répondez : « Non, non ; ce sont des Français, ce sont de grands propriétaires ». Vous finissez par dire : *Ce sont des prêtres !* » Et quels prêtres ? ceux qui ont refusé un serment que vous avez prêté si volontiers, pour arriver de votre chaumière à la chaire de notre légitime Evêque. Sera-ce votre faute, Monsieur, si ce peuple auquel vous adressez vos exhortations ne se hâte pas d'égorger, de massacrer et *ces grands propriétaires et ces prêtres ?* Vous daignez ne pas nous mettre tous au nombre de ces prêtres féroces ; mais nous sommes, Monsieur, plus de trente mille curés, plus de vingt mille vicaires ou autres ecclésiastiques, qui avons reculé d'horreur à la seule proposition de ce serment. Combien de mille en faudra-t-il excepter pour égorger les autres, et complaire à votre charité envers les prêtres qui sacrifient tout plutôt que de se parjurer ? Vous avez la bonté d'ajouter qu'il *faut les laisser en proie à leur vaine fureur.* Voilà ce qu'on appelle vouloir garder un air d'humanité en même temps qu'on souffle la rage sur le peuple contre ses vrais pasteurs. Lorsque vous nous avez représentés en général comme des monstres, il est bien temps d'en excepter quelques-uns, et de dire un mot pour qu'on n'égorge pas les autres ? Est-ce là le langage de la paix et de la vraie charité, ou celui d'un faux pasteur, auquel la honte arrache une petite restriction pour quelques-uns de nous, mais qui voudrait en général se débarrasser au moins du grand nombre de ces prêtres plus fidèles que vous à leur conscience, à la foi catholique ? C'est bien autre chose quand vous en venez à nos évêques non-jureurs. De ceux-là vous n'en exceptez pas un seul. Ils pouvaient tout sauver par un mot, dites-vous charitablement au peuple : « ils préfèrent la désolation de l'Eglise, ils veulent votre ruine, votre damnation ». Après cette belle exclamation : « O mes frères ! ils n'ont donc pas la charité des chrétiens », et ici pas la moindre exception, nos cent vingt-huit évêques veulent la ruine, la damnation du peuple ! Charitable Lefessier, que diriez-vous à ce peuple, quand vous auriez contre eux la rage dans le cœur ? avouez que ce n'est pas là au moins le langage des Saints du temps passé.

Je ne vois pas non plus que saint Paul et saint Jean, qui connaissaient si bien cette charité, se soient beaucoup amusés comme vous à parler au peuple, de ce ton dur et impérieux, « des ministres, des intendants, des subdélégués, des commis, « des valets, et de tous les vils suppôts, si corrupteurs, si cor-« rompus de l'affreux despotisme », mais beaucoup, au contraire, du respect, de la soumission, que l'on doit à ses supérieurs, à ses maîtres, aux puissances. M. Lefessier, je vous le dis franchement, si j'avais voulu mettre le feu dans ma paroisse, échauffer les pauvres contre les riches, les serviteurs contre les maîtres, les sujets contre le roi et les ministres, les paroissiens contre leurs pasteurs, et tous contre les évêques, j'aurais prêché votre morale. Je n'aime pas à en changer. Reprenez votre pastorale, je me garderai bien de la lire à mes paroissiens.

Serez-vous au moins meilleur théologien que charitable chrétien ? Vous prétendez justifier tous les articles auxquels nous avons refusé de souscrire. Vous allez un peu vite dans ce plaidoyer : mais de combien d'erreurs il est rempli ! Je vous suivrai de près, mais ne dirai pas tout ; il me paraît que vous n'aimez pas à vous appesantir sur les questions : heureusement on peut n'être pas long et vous démontrer bien des choses.

ÉLECTIONS.

Ecoutez un instant sur cet objet un homme qui en sait un peu plus que vous. « Ces hérétiques (Luther, Calvin, et l'apos-« tat de Spalatro) soutenaient que l'élection des évêques par le « peuple était de droit divin », nous dit notre Saint-Père le Pape dans son *Bref* du 19 mars 1791. Vous voilà, M. Lefessier, tout comme Luther, Calvin et l'apostat Spalatro, soutenant cette même opinion que le Pape traite *d'erreur*, et qui en est une bien grande. Je vous renvoie au même *Bref* pour voir par combien de raisons votre prétention est détruite.

Vous citez Thomassin en preuve des élections du jour. Ici, comme sur bien d'autres articles de votre soi-disant *Pastorale*, il me serait facile de montrer que vous n'entendez pas seulement le point de la question. Thomassin vous a donné l'historique des anciennes élections ; il vous a montré des élections faites par le peuple, le clergé et les évêques, des élections faites par le clergé et les évêques, d'autres enfin par les évêques seuls ; mais, dans toutes, c'étaient les évêques qui avaient la principale autorité. Puisque vous l'avez lu, cet auteur, n'auriez-vous pas trouvé dans sa première partie, livre II, chapitre 14, n° 2, les paroles suivantes : « C'est la doctrine constante de saint Cyprien, quand il dit que les évêques de l'Eglise catholique ne nomment à cette dignité que par le jugement et le choix que Dieu même a fait et qu'il exécute par *l'autorité des évêques qui élisent* et des peuples qui rendent témoignage au mérite de celui qui a été proposé. C'est à mon avis ce tempérament qu'on gardait autrefois et que nous voyons observer dans les élections qui se faisaient dans ces premiers siècles. Il est vrai que le peuple y concourait par le témoignage qu'il rendait de la capacité de celui qu'on élisait, et ratifiait en quelque manière cette élection par son consentement. Il est vrai que le clergé avait encore plus de part aux élections, *mais il est également certain que c'était l'assemblée des évêques de la province qui présidait à l'élection des évêques et qui élisait effectivement*, après avoir écouté et examiné les dépositions, et les inclinations contraires ou favorables du clergé et du peuple ».

Voilà les vraies élections des premiers siècles, suivant saint Cyprien et Thomassin, et après cela vous osez nous parler de ces élections en preuve de celles qui se font aujourd'hui ? Ne voyez-vous pas, Monsieur, que vos élections constitutionnelles sont précisément tout le contraire des anciennes ? Dans celles-ci, c'étaient les évêques qui avaient la plus grande autorité : aujourd'hui il n'est pas même possible qu'un seul évêque assiste à l'élection. Non, pas un seul évêque ne peut y assister, puisqu'il ne peut y avoir qu'un évêque dans chaque département et que celui auquel on donne un successeur est mort.

Autrefois encore le peuple ne faisait que ratifier en quelque sorte par son consentement : aujourd'hui on laisse ce simple droit de ratification à un métropolitain : et s'il s'y refuse, voilà vos districts qui, malgré le métropolitain, vous placent Monseigneur sur son siége. A-t-on jamais rien vu de semblable dans l'Eglise ?

Que faites-vous d'ailleurs ! vous nous prouvez qu'autrefois il y avait des élections dans l'Eglise. Qui vous l'a jamais nié ? Ce n'est pas de cela qu'il s'agit. La question que vous esquivez, ou que vous ignorez, consiste à savoir si le droit d'élire appartenait au peuple, ou bien si c'était un simple effet du consentement de l'Eglise, d'une discipline que l'Eglise avait librement établie, qu'elle peut changer et abolir, comme elle l'a fait quand elle en a vu les abus, et qu'elle seule peut rétablir quand elle le juge à propos. En ce moment-ci, elle ne l'a point rétablie : le peuple s'est arrogé ce droit ; on le lui a persuadé aujourd'hui ; on l'a trompé, comme les grands hérétiques l'ont toujours trompé. Pour lui ôter ses vrais pasteurs, on lui a dit ce que Luther et Calvin lui disaient, parce qu'ils savaient bien qu'il était facile de tromper le peuple. Cette ressemblance, Monsieur, n'est pas de bon augure.

Vous abusez étrangement du texte de saint Léon et d'Hincmar. Sans doute, il est bon que celui qui doit présider à tous, soit agréable à tous, que chacun dans son genre ait part à l'élection, comme le peuple y avait part du temps de saint Cyprien ; mais prendre ces mots à la lettre comme un vrai droit de tous ceux qui doivent obéir, c'est vouloir que tout écolier ait le droit de choisir son maître, tout soldat son général, tout homme son roi. Introduisez ces beaux usages, et vous verrez se renouveler ces catastrophes qui ont détruit l'empire romain et coûté tant de sang à d'autres empires.

M. Lefessier, si les élections étaient un vrai droit du peuple, nous ne verrions pas saint Paul établir évêques et Tite et Timothée, saint Pierre en faire autant de saint Marc, saint Athanase de Frumentius, saint Basile d'Euphronius, et tant d'autres, sans recourir à cette élection du peuple. Nous ne verrions pas surtout le concile de Laodicée défendre qu'on laisse au peuple le choix de ceux qui sont élevés au sacerdoce et ordonner que les évêques soient élus par un concile (canon 13). Le cinquième concile de Latran n'aurait pas approuvé l'abolition de ces élections ; depuis si longtemps l'Église n'aurait pas péché contre le Saint-Esprit en se donnant des pasteurs contre le droit du peuple. C'est une véritable impiété, c'est une atrocité dans un évêque, c'est vouloir éteindre la foi dans le peuple, que de lui prêcher, comme vous le faites, que l'Eglise a péché contre les droits du peuple et de la raison, en ne lui laissant pas le choix de ses pasteurs ; mais il faut toute cette impiété pour vous soutenir sur votre siége épiscopal et vous n'y regardez pas de si près, Messieurs les prélats de la Constitution.

AUTORITÉ DU PAPE.

Ici vous prétendez que l'on vous calomnie, et en preuve de votre respect pour le Pape, vous nous citez une *lettre au Pape*, dans laquelle vous lui dites reconnaître hautement *sa primauté d'honneur et de juridiction*. Quoi ! vous reconnaissez cette juridiction, cette autorité du Pape sur vous et, malgré ses censures et ses suspenses, vous persistez à usurper le siége de votre véritable évêque, vous osez encore monter à l'autel et faire les fonctions d'évêque ! Savez-vous à quoi ressemble cette conduite, M. Lefessier ? à celle d'un enfant maudit, qui dit à son père qu'il reconnaît toute son autorité, qui lui fait de grandes protestations de respect, et lui crache au visage ou lui donne un soufflet, et persiste dans toute sa rébellion contre son père.

LES BULLES.

Vous les regardez comme le testament d'un père en colère, *ab irato*. Eh ! malheureux ! si cette indignation n'est que trop juste, croyez-vous qu'elle reste sans effet sur celui qui l'a méritée ! Quand la colère de Dieu même éclatera sur vous, *cum exarserit in brevi ira ejus* (Ps. II, 13), croyez-vous échapper à sa juste fureur ? La sentence de Jésus-Christ sur les damnés est aussi le testament de son indignation, son testament *ab irato :* vos sarcasmes contre son vicaire, il saura les venger et soutenir ses anathèmes (1).

LA CIRCONSCRIPTION.

Vous vous êtes moqué du Pape : voilà que vous vous moquez de vos lecteurs, tout en faisant semblant de les instruire. Les

---

(1) On a vu quelle fut la fin de Fessier.

croyez-vous donc assez bêtes, vos lecteurs, pour leur persuader que, parce que la terre appartient à César, il a droit d'établir, de resserrer, d'étendre, d'abolir les évêchés, les métropoles, comme bon lui semblera? Puisqu'il est maître de la terre, qu'il établisse tant qu'il voudra des ministres terrestres ; mais quel droit lui donne cette terre sur des pouvoirs tout spirituels, comme ceux des curés et des évêques? De quel droit viendra-t-il nous dire : « Là vous pourrez absoudre : ici vous ne le pourrez plus? » N'est-ce pas se jouer de nous que nous proposer un argument de cette espèce ?

N'est-ce pas encore, Monsieur l'évêque de la Constitution, se jouer de nous que d'oser nous citer le concile de Chalcédoine pour donner un pareil droit à César, et d'aller répétant, malgré mille réponses, ce dix-septième canon qui nous montre une loi de l'Eglise, que vous expliquez mal, pour une loi de l'empereur. « Les pragmatiques, les édits des empereurs n'ont rien à faire dans ces divisions de métropoles : qu'on observe les canons ». Voilà ce que vous disent jusqu'à trois fois au moins dans la même séance ces Pères du concile de Chalcédoine que vous osez citer pour vous, et que vous voudriez mettre si honteusement en contradiction avec eux-mêmes.

Nous voici à votre beau morceau contre nos évêques : « Re-« marquez », dites-vous, « que, dans ce système, un mot de la bouche des évêques réfractaires validait les sacrements, arrêtait les profanations, fermait les enfers : et ce mot sollicité par l'assemblée nationale, et ce mot commandé impérieusement par le Dieu de miséricorde, par Jésus-Christ, qui veut qu'aucun ne périsse, ils ne l'ont pas dit, ils ne l'ont pas proféré : ils préfèrent la désolation de l'Eglise, ils veulent votre ruine ». Je ne sais, M. Lefessier, ce qui domine dans cette remarque, ou la noirceur, ou l'ignorance, la mauvaise foi ou l'erreur. D'abord, noirceur horrible de vouloir faire croire au peuple que les évêques veulent sa ruine, qu'ils aiment mieux le voir perdu que de prononcer un seul mot qu'il eût été aussi libre que facile de prononcer. Imaginez dans votre rage quelque chose de plus propre à faire égorger nos cent vingt-huit évêques, je vous défie d'y réussir : et vous osez prononcer le mot de charité ! — Ignorance coupable ! Quand il n'aurait fallu qu'un mot de la part des Evêques pour consentir à ce démembrement, comment ne voyez-vous pas que ce mot, nul évêque ne pouvait le prononcer de sa propre autorité, qu'il fallait que ce mot fût prononcé ou par eux dans un concile national, ou par le chef de l'Eglise ? — Mauvaise foi atroce ! Comment pouvez-vous cacher au peuple que les Evêques ont demandé plus d'une fois, ou ce concile ou ce recours au pape, afin de légitimer dans la Constitution civile du clergé tout ce qui pouvait être accepté par l'Eglise ? Erreur inconcevable ! Ce mot de nos évêques aurait pu transporter la juridiction : aurait-il pour cela *corrigé cet amas d'hérésies* que le Pape nous montre aussi bien qu'eux dans la prétendue Constitution civile du clergé ? Avant que d'accorder cette juridiction et de la distribuer suivant la nouvelle division des évêchés et départements, ne fallait-il pas assurer la foi dans chaque département ? Pouvaient-ils d'abord laisser croire à ces principes hérétiques, qu'à la puissance temporelle appartient le droit de distribuer la mission et la juridiction spirituelle aux pasteurs, d'en régler l'exercice et l'étendue ? Pouvaient-ils laisser croire à la légitimité de ces lois, si évidemment attentatoires à l'autorité spirituelle du Pape, à celle des évêques eux-mêmes, à la sainteté de la profession religieuse ? Pouvaient-ils justifier ce presbytérianisme, qui se montre partout ? Pouvaient-ils adhérer à la destruction de tant d'églises : à une organisation si vicieuse pour celles qui restent ; à tant de lois absolument contraires à la discipline ecclésiastique, à l'hérésie même qui met cette discipline sous le joug et la loi de la puissance temporelle ? Non, Monsieur Lefessier, ce mot ne pouvait, ne devait être prononcé qu'après avoir mis à l'abri tant d'objets essentiels. Avant de consentir à rien sur la Constitution, il fallait commencer par la rendre catholique dans la foi : jusqu'à ce moment, ce mot que vous demandez, loin de sauver le peuple, aurait provoqué sa damnation en introduisant le schisme et les hérésies constitutionnelles. Ce mot aurait été, de la part des évêques, une vraie prévarication, un mot de lâcheté et d'apostasie. C'est donc parce qu'ils veulent le salut du peuple, la conservation de la foi catholique en France ; c'est parce qu'ils préfèrent la persécution même à une sécurité trompeuse, qui opérerait une ruine totale, qu'ils ont refusé ce mot de damnation pour eux et pour le peuple. S'ils l'avaient prononcé, tout semblait approuvé, tout l'était, et la France, à jamais, se trouvait hérétique et schismatique. C'est donc comme un objet de bénédiction, comme une grande preuve de la charité et de la constance des évêques qu'il fallait présenter ce refus. Mais votre cause est détestable : vous ne pouviez la soutenir que par une mauvaise foi, par des tournures et des calomnies affreuses comme cette cause même.

JURIDICTION.

Vous donnez ici, en trois ou quatre pages, les preuves les plus multipliées d'une ignorance crasse, et d'une *effronterie* insupportable sur la matière que vous traitez. Que ce mot d'*effronterie* ne vous étonne pas, Monsieur Lefessier : c'est de votre page 18 que je le prends, pour vous apprendre à en faire un meilleur usage. Voici votre doctrine : « En recevant le sacrement de l'ordre, le ministre inférieur qui en a été honoré a reçu dès cet instant tout pouvoir spirituel. Nous croyons ce pouvoir plein et entier, doué de toute son activité parce que les paroles sacrées, qui, en instituant le sacrement, lui ont donné son énergie, sont générales et illimitées, qu'elles ne comportent ni restrictions, ni recours à aucune puissance secondaire ».

Voilà, M. Lefessier, ce qu'on appelle dire tout et ne rien dire, et tout brouiller et tout confondre. D'abord le sacrement de l'ordre n'a pas certainement donné au ministre inférieur, au simple prêtre, tout pouvoir spirituel, puisque certainement il ne lui a donné ni le pouvoir très-spirituel de conférer lui-même ce sacrement de l'ordre, ni le pouvoir très-spirituel de bénir le saint-chrême pour la confirmation, ni le pouvoir très-spirituel de diriger les autres prêtres, de leur commander comme leur supérieur dans les choses de Dieu, de régler leur mission et autres pouvoirs semblables.

Quand vous dites *tout pouvoir spirituel*, entendez-vous tout pouvoir spirituel d'ordre, de caractère et en même temps tout pouvoir de juridiction ? Oui, vous l'entendez, ou, pour mieux dire, vous affectez d'ignorer la différence très-réelle qui existe entre le pouvoir de l'ordre ou sacramentel et le pouvoir de juridiction. S'il fallait vous l'apprendre, je vous renverrais à la *Question décisive sur les pouvoirs des nouveaux pasteurs, par l'abbé Barruel* (1). Là vous verrez que le pouvoir d'ordre se borne à conférer au prêtre ce qui lui est personnellement nécessaire pour l'administration des sacrements : ce caractère qui se borne à lui seul, qui ne suppose aucun rapport d'autorité et d'infériorité entre lui et les autres fidèles ; ce caractère qui le rend habile à faire les fonctions qui lui seront confiées. Vous y verrez que le pouvoir de juridiction est tout autre chose, qu'il suppose non-seulement dans vous l'aptitude à juger, à absoudre, mais des hommes soumis à votre autorité, à votre tribunal. Il est évident que vous pouvez avoir dans vous-même tout ce qui vous est personnellement nécessaire pour être juge, supérieur, sans être cependant mon juge, mon supérieur, sans que je sois votre sujet, sans que vous puissiez prononcer sur moi une sentence valide et compétente. Je vous défie, M. Lefessier, de trouver dans toute votre ordination un seul mot, qui, en vous conférant ce caractère personnel, nécessaire pour juger les pécheurs et les absoudre, ce caractère préalablement requis pour toute absolution, vous confère aussi en même temps la moindre autorité réelle sur moi, ni sur aucun autre fidèle, les soumette ni eux ni moi en particulier à votre tribunal, nous établisse eux et moi vos vrais sujets. Cependant, si vous n'avez sur eux ou sur moi cette vraie autorité, si nous ne sommes point vos vrais sujets spirituels, s'il n'y a point entre vous et moi ce rapport de supérieur à inférieur, vous n'avez point sur moi de juridiction, votre sentence dans le tribunal de la confession est incompétente, votre absolution est nulle. Il y a donc, Monsieur, une différence bien grande et bien réelle entre le pouvoir spirituel de caractère que l'ordination donne, et le pouvoir spirituel de juridiction que l'ordination ne donne nullement.

Expliquez, je vous prie, cette différence à votre vicaire *Malassis*, et il y verra la réponse à ce grand défi qu'il nous fait de lui assigner aucune différence entre les pouvoirs qu'exige le sacrement de l'Eucharistie et celui de la Pénitence. Il verra que pour l'un, les pouvoirs d'ordre suffisent, puisqu'il ne suppose

(1) A Paris, chez Crapart.

aucun acte d'autorité judiciaire, tandis que l'autre, par son essence même, est un acte d'autorité judiciaire, et suppose essentiellement un justiciable, un inférieur, un sujet.

Quand on a pris cette distinction, tout le reste de votre article se trouve réfuté. Mais vous nous renvoyez à Fleury, chap. X de son *Institution au Droit canonique* en nous disant : *Vous verrez avec quelle effronterie on vous en impose*, quand on n'est pas du sentiment de M. Lefessier. Je suis bien aise de vous faire observer que *l'effronterie* est dans celui qui a l'impudeur de traiter d'*effrontés* et le Pape et nos vrais évêques, qui très-certainement nous ont assez prouvé combien peu ils étaient du sentiment de M. Lefessier et de son vicaire Malassis.

Je suis bien aise de vous faire observer que *l'effronterie* est dans celui qui a l'impudeur de nous envoyer à Fleury pour nous prouver que tout prêtre, en vertu de son ordination, peut donner l'absolution sans aucune approbation de l'Evêque. Je prends mon Fleury, chap. X, exactement et à la page qui termine le chap. IX, huit ou dix lignes seulement avant le chap. X. Voici en propres termes ce que je lis : « La pénitence ne peut être administrée que par ceux (les prêtres) qui sont spécialement approuvés par l'évêque ». Entendez-vous cela, M. Lefessier ? Voilà donc Fleury aussi effronté que le Pape, de n'être, pas plus que nous, de l'avis de M. Lefessier.

Je passe au chap. X pour voir si réellement Fleury aurait dit un mot qui pût me faire croire que *l'institution canonique ou confirmation* n'était qu'un *examen* de l'acte d'élection, un jugement sur la naissance, les mœurs, la doctrine de l'élu, et cet examen une *formalité purement civile*. Car c'est pour m'en convaincre que M. Lefessier me renvoie à ce chap. X. Je lis ce chapitre : je défie qu'on y trouve la moindre apparence que Fleury n'ait vu qu'une *formalité purement civile* dans l'institution canonique, l'examen, la confirmation.

Cette formalité, dites-vous, précédait la confirmation : elle ne conférait donc pas des pouvoirs spirituels. Absurdité que ce raisonnement ! Premièrement la juridiction épiscopale ne suppose pas la consécration, puisqu'elle existe dans les chapitres et que votre constitution la donne au premier vicaire à la mort de l'évêque ; ce qui, avec un peu de bonne foi ou de bon sens,

M. Lefessier, suffit, pour démontrer que dans votre constitution même, il faut supposer une différence très-réelle entre les pouvoirs d'ordre, de caractère, et les pouvoirs de juridiction. Secondement, quoique donnée avant la confirmation, l'approbation n'a pas uniquement un effet instantané : elle persévère après la consécration, et produit l'effet qu'elle n'aurait pas pu produire dans le moment où elle a été prononcée.

Mais puisque nous en sommes sur Fleury, voyez, M. Lefessier, combien cet auteur a eu l'*effronterie* de n'être pas de votre avis. « Il n'y avait que l'évêque, dit-il expressément, qui donnât la pénitence et l'absolution. La coutume a duré jusqu'au treizième siècle, et en plusieurs églises jusqu'au quinzième, que les prêtres se confessaient à l'évêque : encore aujourd'hui plusieurs cas lui sont réservés ». (Id. chap. XII.) Voilà ce que nous dit cet effronté Monsieur, tandis que vous nous dites, vous, si positivement que « jusqu'au treizième siècle on ne voit point de puissance intervenir pour délier, rendre actifs des pouvoirs émanés de Dieu même. En vérité, Monsieur, je serais honteux pour vous, si on pouvait l'être pour un intrus, de l'ignorance inconcevable que trahit cette phrase.

Mais ce que vous n'avez pas vu, pourquoi supposez-vous que personne n'a pu le voir ? Pourquoi supposer que nous ignorons le quarantième canon apostolique, le cinquante-septième de Laodicée, le vingtième de Tolède et tant d'autres des premiers siècles, qui non-seulement lient la juridiction du simple prêtre pour la confession, mais qui ne lui permettent pas même la moindre fonction du ministère sans la permission de l'évêque ?

Vous ajoutez : « On vous a dit que le Concile de Trente avait établi l'approbation, et on vous a dit vrai ». Non, M. Lefessier, on n'a point dit cela, et on aurait dit faux, évidemment très-faux, puisqu'au lieu d'*établir* l'approbation le Concile de Trente nous enseigne très-clairement qu'elle a toujours été nécessaire et de foi dans l'Eglise. *Persuasum semper in Ecclesia Dei fuit et verissimum esse synodus hæc confirmat*, etc. (Sess. 14, ch. 7.)

Ce Concile de Trente dont vous parlez, vous donne les démentis les plus formels. Vous dites que « l'approbation suppose les pouvoirs, mais ne les donne pas, et n'augmente en rien le pouvoir d'exercer ». Vous avez l'audace et, pour me servir de votre expression, l'effronterie d'ajouter : « Lisez le chap. XV de *la Réforme*, et vous verrez qui de nous veut vous tromper ». Vous vous gardez bien de nous dire de quelle session est ce chap. XV ; car vous citez toujours comme un homme qui a peur qu'on aille vérifier ses citations. Je le trouve, malgré vous, ce chap. XV : c'est le quinzième de la session 23, et précisément il me dit tout le contraire de ce que vous lui faites dire. Il nous dit très-positivement que nul ne peut être regardé comme propre à entendre les confessions, s'il n'a un bénéfice à charge d'âmes ou n'a obtenu *une approbation*.

Le prêtre est donc propre à entendre les confessions après cette approbation : il ne l'était pas avant cette approbation. Je ne pourrais pas le regarder comme tel : *nec ad id idoneum reputari debere*. L'approbation lui donne un genre de pouvoir qu'il n'avait pas, quoiqu'il eût le pouvoir de caractère. Elle lui donne ce pouvoir de juridiction dont il est parlé au chap. VII de la session 17 : *In quem ordinariam aut subdelegatam non habet jurisdictionem*.

Vous êtes embarrassé de la décision de ce même concile sur les cas réservés, et vous prétendez que cette réserve ne prouve pas que les pouvoirs donnés par l'ordination ne soient pleins et entiers. Nous vous demanderons ici nous-mêmes : qu'est-ce qu'un pouvoir plein et entier donné par Dieu, et que cependant l'Eglise peut restreindre et rendre nul ? Cette Eglise qui ne peut rien sur le caractère, pourra-t-elle donc quelque chose sur un pouvoir inhérent au caractère ?

Mais qu'est-ce que ceci ? Avec votre prétendue *pastorale* du 6 août 1791, vous m'envoyez, Monsieur Lefessier, l'ouvrage de votre vicaire Malassis : au bas de cet ouvrage je lis votre approbation du 8 août 1791. Vous y dites : « Les principes établis dans cet ouvrage sont conformes à la pure doctrine de l'antiquité et à celle que nous professons ; avons adopté et adoptons par ces présentes ladite instruction, etc. » Vous le dites : je devais donc m'attendre à trouver la même doctrine chez M. Lefessier et chez M. Malassis. Cependant, M. Lefessier, si je vous en crois, vous, du canon du concile de Trente il suit que « des pouvoirs pleins et entiers dans leur concession peuvent être *restreints* dans leur exercice. Cette conséquence, ajoutez-vous, est juste et ne touche point à notre opinion ». Fort bien : voilà ce que vous dites, vous, en parlant de ces prétendus pouvoirs pleins et entiers reçus dans l'ordination. Ecoutons à présent votre vicaire Malassis sur ces mêmes pouvoirs. « Une juridiction reçue dans l'ordination, par l'ordination, et dont l'exercice pourrait être lié ou délié, *restreint* ou étendu par l'autorité ecclésiastique, quant à la validité intrinsèque, serait une *contradiction* absolument parallèle à un pouvoir de consacrer, reçu dans l'ordination par l'ordination, et dont l'exercice pourrait être lié ou délié, *restreint* ou *étendu* par l'autorité ecclésiastique : on porte le défi d'assigner ici une racine de disparité ».

Ainsi, M. Lefessier, vous nous dites, vous, que ces pouvoirs peuvent être restreints, vous M. Malassis, vous nous dites qu'ils ne peuvent pas l'être : vous admettez, vous, M. Lefessier, le canon du concile de Trente portant que la réserve faite par l'évêque empêche la validité, la vérité de l'absolution ; que cette réserve n'est pas une simple loi de discipline, ce canon qui dit anathème à quiconque soutient le contraire : *Si quis dixerit episcopos non habere jus reservandi sibi casus, nisi quoad externam politiam atque ideo casuum reservationem non prohibere quominus sacerdos a peccatis vere absolvat, anathema sit.* (Sess. 14, can. 11.) Vous avez peur de cet anathème, vous, Monsieur l'évêque Lefessier, M. Malassis s'en moque et nous dit très-positivement que cette réserve n'est qu'une simple *loi de discipline*. Accordez-vous donc entre vous deux, Monsieur l'évêque Lefessier et Monsieur le vicaire Malassis ; car enfin il faut bien savoir à qui entendre. Accordez-vous avec vous-même, Monsieur Lefessier, et, si cela se peut, ne soyez pas un homme à deux faces : ne nous dites pas dans votre *pastorale* que nous avons raison de croire ces pouvoirs restreints, pour nous dire ensuite avec M. Malassis, dont vous professez, dont vous adoptez, dont vous nous envoyez les opinions, que ces pouvoirs ne peuvent pas être *restreints*.

Ce qu'il y a de plaisant ici, c'est que dans votre *pastorale* vous êtes parfaitement inconséquent ; c'est que vous avez tort tous les deux. Car Monsieur Malassis a raison de vous dire que, si ces pouvoirs sont pleins et entiers en vertu de l'ordination, ils le sont de droit divin et que nulle puissance ne peut les restreindre. Ce qu'il y a de plaisant, c'est que M. Malassis n'a pas plus de raison que M. Lefessier, quand il compare le pouvoir d'absoudre au pouvoir de consacrer, et quand il défie qu'on lui assigne une *racine de disparité*. Cette disparité qu'il ignore, nous l'avons montrée dans le double pouvoir qu'exige l'absolution, l'un de caractère qui se borne à la personne du prêtre, l'autre de juridiction qui suppose des rapports du prêtre avec les fidèles, rapports d'autorité, de supériorité, de juge, de pasteur, que ne suppose point le pouvoir de consacrer. D'où il suit que nous ne devons croire ni M. Lefessier ni M. Malassis.

INTRUSION.

M. Lefessier répète ici son grand argument sur les élections. Il se croit élu par tous ceux qu'il doit gouverner. D'abord cela est faux. L'élection de nos évêques Taillerandistes est une élection par compromis plutôt qu'une élection faite par tous, puisqu'elle se fait par députés, puisque tout le peuple n'a pas droit d'y assister, de consentir ou de refuser son consentement, comme cela se faisait dans les anciennes élections des évêques. Cela est surtout faux pour les curés. Par la Constitution, il peut très-bien se faire qu'il n'y ait pas à leur élection deux députés de la paroisse qu'ils doivent gouverner. Et dans les principes de M. Lefessier, les paroissiens seuls, et tous les paroissiens auraient droit de choisir leur curé ! ce qui ne s'est jamais vu dans l'Eglise.

En second lieu, je l'ai dit, je le répète, les élections des pasteurs sont un objet de discipline. Quand l'Eglise les aura rétablies, en aura fixé les règles, alors nous les croirons légitimes, jusqu'à ce moment votre élection n'est qu'une intrusion ; elle l'est surtout parce que vous prenez la place d'un pasteur légitime encore existant.

Vous avez l'impudeur de nous dire que le vrai pasteur ne l'est plus, parce que la puissance temporelle l'a déclaré déchu. Depuis quand la puissance temporelle a-t-elle le pouvoir de détruire une mission spirituelle donnée par l'Eglise et Jésus-

Christ ? Vous remarquez que cette puissance temporelle frappe promptement *comme la foudre*. Oh ! oui, Monsieur, nous voyons bien que vous craignez beaucoup cette foudre, ces canons de la puissance temporelle, que vous craignez fort peu les foudres de l'Eglise, l'excommunication dont le Pape vous menace, la suspense et l'interdit, dont il vous a déjà frappé en suivant les lois des conciles. Pour nous, la puissance que nous craignons n'est pas celle qui perd le corps, qui nous ôte nos revenus ; c'est celle qui perd les âmes, et dont les anathèmes, les censures nous chasseraient du ciel, si nous voyions en vous le vrai pasteur et non le vrai intrus.

Schisme.

Oui, M. Lefessier, ils peuvent être schismatiques ces ministres comme vous, qui n'ont d'autre mission que celle de la puissance laïque, et il est de foi qu'ils le sont. Le concile de Trente, en le décidant contre Luther et Calvin, l'a décidé contre vous. (Conc. de Trente, ch. IV, can. 7.)

Sacrements.

Ne grondez pas tant, M. Lefessier, ne cherchez pas tant à montrer une opinion erronée dans ce qu'on ne vous a jamais dit. Ne calomniez pas notre doctrine. Ne faites pas semblant de croire que nous faisons « dépendre la réalité des sacrements, non du mérite de leur auteur et du prix infini de Jésus-Christ, mais des dispositions, mais de la foi, de la dignité du ministre ». Cette opinion n'est pas simplement erronée, comme vous le dites, elle est hérétique suivant le douzième canon de la session septième du concile de Trente.

Dieu nous préserve de faire dépendre les sacrements, leur réalité même, d'un autre prix, d'une autre vertu que du prix et de la vertu de Jésus-Christ même. Mais Jésus-Christ n'agit pas également par tous les hommes, un laïque ne consacre pas ; un simple prêtre ne donne pas l'ordination. Parmi les sacrements que les prêtres peuvent administrer, il en est dont le prêtre est le ministre en vertu de son simple caractère ; il en est dont Jésus-Christ ne les établit réellement, actuellement, validement ministres que par une mission, une juridiction ajoutée à leur caractère. Les premiers sacrements, ils les administreront toujours validement comme le Baptême et l'Eucharistie ; ils pourront pécher en les administrant contre la volonté de l'Eglise, mais le Baptême et l'Eucharistie seront de véritables sacrements.

Il n'en est pas de même de la pénitence et du mariage. Quand même ce prêtre serait un saint homme, s'il n'est pas vrai pasteur ou commis par le vrai pasteur, vous savez bien, Monsieur, que le mariage qu'il administrerait n'est pas un sacrement. Il le sera, au contraire, quelque méchant que soit le prêtre, s'il a reçu la mission, l'autorité de juridiction nécessaire pour l'administrer. De même pour la pénitence, le plus saint prêtre ne donnera qu'une fausse absolution, s'il n'a pas mission pour ce sacrement ; le plus mauvais prêtre, au contraire, ayant la mission, la juridiction, donnera une absolution très-valide. Ce n'est donc pas le mérite particulier du ministre qui fait la validité du sacrement. C'est Jésus-Christ qui donne au sacrement son prix et sa validité ; mais il ne les donne que par le ministre qu'il envoie pour cela, qu'il choisit pour cela par son Église ; voilà ce que nous vous disons : et ce qu'il fallait démontrer faux, si vous l'aviez pu. Mais vous combattez ce qu'on ne vous dit pas, pour faire croire que vous avez réfuté ce qu'on vous dit. Ce sont là de vieilles ruses, Monsieur Lefessier ; ne comptez pas sur leur succès.

Je voulais clore ici ma lettre, déjà presque aussi longue que votre *pastorale*, mais il faut bien vous dire encore le cas que je fais de la défense que vous me faites par vos dernières lignes. « Du jour de la publication présente, dites-vous, nous retirons les approbations pour la confession, qui n'auraient pas été renouvelées par nous ou aucun de nos grands vicaires épiscopaux de l'avis de notre conseil ».

Savez-vous bien que toute votre doctrine m'apprend à me moquer de tous vos pouvoirs donnés ou retirés ? Ne m'avez-vous pas dit, Monsieur Lefessier, avec votre vicaire Malassis, que je tiens de Jésus-Christ même, par mon ordination seule, et ma mission et ma juridiction, (Voyez *l'instruction de M. Ma-*

lassis, p. 26), que mes pouvoirs ne m'étaient pas donnés *par l'Eglise*, et par conséquent que je ne les tiens nullement par vous ? De quel droit me retireriez-vous ce que vous ne m'avez pas donné ? J'en profiterai donc très-validement et même très-licitement sans votre approbation comme avec votre approbation ; oui, très-licitement même. Eh ! qu'ai-je besoin d'être envoyé et approuvé par vous, quand Jésus-Christ m'envoie ? De quel droit même vous avisez-vous de retirer ma mission, de ne plus l'approuver, quand Jésus-Christ me l'a donnée ? Il me dit d'aller, de prêcher et d'absoudre : et vous auriez quelque droit de me dire : « N'allez ni prêcher ni absoudre ? »

Vous direz ce que vous voudrez : vous approuverez, ou vous n'approuverez pas ; je m'en tiens à la mission de Jésus-Christ.

Adieu, Monsieur Lefessier, adieu, Monsieur Malassis. Je ne veux ni de l'un ni de l'autre.

II.

Etrennes franches et généreuses adressées aux ministres de l'Eglise constitutionnelle, de la part des catholiques de France (1).

Vous demandez Messieurs, que nous vous reconnaissions, et vous l'exigez comme Mahomet exigeait qu'on crût à son Alcoran, c'est-à-dire les armes à la main. Pour nous y contraindre vous armez vos émissaires et les mettez en activité, et nous pouvons vous assurer qu'ils s'acquittent très-scrupuleusement de la mission dont vous les avez chargés ; car ils n'épargnent ni menaces, ni aucun genre d'outrage à notre égard.

Tandis qu'un homme sans Dieu, sans foi, sans religion, sera libre de ne point vous reconnaître, ni d'assister à vos offices, un catholique ne l'est pas ; le pistolet sous la gorge, ou le sabre levé sur la tête, on le contraint de communiquer avec vous ; c'est-à-dire qu'on nous prive de la liberté décrétée, et que l'on

(1) On pense que cette petite brochure fut publiée par M. Lefrançois, vicaire administrateur du diocèse de Séez, en 1792.

accorde aux juifs, aux protestants, aux idolâtres, aux déistes, aux athées, et l'on a l'audace de nous dire que l'on veut rendre la religion plus florissante.

Ah! ce n'est pas de cette manière qu'on l'a établie; ce n'est pas ainsi que les apôtres se faisaient reconnaître pour les envoyés de Dieu; ils ont su mourir pour la foi; mais ils ne savaient pas persécuter. Vous ne leur ressemblez donc pas; vous n'êtes donc pas des ministres apostoliques, et vous ressemblez à Mahomet; voilà un terrible préjugé contre vous.

Vous demandez néanmoins que nous vous reconnaissions; eh bien! nous consentons à vous reconnaître, mais bien entendu tels que vous êtes au jugement du Saint-Siége, des évêques de France, d'Italie, d'Espagne, de Portugal, d'Allemagne et du reste de la catholicité (1).

Au reste, vous devriez rejeter comme indigne de vous un hommage que la sincérité dont nous faisons profession nous défend de vous rendre. Mais en vous reconnaissant de cette manière, c'est de notre part vous reconnaître tels que vous êtes à votre propre jugement; c'est-à-dire, de nouveaux venus qui ne tenez en rien à la succession apostolique.

Car mettez la main sur la conscience, et elle vous dira que vous n'êtes pas devant Dieu ce que vous voulez paraître aux yeux des hommes; il en est plusieurs d'entre vous qui ont eu la bonne foi d'en convenir quand ils croyaient parler assez bas pour n'être pas entendu; ils se disaient alors ce que vous diriez tous si vous aviez la même franchise. Nous sommes des scélérats, nous nous damnons et pour dire tout, ils auraient dû ajouter, et nous en damnons bien d'autres.

Nous commençons par nous adresser aux évêques de la constitution comme aux plus dignes.

Nous reconnaissons donc avec l'Eglise catholique, notre mère: 1° que vos élections sont absolument nulles; que vos consécrations sont criminelles, illicites, illégitimes, sacriléges et contraires aux saints canons.

(1) Nous savons que les brefs qui prononcent la condamnation des ministres constitutionnels ont été adressés par le souverain Pontife à ces différentes églises; d'où il résulte que son jugement, suivi de leur consentement tacite, est devenu celui de l'Eglise entière.

2° Qu'élus témérairement et sans aucun droit, vous n'avez point de juridiction spirituelle sur les âmes; qu'en conséquence vous n'en pouvez communiquer aucune à ceux que vous osez envoyer en qualité de curés, desservants ou vicaires dans les paroisses, que vos dispenses, vos absolutions et les mariages faits par vous sont nuls;

3° Nous vous reconnaissons comme des intrus, c'est-à-dire comme des hommes sans mission dans les différents siéges que vous occupez; comme des usurpateurs sacriléges de ces mêmes siéges et des fonctions saintes qui y sont attachées;

4° Nous reconnaissons avec l'Eglise catholique qu'étant hors de la communion du Saint-Siége vous êtes schismatiques;

5° Nous vous reconnaissons avec l'Évangile pour ces faux pasteurs désignés sous l'emblème de loups ravisseurs couverts de la peau de brebis; pour des larrons et des voleurs qui n'êtes point entrés dans la bergerie par Jésus-Christ qui en est la porte; nous faisons profession de croire avec ce même Évangile que vous n'y êtes entrés que pour voler, égorger et détruire le troupeau;

6° Nous reconnaissons avec l'Eglise que, suspens de tout exercice de l'ordre épiscopal, vous êtes tombés dans l'irrégularité, en en exerçant les fonctions, et que vous avez encouru l'excommunication portée par les saints canons contre les schismatiques;

7° Nous reconnaissons avec l'Eglise que les ordinations que vous avez eu la criminelle témérité de faire sont autant de sacriléges profanations du sacrement de l'Ordre; qu'en donnant aux églises, dans la personne de ceux que vous avez ordonnés, de faux pasteurs, aussi pervers, aussi scandaleux que vous, vous travaillez de toutes vos forces à éteindre la foi, propager l'irréligion et la dépravation des mœurs, corrompre, gangrener la génération présente jusque dans son germe;

8° Nous reconnaissons avec l'Eglise que, dignes précurseurs de l'antechrist, vous lui préparez la voie et commencez à établir son règne. Nous vous regardons avec justice comme le plus terrible fléau dont le ciel irrité puisse punir une nation criminelle;

9° Nous reconnaissons enfin avec la sainte Eglise, notre mère, à laquelle nous voulons demeurer invariablement attachés jusqu'au dernier soupir, que, d'après ces caractères, nous devons vous éviter de manière à n'avoir rien de commun avec vous, et surtout dans les choses divines et religieuses.

Nous pourrions porter plus loin ces détails, objet de notre reconnaissance ; mais nous n'oublions pas que nous ne sommes que de simples fidèles et que la manifestation brève et naïve de nos sentiments nous suffit. Nous vous avions promis de vous reconnaître pour ce que vous êtes, nous vous tenons parole ; vous devez trouver le portrait ressemblant ; quant à nous, nous ne nous y méprendrons jamais.

Nous passons à vos dignes coopérateurs, les curés constitutionnels, choisis par les assemblées électorales, et institués par vous, qui doivent prendre pour eux tout ce que nous venons de vous adresser, en exceptant facilement ce qui tient à l'ordre épiscopal, et à l'abus des fonctions qui y sont attachées.

Nous leur dirons comme à vous, que nous les reconnaissons comme des intrus et des schismatiques dont les absolutions sont nulles ainsi que les mariages qu'ils osent célébrer ; que coupables du même crime, ils sont soumis aux mêmes censures, et que nous sommes obligés de les éviter dans les choses divines et religieuses comme vous-mêmes.

Les prétendus vicaires des cathédrales partageront ici le tribut de reconnaissance que nous vous déférons ; rejetons d'une tige essentiellement viciée, ils ne sauraient en recevoir un suc nourricier et vivifiant ; leurs fruits ne peuvent donc être que des fruits de mort ; nous ne pouvons ni assister aux offices de ces derniers ainsi que des précédents, ni recevoir d'eux aucuns sacrements, excepté à l'article de la mort, au défaut de prêtres fidèles.

Nous reconnaissons que les ministres canoniquement institués et maintenant dans leurs siéges ou paroisses, à la faveur du serment prêté, sont des parjures et des apostats, qui, en reconnaissant les évêques intrus, ont consommé le schisme, et composent avec leurs chefs l'Église constitutionnelle, et qu'ainsi en voulant nous préserver du schisme, nous devons éviter de communiquer avec eux.

Vous voilà donc reconnus, Messieurs ; si ce n'est pas là ce

que vous demandiez, c'est pourtant tout ce que vous deviez attendre, et tout ce que notre conscience nous permet de faire pour vous. Puissions-nous un jour reconnaître en vous d'illustres pénitents qui consolent l'Eglise de tous les maux que vous lui avez faits ; puissiez-vous tarir par un repentir aussi prompt que sincère les larmes amères que vous lui avez fait répandre.

Tels sont les vœux ardents que nous adressons au ciel en votre faveur, au commencement de cette année, qui sera aussi heureuse pour nous que pour vous, s'ils sont accomplis avant qu'elle finisse.

Signé : Les Catholiques de France.

III.

Défense pour les prêtres non assermentés du département de l'Orne, en réponse à l'Adresse de Messieurs les administrateurs de ce département.

Une haine implacable et aveugle poursuit les prêtres non assermentés. Les ennemis de la vraie religion en ont accablé les ministres ; et ceux-ci se trouvent voués à la proscription, en raison du zèle avec lequel ils ont soutenu les droits de Dieu et de l'Eglise.

Nous avons vu les incrédules et les hérétiques de toutes les sectes vomir contre nos prêtres le poison des impostures, appeler sur eux les persécutions et les tourments ; nous n'en avons point été surpris. Nous connaissions leur archarnement contre cette Eglise catolique, apostolique et romaine, dont nos prêtres ont défendu la spirituelle et divine autorité : mais nous avons frémi d'indignation, nous avons reculé d'horreur à la vue des calomnies atroces, des barbares sollicitations employées contre ces prêtres fidèles ; eh ! par qui ? par des administrateurs chargés de protéger leur innocence ; eh ! quels sont ces administrateurs ? Messieurs les membres composant le conseil général du département de l'Orne.

Il est des hommes en qui la fureur patriotique a éteint tout sentiment de raison et d'humanité. Un de ces monstres a dû faire contre nos prêtres dans l'assemblée du département, et appuyer cette exécrable motion : le *serment ou la mort*.

Quelque analyse que nous puissions faire de l'adresse présentée par les administrateurs à l'Assemblée nationale, dans le courant de ce mois (1), nous ne viendrions pas à bout de donner à nos lecteurs une idée juste de cette sauvage production. Nous la transcrivons donc en entier, afin qu'on connaisse jusqu'où peut aller, dans des hommes prévenus, l'excès du fol enthousiasme, joint à l'abus le plus odieux des connaissances et de l'autorité.

ADRESSE DES CITOYENS COMPOSANT LE CONSEIL DU DÉPARTEMENT DE L'ORNE A L'ASSEMBLÉE NATIONALE.

Législateurs,

« La patrie est en danger ; dans toutes les parties de l'empire, les prêtres non sermentés allument les torches du fanatisme et de la discorde. Ou faites une loi qui réprime leur audace, ou qu'on fabrique des armes qui y suppléent. L'alternative est cruelle, mais impérieuse.

« Les prêtres sont nos frères ; sous cet aspect, ils nous attendrissent, mais ils sont des enfants rebelles, sourds à la voix de la patrie, et déchirant le sein de leur mère. Voilà leur exhérédation légale ; ils appellent sur leurs têtes la malédiction divine et humaine.

« Vous ne pouvez douter de leurs forfaits ; toutes les bouches patriotes vous les dénoncent. Prononcez, prononcez contre eux l'indispensable anathème ; ou, si vous balancez encore, écoutez : l'heure de la guerre civile sonne ; l'aurore de la liberté est obscurcie ; ce bel empire va devenir un vaste cimetière ; notre sainte constitution est à la veille d'être profanée ; arrêtez le bras sacrilége.

« Eh quoi ! c'est au milieu des dangers les plus pressants, c'est lorsque l'orage gronde de toutes parts, c'est sur le bord de

---

(1) 20 novembre 1791.

notre tombeau qu'on ose nous prêcher la tolérance et la paix !
La paix et la tolérance avec des intolérants et des traîtres !
quelle misérable philosophie ! quelle cruelle morale ! quelle
funeste humanité ! quelle pitoyable politique ! la paix et la
tolérance dans cette crise délicate ! c'est comme si l'on nous
disait : jetez vos armes ; laissez-vous lier les mains ; présentez
la gorge à vos ennemis, et le prêtre jugulateur enfoncera le
couteau.

« Il l'enfoncera d'autant plus sûrement, qu'il connaît le cœur
de ses victimes, que ses démarches sont toujours enveloppées
de mystères ; que l'on ne peut suivre les traces de ses crimes.
Son triomphe est d'autant plus sûr, qu'il ne cherche de sectateurs que parmi un peuple aveugle et bon, dont il a déjà toute la confiance ».

« Au nom de la patrie et de la liberté, au nom du patriotisme
le plus pur, retranchez du corps politique la partie hétérogène
qui le déshonore et qui l'infecte. Par cette salutaire mutilation,
vous assurerez à l'état la liberté, le bonheur et la paix.

Signé. « L. F. Savary, de Chaudebois, Goupil de Prefeln fils,
Heudiard, Guérin, Dupont, Ramard du Bourg, Bignaut, du
Boulay, Hérode, Vaillant, Petit de la Chartrie, Dugué d'Assé,
Turpin du Mottey, Richer, Chevalier, Brad, Villeneuve, Boutey,
Marcadé, Marc, Louvain, Chartier, Naulin, de Saint-Martin,
Morieux, Lainé, Lasne, et Pelletier Ducoudray ».

Des passions cruelles et la plus noire injustice ont dicté ce
tissu d'inconséquences et d'atrocités. Nous le prouverons sans
réplique à ces administrateurs inconsidérés et orgueilleux,
à ces hommes devenus forcenés à force de vouloir être patriotes.

La patrie est en danger ; c'est le seul fait vrai énoncé dans
l'adresse ; mais quels sont ces dangers ? à qui les imputer ?
Deux questions sur lesquelles Messieurs les administrateurs ont
évidemment altéré la vérité ?

Les dangers auxquels la patrie est exposée sont : 1° la privation de la foi catholique et de tous les biens qu'elle produit,
privation, nécessairement résultante de la Constitution civile
du clergé ; 2° la nouvelle formation d'un gouvernement qui

ouvre la porte à tous les crimes, et qui plonge le royaume dans une perpétuelle anarchie ; 3° le délabrement des finances et du crédit national, devenu irrémédiable par l'impéritie et la maladresse des mains qui ont tenu, depuis trois ans, le timon de l'Etat, et par les honteuses dilapidations du trésor public ; 4° l'émission de ce nombre prodigieux d'assignats mis en circulation pour la ruine de tous les citoyens honnêtes, et pour l'enrichissement des usuriers et des agioteurs ; 5° l'impôt territorial élevé au tiers du revenu, établi pour grever l'agriculture et les propriétés, autant que pour favoriser l'aisance des capitalistes et le luxe des cités ; 6° la balance du commerce et des changes, tenue au détriment de la prospérité nationale, et tout entière à l'avantage des nations étrangères ; 7° le nom français avili et abhorré de tous les peuples de l'univers.

Nous posons là des faits authentiques, des faits connus, dont Messieurs du département de l'Orne ne détruiront pas la certitude. Une trop instructive et trop longue expérience atteste que ce sont là les vraies, les seules causes des maux qui affligent notre malheureuse patrie.

Imputer ces dangers, ces malheurs aux prêtres catholiques, qui ont refusé l'hérétique serment, c'est se jouer de la confiance publique, c'est combattre la vérité connue, c'est enfin se mentir à soi-même. Rien, en effet, n'est plus absurde que d'attribuer aux prêtres non assermentés le dépérissement de la foi chrétienne, le mépris de l'autorité de l'Eglise, quand ils ont tout sacrifié pour conserver et soutenir l'une et l'autre. Rien n'est plus inconséquent, plus atroce, de les taxer de malveillance et de fanatisme, quand ils observent envers tous, ces règles de charité et de justice, dont on s'écarte si aisément pour leur nuire, quand les premiers ils ont donné la leçon et l'exemple de leur obéissance aux lois civiles et politiques de l'état. Quelle étrange fureur que celle qui porte à rejeter sur eux les causes des discordes et de l'anarchie qu'on fomente et qu'on entretient, uniquement à dessein de les livrer aux supplices et à la mort ! Quelle insigne mauvaise foi, de les rendre responsables de ces insurrections, de ces désordres qu'ont excités contre eux et contre la religion qu'ils défendent, leurs perfides dénonciateurs !

« Ils sont, dit-on, des enfants rebelles, sourds à la voix de la patrie et déchirant le sein de leur mère ».

Voilà une grave accusation ; mais où en est la preuve ? Messieurs les administrateurs se sont bien gardés de l'entreprendre. Et pourquoi cette astucieuse réticence ? parce que la plus savante malignité n'a pu voir ni établir à quelle loi purement politique ils ont refusé de se soumettre ; parce que cette Constitution du clergé, à laquelle ils refusent d'obéir, est évidemment attentatoire à l'autorité spirituelle de l'Eglise, et totalement subversive de cette divine hiérarchie dont Jésus-Christ est le chef et l'auteur. Les torts de l'Assemblée nationale sur ce point sont si clairement démontrés, qu'il n'est plus possible de les pallier, de l'en justifier autrement que par des voies de fait, par le cours d'un despotisme cruel et les ressources d'une odieuse tyrannie.

Ils sont rebelles, on ne peut douter de leurs forfaits. Méchants qui les dénoncez, dites-nous donc où sont vos preuves ? Jusqu'à présent vous n'en avez pu produire aucune. Vous les avez cités à vos tribunaux, vous les avez soumis à de rigoureuses épreuves ; ils en sont sortis purs et sans tache, aux yeux même de vos lois. Vous avez été forcés de reconnaître leur innocence et leur fidélité à des devoirs que de premiers et d'inviolables serments rendaient nécessaires ; vous avez admiré leur fermeté, leur constance contre les efforts redoublés que vous avez faits pour les entraîner dans l'erreur, et leur faire adopter les réformes anti-catholiques dont vous étiez les protecteurs. Ils ont confondu vos systèmes et déconcerté vos projets d'irréligion : voilà tout leur crime. Vous appelez de ce nom le courage magnanime qui les élève au-dessus de vos menaces et de vos coupables entreprises, et vous voulez laver dans leur sang l'opprobre qui retombe sur vous, de votre impuissance dans le projet soutenu de les obliger à trahir leur foi !

Allez, dignes successeurs des tyrans du paganisme, disciples zélés des ennemis du nom chrétien, suivez jusqu'au bout les traces d'un Tibère, d'un Néron, d'un Dioclétien, d'un Julien l'Apostat, etc. Vous êtes animés du même esprit ; vous courez la même carrière ; vous mettez en usage les mêmes moyens. Ils trouvaient et vous trouvez nos prêtres rebelles à la loi de l'Etat et seuls auteurs des troubles de l'empire ; et sous ce prétexte, ils les livraient comme vous les livrez aux outrages et aux supplices : ils agissaient comme vous, vous agissez comme eux au nom de la patrie et de la liberté, au nom de ce pur patriotisme qui est aujourd'hui le voile constitutionnel de tant de vexations tyranniques, de tant d'infâmes brigandages, de tant de honteux excès.

Ne croyez pas au surplus que votre monstrueuse adresse vous ait attiré tous les applaudissements que vous vous en êtes promis, elle a pu plaire aux suppôts de votre haine contre le clergé ; mais elle a pénétré d'horreur tous les citoyens honnêtes qui voient dans la proscription des ministres de la religion, l'indispensable anathème prononcé contre la religion. Non, la partie saine et éclairée du peuple n'approuve pas vos sauvages déclamations, vos sanguinaires projets. Vous vous décelez dans les convulsions de votre malice, et à force de tramer la perte de nos prêtres fidèles, vous ouvrez les yeux à la multitude que votre acharnement désabuse de vos emphatiques protestations, et de vos hypocrites vertus.

Vous reprochez à nos prêtres d'être des intolérants et des traîtres ; vous ne voulez pour eux ni tolérance ni paix. En cela vous faites preuve de votre ignorance profonde des principes et de votre souveraine injustice envers des hommes qui ont avec vous les mêmes droits à la protection de la loi. L'intolérance de nos prêtres est celle de la vérité contre le mensonge, de la vertu contre le vice : elle n'est point celle de l'homme contre l'homme, ni du prêtre contre le citoyen. Nos prêtres condamnent l'hérésie et le schisme que la Constitution a établis en France ; mais ils conservent l'esprit de paix et de charité envers les auteurs de tant de maux, envers vous, comme envers ceux qui vous suivent dans le chemin de l'erreur et de la perversité.

L'Eglise catholique est essentiellement intolérante dans sa doctrine et sa morale, parce qu'étant la colonne de vérité, le centre de la sainteté et des vertus, elle n'admet point à la participation des biens spirituels, dont elle est la dispositaire, les amis du mensonge et du libertinage. Elle ne pactise avec aucune des sectes qui se sont élevées contre elle, après être sorties de son sein, parce que celles-ci ont abandonné l'unité de la foi et rejeté la vertu de ses sacrements ; mais en même temps qu'elle prive de tous droits à la vie future les ennemis de ses dogmes et de son culte, elle est de toutes les sociétés la plus tolérante, quant aux devoirs de la vie civile, elle ordonne à ses enfants d'être soumis aux puissances en tout ce qui concerne l'ordre politique et social, de rendre à chacun ce qui lui appartient ; d'aimer leurs ennemis, de faire du bien à ceux qui leur font du mal, de n'opposer aux persécuteurs d'autres armes que la foi, la patience, la résignation. Nos prêtres non assermentés ne se sont point écartés de ces maximes, ils en ont fait la règle de leur conduite ; vous ne pouvez sur cela les convaincre de prévarication ; comment donc osez-vous les déclarer rebelles, séditieux et jugulateurs ? Votre imputation pouvait-elle être plus impudente et plus calomnieuse ? Ne peut-on pas vous appliquer cet axiome connu : Hypocrite, vous croyez voir le brin de paille dans l'œil de votre frère, et la poutre est dans le vôtre.

Vous l'avez dit : « Ils sont vos frères, et sous cet aspect ils vous attendrissent ». Cruelle dérision ! Vous vous attendrissez à la vue de nos prêtres, comme les lions, les tigres, les ours s'attendrissent à la vue de leur proie. Vous avez emprunté de ces animaux féroces, vos sentiments et vos mœurs ; et comme eux vos plaisirs et vos jouissances sont de poursuivre les objets de votre aveugle courroux, de les mettre en pièces, de les dévorer.

Vous êtes à ce sujet les profanateurs impies de votre sainte constitution ; vous transgressez, vous violez sans pudeur ses maximes et ses préceptes ; vous détruisez les bases de son existence et les fondements de sa durée. Elle vous dit que les hommes sont égaux en droits, que ces droits sont la liberté, la propriété, la sûreté, la résistance à l'oppression ; et vous sollicitez contres les prêtres non assermentés le plus dur esclavage, la plus humiliante oppression. Elle vous dit que la liberté de l'homme consiste dans la libre disposition de sa personne et de ses actions, dans la jouissance exclusive de ses opinions et de sa conscience, dans le libre exercice du culte auquel il est attaché ; et vous prétendez enlever à nos prêtres cette essentielle prérogative de disposer d'eux-mêmes, les priver de cette liberté de penser, d'agir, d'exercer le culte catholique romain dont ils conservent la réalité, et dont vous n'avez laissé au peuple que l'ombre fugitive mal gardée par ces jureurs que vous honorez de votre indifférence. Vous oubliez que cette liberté d'opinions, d'actions et de culte, a été déclarée inviolable par vos saints instituteurs, et qu'il vous a été défendu d'y opposer le moindre obstacle et le plus petit empêchement.

En vain vous diriez que la manifestation que les prêtres non assermentés font de leurs opinions religieuses, trouble l'ordre public. Ce serait revenir à une objection déjà pleinement réfutée et vous servir d'une arme rompue. Nous vous avons établi que l'imputation était fausse ; nous vous portons le défi d'en faire la preuve. Mais fût-elle vraie cette imputation, vous ne seriez pas moins les transgresseurs de vos lois constitutionnelles qui vous défendent contre aucun prévenu, des voies de faits et des moyens arbitraires ; nul ne peut être accusé, détenu, condamné que d'après les formes prescrites par la loi. C'est encore un des articles fondamentaux de votre sainte Constitution.

Peut-être, Messieurs, abusez-vous du terme, quand vous nommez sainte une Constitution qui, reconnaissant très-spéculativement un Être suprême, méconnaît dès lors toute religion révélée ; qui, dans l'admission de toutes les religions, annonce assez qu'elle n'en honore particulièrement aucune ; qui, dans la protection qu'elle a accordée à toutes les sectes séparées de l'Eglise romaine, a témoigné ouvertement son désir d'asservir et d'humilier celle-ci, sans égard pour la vraie foi, et pour le culte seul véritable dont elle est la dépositaire. Votre Constitution professe le déisme ; elle conduit à l'athéisme ; elle protège le judaïsme, le mahométisme, le protestantisme ; elle méprise, elle avilit le Catholicisme ; donc elle n'est pas sainte. Ce raisonnement aussi simple que solide explique les motifs qui vous portent à persécuter les prêtres non assermentés. Ces motifs ne sont ni raisonnables, ni pieux, ni justes ; ils vous ont été fournis pour le père du mensonge et de l'iniquité : *Vos ex patre diabolo estis* (S. Jean, XIII, 44.)

Ce ne sera point en suivant vos perverses inclinations que vous parviendrez à procurer à l'Etat la liberté, le bonheur et la paix ; vous n'avez assuré jusqu'ici que la liberté du crime, le bonheur des scélérats, la paix des impies. Ce qu'il y a de citoyens honnêtes, d'hommes modérés et vertueux ont été livrés aux affronts, aux insultes, aux poursuites des brigands révolutionnaires ; il n'y a et il n'y aura pour l'honnête homme et le vrai citoyen, ni liberté, ni bonheur, ni paix, tant que vous maintiendrez ce système d'anarchie, de violence et de persécution, qui déshonore et infecte toutes vos opérations. Vous avez regardé les prêtres non assermentés comme parties hétérogènes du corps politique, parce que longtemps avant vous aviez jugé la religion catholique partie hétérogène des vertus morales. Vous retranchez ceux-là du corps politique, comme vous avez retranchez celle-ci de vos esprits ; et c'est à l'oubli seul des devoirs qu'elle vous prescrit qu'il faut attribuer le règne établi parmi nous, de tant de scandales et d'horreurs.

P. S. — Ce petit ouvrage était fini lorsqu'on nous a remis le discours de M. François de Neufchâteau, prononcé à l'Assemblée nationale dans la séance du 29 novembre. Ce discours présente les mêmes vues et ne mérite pas plus de confiance que l'adresse à laquelle nous avons répondu.

M. François fait étalage de théologie et d'érudition et montre en même temps qu'il n'est ni érudit ni théologien. Tout son dessein est de rendre coupable de rébellion et de fanatisme les prêtres non assermentés, à qui il attribue gratuitement les troubles religieux ; pour cela il pose en thèse la proposition que voici : Nous ne sommes, dit-il, en dissentiment que sur des points de pure politique et non sur des articles de foi, non pas même sur des problèmes théologiques. M. François se dispense de donner des preuves d'une si fausse assertion et il a grande raison, dès que la preuve n'est pas possible ; aussi, quand il assure que ce n'est pas sur le dogme que les prêtres dissidents sont divisés d'opinion d'avec les prêtres citoyens, annonce-t-il suffisamment qu'il ne connaît point nos articles de foi.

Nous ne sommes comme lui que simple laïque ; et dès lors il a droit de supposer qu'ainsi que les siennes, nos connaissances en théologie sont très-bornées. Toutefois il nous permettra, le catéchisme en main, de lui prouver que la différence d'opinions roule sur des dogmes de notre foi reconnus par l'Eglise universelle, professés par les prêtres prétendus dissidents, et abandonnés par les prêtres prétendus citoyens.

Un article de foi est une vérité que Dieu a révélée à son Eglise et que l'Eglise nous propose de croire. Or, Dieu ayant fondé cette même Eglise, lui ayant donné le droit essentiel et exclusif de se régir, de se gouverner elle-même, d'instituer et de destituer ses pasteurs et ses ministres, lui a révélé ce dogme qu'elle nous propose de croire, de son autorité spirituelle, sur tout ce qui concerne la doctrine, les mœurs, la hiérarchie, la discipline. *Credo sanctam Ecclesiam catholicam.* C'est le neuvième article du symbole des Apôtres suivi par celui du concile de Nicée. *Et unam sanctam catholicam et apostolicam Ecclesiam.*

Croire la sainte Eglise catholique, c'est croire son existence divine, son autorité spirituelle et toutes les prérogatives qu'elle tient de son auteur. Son autorité est clairement établie par ces paroles de Jésus-Christ à ses apôtres : Celui qui vous écoute, m'écoute ; celui qui vous méprise, me méprise ; et celui qui me méprise, méprise celui qui m'a envoyé. Si quelqu'un, dit-il ailleurs, n'écoute pas l'Eglise, qu'il soit regardé comme un païen et un publicain.

Cette autorité de l'Eglise dans le maintien de son gouvernement, dans l'institution et la destitution de ses pasteurs, est donc une vérité révélée. Je vous envoie comme mon père m'a envoyé, ajoute le Sauveur ; c'est-à-dire, je vous envoie avec la même puissance d'instruire et d'enseigner les peuples, de lier et de délier les âmes, avec les mêmes droits de choisir vos successeurs. L'autorité de l'Eglise est la même que celle de Jésus-Christ ; elle est conséquemment un article de foi.

Dieu a révélé à son Eglise et elle nous propose de croire la primauté d'honneur et de juridiction du souverain Pontife, successeur de saint Pierre ; la supériorité des évêques sur les simples prêtres ; la nécessité d'une mission pour exercer le saint ministère, distincte et séparée de l'ordination ; la perfection des conseils évangéliques contenue dans la pratique des vœux de la religion ; ce sont là autant d'articles de foi, fondés sur l'Ecriture et la tradition (1). Et ce sont ces articles de foi que la Constitution a méconnus, écartés, anéantis.

Ces simples réflexions démontrent l'inconséquence des imputations faites par M. François aux prêtres prétendus dissidents. Elles établissent le ridicule de sa vanité, de ses forfanteries. Le seul moyen qui lui reste de justifier sa diatribe est de soutenir que les paroles de Jésus-Christ, ses préceptes, ses promesses, ne sont pas pour nous des articles de foi ; mais osera-t-il se porter à cet excès d'impiété ? Nous ne devons pas le présumer. Il continuera de suivre le plan de ses devanciers. Comme eux il a évité et évitera d'aborder la question ; il s'attachera à vomir contre nos prêtres les calomnies banales dont il se fait un mérite de les accabler, en même temps qu'il leur fait un crime de s'en défendre.

Il s'appuie sur cette petite objection, tant de fois proposée et tant de fois réfutée. L'Eglise est dans l'Etat, et l'Etat n'est pas dans l'Eglise ; c'est à l'Eglise à faire chérir les lois de l'Etat, loin de secouer les torches de la rébellion.

M. François se croit docteur en récitant ce que lui ont appris ses maîtres dans l'art de persécuter l'Eglise ; nous lui opposerons la réponse qui a dérouté, confondu ses maîtres dans cette odieuse et impolitique entreprise.

L'Eglise est dans l'Etat, en tout ce qui concerne l'ordre temporel, civil et politique ; l'Etat est dans l'Eglise, en tout ce qui concerne l'ordre spirituel et l'exercice de la religion. M. François a l'air de se jouer de cette distinction ; il prend le ton et les grâces du bel esprit dans son refus de reconnaître les deux puissances : l'une spirituelle qui a pour objet d'élever l'homme à la connaissance de son Dieu et de le conduire dans les voies du salut éternel ; l'autre temporelle, qui a pour objet de régler ses devoirs civiques, de pourvoir à ses besoins et à son repos dans le cours de la vie présente. En cela il ne fait pas honneur à son discernement ; car, en admettant, comme il le fait, l'unité d'empire sur le temporel et le spirituel indistinctement, il soumet les articles de foi au jugement de la puis-

(1) M. François peut consulter sur cela l'Evangile, les Actes des apôtres, les épîtres, les Pères de la primitive Eglise, les conciles généraux et particuliers, les ouvrages des commentateurs et des meilleurs théologiens.

sance civile, ce qui est une absurdité ; il établit la confusion et la contradiction dans son système ; il donne le démenti à l'Assemblée constituante, qui, dans son instruction du mois de janvier dernier, a solennellement reconnu les deux puissances, a déclaré son respect pour cette autorité spirituelle qu'elle a assuré être établie par Dieu même, pour maintenir la religion et perpétuer la chaîne de ses ministres.

L'Eglise a toujours fait à ses enfants un devoir de respecter et de chérir les lois de l'Etat ; elle ne fait exception que des lois qui contrarient sa foi, sa morale et son gouvernement, et dans ce dernier cas, elle oblige ses enfants de prier, de souffrir, de mourir, plutôt que de se laisser aller au murmure et à la révolte. Quand M. François impute d'autres vues aux prêtres non assermentés, il donne l'essor à sa haine et se permet les torts d'une déclamation injurieuse, qui ne sied point à un législateur.

Le discours de M. François de Neufchâteau a été vivement applaudi ; il méritait d'être vivement censuré ; les honneurs qu'il a reçus de la majorité de l'Assemblée n'en couvrent point l'illusion et les défauts. Il fallait des phrases pour séduire le peuple et cacher les vicieuses dispositions d'un décret ouvertement contraire aux bases fondamentales de la Constitution.

On croit que cette *Apologie* fut composée par M. Beaulavon, né à Séez, en 1769, et professeur de rhétorique au collége ecclésiastique de cette ville, au commencement de la révolution. Il possédait une chapellenie à la cathédrale, quoiqu'il ne fût point dans les ordres, était très-attaché à l'Eglise catholique, et mérita par sa fidélité à son évêque légitime l'honneur d'être persécuté par l'évêque constitutionnel. Obligé de sortir de France dès le mois de décembre 1791, M. Beaulavon se retira à Liége, où il fut précepteur dans une famille riche. En 1794, il repassa en Angleterre. Son zèle pour la défense de la religion et son attachement à la monarchie, qui, à ses yeux, pouvait seule rendre le bonheur à la France, le portèrent à prendre part à l'expédition de Quiberon. On connaît la malheureuse issue de cette entreprise. Arrêté les armes à la main, il fut traduit devant une commission militaire, et, malgré la sauvegarde de la capitulation arrêtée entre Sombreuil et le général Hoche, il fut condamné, comme tous ses compagnons d'armes, à être fusillé. Grâce au bon vouloir d'un soldat républicain, il trouva le moyen d'écrire et de faire passer à sa mère la lettre suivante :

A Vannes, le 31 juillet 1795.

« C'est maintenant plus que jamais, ma tendre mère, mes chers parents, qu'il faut du courage et de la résignation. Lorsque vous recevrez ma lettre, j'aurai déjà comparu au trône de l'Eternel, j'aurai déjà reçu ma sentence de la part de ce Juge redoutable devant qui tout l'univers n'est que comme un grain de sable, et tous les changements qui s'y opèrent, que comme des jeux d'enfants. J'espère cependant trouver en lui un père tendre, qui ne me jugera pas selon mes iniquités, mais selon son infinie miséricorde et d'après les mérites de son cher Fils. C'est la seule espérance qui doit animer un chrétien pendant qu'il existe encore dans ce monde corruptible ; c'est ce qui me soutient dans ce moment et ce qui fait toute ma force et ma consolation. Il est inutile de vous apprendre le désastre qu'a éprouvé notre petite armée dans la presqu'île de Quiberon. Je suis du nombre des émigrés qui ont été pris. On a établi des commissions militaires pour nous juger selon la loi, et vous savez qu'elle proscrit tous les émigrés pris les armes à la main.

« Regardons avec les yeux de la foi cet événement, qui, comme tous les autres, est soumis à la volonté du Très-Haut et dans l'ordre de sa Providence, mettons toute notre confiance dans cette Providence divine, qui n'ordonne et ne permet rien que pour notre avantage spirituel, lorsque nous ne mettons pas d'obstacles aux saintes inspirations de la grâce.

« Ce ne sont point des larmes que je vous demande, ma bonne mère, mes chers parents, ce sont des prières. Pardonnez-moi les fautes que j'ai pu commettre contre vous par mes scandales.

Pardonnez-moi toutes les erreurs de jeunesse, qui ont pu me faire oublier ce que je devais à mon Dieu, à mes parents, à mes amis, à mon prochain, à moi-même. C'est à mon dernier moment que je vous demande ce pardon généreux des offenses. Tendre mère, je ne vous ai donné que des peines depuis le premier moment de mon existence jusqu'à celui-ci. Hélas ! pardonnez-les-moi. Ne vous en ressouvenez que pour penser à la demande de votre fils, qui n'attend de vous que des prières.

Je vous embrasse, ma douce mère, j'embrasse mes frères et sœur, tous mes parents et amis ; j'invoque le secours de leurs prières. O mes frères, ô ma sœur, recevez les conseils que peut vous donner un frère qui vous aime, qui vous a toujours aimés et qui désirerait se consacrer tout entier à votre bonheur. Soyez toujours unis, parfaitement unis ; mais que votre union soit resserrée par la religion. Croyez en votre frère dans ce moment, où le monde ne lui est plus qu'un chaos affreux, où tout s'évanouit sous ses pas, où il ne lui reste rien que la religion. C'est ce qui vous soutiendra contre les vicissitudes de la vie, qui vous consolera dans vos afflictions, qui vous conduira à ce terme heureux où doivent tendre tous nos désirs, et nous réunira un jour dans le sein de Dieu. C'est l'unique souhait que je fais pour vous. Obéissez à notre bonne mère, aimez-la, respectez-la toujours, tâchez par vos soins de suppléer à ceux que je lui devais et que j'aurais désiré lui rendre.

Adieu, ma bonne mère. Priez pour moi, et ne pensez à notre séparation que pour bénir la Providence et la prier d'avoir pitié de

Votre très-soumis fils,
BEAULAVON.

Fortifié par les secours de la religion que lui administra un prêtre catholique, condamné comme lui à mourir sous les balles républicaines, M. Beaulavon marcha tranquillement vers le lieu du supplice. Ce lieu était la promenade publique appelée la Garenne. Arrivé au lieu de l'exécution, il se mit à genoux, et offrit à Dieu le sacrifice de sa vie. La mort vint presque aussitôt l'atteindre. Son nom est le cinquante-deuxième sur le mausolée élevé en l'honneur des membres de cette expédition, fusillés à Vannes ou au *champ des martyrs* d'Auray, au nombre de plus de neuf cents.

FIN DU TOME TROISIÈME ET DERNIER.

TABLE ALPHABÉTIQUE

EXPLICATION DES SIGNES ET DES ABRÉVIATIONS. — Les chiffres romains I, II et III, indiquent le tome auquel on est prié de se reporter. Les autres chiffres romains ou arabes indiquent la page du volume. La lettre r. est l'abrégé du mot *religieux* ; pr. l'abrégé du mot *prêtre* ; v. l'abrégé du mot *vicaire* ; c. l'abrégé du mot *curé* ; ch. l'abrégé du mot *chanoine* ; par. l'abrégé du mot *paroisse* ; dioc. l'abrégé du mot *diocèse* ; anc. l'abrégé du mot *ancien*.

Alençon (ville), I, XIII, XVI, XXII, XXIV, XXVII, XXXIV, XXXVII, XXXVIII, XLIII, XLVII, XLIX, LIII, LIV, LVI, LXIV, LXV, LXXVI, LXXIX, LXXXV, LXXXVIII, 82, 83, 132, 178 ; II, 7, 30, 65, 103, 118, 132, 143 ; III, 37, 41, 54, 58, 60, 66, 87, 186, 190, 193, 196, 218, 221.
Allain (Michel), trappiste, II, 17.
Anceaume (Pierre), c. de S.-Georges-d'A. II, 17, 128 ; III, 193.
Anquetin (Charlotte Villette, Mme); de Laigle, II, 171.
Appert (Pierre), v. de Tessé-le-F. II, 42.
Argentan (ville), I, XVI, XXXIX, LV, LXXXV, 6, 30, 82, 132 ; II, 28, 114, 168 ; III, 54, 114.
Argentré (Mgr J.-B. d'), I, VII, VIII, XI, XII, XIII, XVI, XXVI, XXXIX, XCI, 85 ; II, 99, 251, 265, 268, 279 ; III, 34, 36, 113, 201.
Auguste (Louis-A.), pr. d'Exmes, III, 60.
Auvray (Louis), pr. de Tinchebray, II, 17.
Avcroie, c. d'Origny-le-R., III, 88.
Azire-Beaumont, pr. de Bivilliers, II, 17.
Ballon (Jean), de la Selle-la-F., II, 234.
Baloche (Jean, v. de S.-Roch-s.-E., I, LXXVIII ; III, 210.
Baudet (Pierre), pr. de Passais, III, 87.

Baudoire (Jacques), pr. d'Alençon, I, LXXVII ; III, 210.
Bayeux (diocèse), I, 17, 27, 70, 163 ; II, 35, 40, 17, 132, 150, 151, 153, 195, 218, 234, 243 ; III, 45, 51, 54, 102, 107, 108, 113, 116, 122, 125, 126, 127, 129, 130, 140, 144, 166.
Beaudoin (Jean), r. du Val-Dieu, III, 88.
Beaufils (Jean), pr. de Longny, III, 67.
Beaulavon, de Séez, III, 291.
Bellême (ville), I, 8, 170 ; II, 34 ; III, 210.
Beraud-Duperron, I, 12.
Berthout (Jean), pr. de S.-Cornier, I, 163.
Besniard (Jean), ch. de Carrouges, II, 17, 103.
Bessin (Jacques-G.), c. de S.-Michel-de-S., I, 144, 174.
Binet (Michel), pr. de Magny-le-D., III, 60.
Blanche, pr. de Mortagne, I, 67 ; III, 35.
Bonhomme (François), pr. de Banvou, III, 37.
Bonvoisin, pr. du Masle, III, 88.
Bonvoust (Charles), bénédictin, III, 58, 75.
Boschet (Pierre), pr. de Séez, III, 75, 86.
uiller (François), pr. de Ste-Gauburge, III, 74, 75,

Boulard, (Noël-Jos.), c. de S.-Fulgent, III, 36.
Bourdon (Jean), capucin de Séez, II, 110.
Bourdon (Nicolas), prémontré, de Séez, III, 37.
Bourret (Antoine), trappiste, II, 195.
Boutheiller (Nicolas), pr. de Glos-la-F., III, 88.
Bouvet, notaire à S.-Roch-s.-E., III, 115.
Bouvier (Gilles), c. de Bivilliers, II, 39.
Brard (Cyprien), c. de S.-Aquilin, II, 171.
Brard (Noël-Fr.), c. de Champs, II, 17.
Brétault (Pierre), pr. d'Alençon, III, 66.
Breust (Pierre), v. de Ciral, I, XLVIII ; II, 17.
Broussin (Pierre), c. de Vingthanaps, II, 17.
Brunel (dom Gervais), prieur de la Trappe, II, 96.
Bunout (Jean), v. de Chênedouit, III, 116.
Caen (ville), I, LXVII, 17, 70 ; II, 76, 213, 228 ; III, 126, 165.
Calbry (Jacques), v. de Radon, II, 195.
Carret (Charles), dominicain, III, 68.
Carrouges (par.), II, 17, 76, 78, 103, 139; III, 47.
Chalaux (Franç), c. de la Ferté-M., II, 17; III, 59, 75, 187.
Chantel (Matthieu), II, 17, 44.
Chanu (Jean), d. de Tinchebray, III, 150.
Chapdelaine (Julien), pr. de Septforges, III, 88.
Chartres (ville et dioc.), II, 16, 34, 35, 41, 65, 82, 12 ; III, 77, 83, 86, 87, 88, 189, 204.
Chatel (Jean), pr. de Vitrai, III, 59.
Chauvière (Pierre), ch. à Carrouges, II, 17.
Chevalier (François), c. de la Bellière, II, 17.
Clogenson (Jacques), pr. d'Alençon, II, 17; III, 60.
Collas du Longchamp (Jacques), pr. de Vimoutiers, II, 116.
Collet (Jean), anc. c. de Trémont, II, 17, 71.

Collet, pr. de Montsecret, III, 129.
Collin (Thomas), v. d'Avrilly, II, 169.
Courveaulle (Michel), anc. c. de Montsort, III, 37, 41.
Crosnier (Pierre-Ch.), curé de la Place, à Séez, II, 57, 111, 180.
Crouillère (la famille), de Séez, II, 207.
Cusson (Julien-J.), pr. de Gandelein, III, 88.
Daupley-Bonneval (Pierrre-J.), ch. de Mortagne, II, 39 ; III, 160.
David (André), c. de St-Pierre-de-Séez, III, 3.
Delafosse (la famille), I, 163.
Delaunay (Pierre), v. de Faverolles, II, 18, 78.
Delaunay (N.), c. de Larchamp, II, 10.
Delaunay (N.), v. de Flers, II, 168 ; III, 110.
Deschamps-Lafosse (Louis-Fr.), c. d'Echauffour, III, 87, 200.
Deshayes (Charles), pr. de Rémalard, II, 235.
Deslandes (François), pr. de St-Brice, II, 40.
Desnoyers (Jacqueline), d'Ecorches, II, 233.
Desvaux (Guillaume), c. de Nocé, III, 87.
Domfront (ville), I, XVI, XXXVIII, 17, 122, 127; II, 40, 44, 48, 54, 123, 124, 161, 169 ; III, 52, 89, 104, 110, 126, 127, 129, 130, 131, 133, 136, 175, 178, 207.
Duboulay (Jacques), pr. de la Ferrière-au-D. III, 87.
Dubrac, d'Argentan, I, XXXIX.
Dufay (Georges), pr. de Lonlay-l'Ab., II, 14.
Dufay (N.), v. de Landisacq, II, 243.
Dufriche des Genettes (Pierre), c. de Fleurey, III, 7.
Dujonquoi (Michel), trappiste, II, 108.
Dumont (Jean-B.), pr. de St-Quentin-de-Ch., III, 125.
Dumoulinet-Hardemard, pr. d'Alençon, I, LXXVII ; II, 18, 111, 210,

Duplain (Etienne), v. de Chémiré-le-G. II, 18, 118, 128.
Dupont (Michel), c. de Cérisy-B-E., II, 18.
Duret (Alexandre), c. d'Occagnes, II, 18.
Duval (François), c. d'Avernes. II, 18.
Ecouché (par.), II, 27; III, 48, 64, 151.
Esnault (Jean-Bapt.), chartreux du Val-Dieu, II, 121.
Estrange (Louis-Henri de l'), trappiste, II, 99.
Evreux (dioc.), I, 143, 174; II, 61, 171, 235; III, 3, 60.
Exmes (ville), II, 44; III, 45, 60.
Falaise (ville), II, 215; III, 47, 102, 126.
Fauchet, év. const. du Calvados, I, LV; III, 133.
Faucillon (Jacques), c. de Montreuil-e-H., III, 87.
Ferrey (Bonaventure), c. const. de S.-Denis-s.-S, II, 208.
Ferté-Macé (ville), I, LXXX; II, 17, 25, 224; III, 59, 75, 187.
Fessier, év. const. de l'Orne, I, XIV, XVI, XIX, XXIV, XLII, LVII, LVIII, LXIX, CII, 82, 85; III, 4, 14, 23, 33, 48, 185, 260, 271.
Flers (ville), II, 10, 152, 157, 168, 171, 253; III, 107, 108.
Fleury (Pierre), de Lonlay-l'Ab., II, 7.
Fontaine (Joseph), pr. de Mantilly, I, LXXVIII.
Fontaine (Philippe), trappiste, II, 39.
François (Gabriel-Sébastien), c. du Mage, I, IX, XXXIX.
Frémont (Pierre), v. de Caligny, II, 18.
Gacé (par.), I, 149, 184.
Gadeau (Sébastien), de Rémalard.
Gallery (Louis), c. de la Baroche-s-L., I, 107, 172.
Garnier, p. de Falaise, III, 126.
Garnier (Jean-Jacques), c. de Ménil-Ciboult, III, 204.
Garnier (de Saintes), répres. du peuple, I, LIII, LVII; II, 143.
Gaultier (Louis), anc. c. de Montgaudry, II, 79.

Géhan-Deslandes (Pierre), de Flers, III, 107.
Gélée (Charles), capucin de Mortrée, I, LXXVII.
Gerard (Louis), jésuite, III, 48, 260.
Germond (Noël), c. de Ste. Eugénie, II, 18; III, 60.
Godard (Alexandre), pr. d'Argentan, II, 114.
Godechal (Laurent), c. d'Almenêches, III, 216.
Godefroi (Nicolas), c. de S.-Patern, II, 18, 47.
Gosselin (Gilles), c. de Barges, III, 45.
Gosselin (Jean-B.), pr. de Dromfront, II, 54.
Gourdel (François), c. de Bazoches-e-H., III, 47.
Grimbert (Pierre), pr. de Durcet, II, 55.
Guays (Jacques), c. d'Olivet, II, 80.
Guérin (Marin), pr. de St-Martin-l'Aig. III, 75, 87.
Guérin du Rocher (Pierre), jésuite, I, 70.
Guérin du Rocher (Robert), jésuite, I, 76.
Guesdon des Acres (Marie), de Falaise, II, 215.
Guillaumet (Jean), c. d'Avernes-s-E., II, 44.
Guillemard (Julien), pr. de la Sauvagère, III, 88.
Guillorau (Simon), v. de S.-Remy-d-P., II, 18, 128.
Hairie (Jean), pr. de Loré, III, 132.
Hamel (Jean), pr. de Tinchebray, II, 18; III, 59, 75.
Hébert (François), eudiste, I, XXIX, 17.
Hébert (Marin), c. de Segrie-Font. III, 61.
Hébert (Philippe). c. de St-Aubin-d'Ap. II, 53.
Hébert, (Philippe-A.), d'Ecorches, II, 54; III, 61.
Hervieux (Julien), pr. de Domfront, III, 89.
Hignard (Jean), c. de Saint-Aignan-s-S., III, 221.

Hoche (Louis de la), c. de S. André-de-M. I, xlvii ; III, 126.
Hochet (François), pr. de S.-Front. II, 18 ; III, 75.
Houyel de Lalande (Pierre), c. de la Motte-F., II, 239.
Houvet de la Huberdière (Louis), pr., II, 5.
Hubert (Pierre), d'Alençon, I, lxii; II, 103, 136.
Huet (Pierre), c. de Flers, III ; 107, 253.
Hurel (Pierre), pr. de Tinchebray, II, 18.
Jourdan (Charles), eudiste, II, 18.
Jourdan (François), c. de Ciral, II, 18.
Julienne (Jean-B.), pr. de Vaudeloges, III, 113.
Juvigny-s-And. (par.), I, 2 ; II, 126 ; III, 133.
Lacroix (Julien), c. de S.-Longis, II, 18.
Laforge (Jean-Louis), c. de Bellou-e-H., III, 246.
Lafosse (Louis) V. Deschamps-Lafosse.
Laigle (ville), I, xvi, xli, lv, 143, 174 ; II, 97, 164, 171 ; III, 197.
Lallier (François), s-d. de la Haute-Chapelle, II, 18.
Lampérière (Jean), pr., III, 71, 75, 76, 87.
Lamy (Antoine), pr. du Plantis, III, 88.
Lange (Charles), de Mortagne, III, 210.
Laruelle (Louis), de Guépré, I, lxii ; III, 103.
Latouche (Mme de), II, 141.
Lavie (Charles), pr. de Séez, III, 60.
Lebossé (Jean), c. de Passais, III, 220.
Lebreton, anc. trappiste, I, 25.
Lechapelain (Jean), c. de St-Sauveur-de-C., I, lxxviii ; III, 210.
Le Chevrel (Jean-B.), pr. de la Lande-P., II, 150.
Le Chevrel (Louis), c. de Préd'Auge, III, 126.
Leclencher (Charles), pr. de Séez, III, 54.
Leclerc, c. de la Cambe, I, ix, xxxix.
Lecomte (Jacques), pr. de Séez, III, 60.
Lecoconnier (Pierre), de S.-Patrice, I, lxxviii.

Ledoyen (Jean), c. de Condé-le-B., III, 87.
Ledoyen (Louis), c. de Macé, II, 18.
Lefrançois des Tourailles (Pierre), v. gén. III, 151, 276.
Lefrère, c. des Rotours, I, xxx.
Legallois (Julien), c. de Couterne, III, 224.
Legoux (Pierre), pr. de Damemarie, III, 59, 75.
Legrand (Rose), de S.-Hilaire-s-R., II, 172.
Legros (Charles), trappiste, III. 70. 73.
Lelandais (Remy), v. de Couterne, II, 126.
Lélièvre (gabriel)., v. de S.-Remy, I, 153, 184.
Lemaître (François), v. de Crulai, II, 171.
Leménager (Michel), pr. de Magny-le-D., I, xl.
Lemeunier (Jacques), v. de Mortagne, I, 65.
Lepelletier, procureur général, I, xii, xiv, xxii, xxiv, xxviii, xliii, 109 ; III, 8.
Lepage (René), pr. de Domfront, II, 18.
Leperché (Guillaume), capucin, III, 87.
Lepetit, de S.-Quentin-des-Ch., III, 125.
Lepoivre (Jean), de Brétoncelles, III, 87.
Le Saulx (Pierre), pr., III, 102.
Le Saulx (Joseph), pr., I, lxii.
Lesueur (Louis), c. de Pointel, I, lxxviii.
Letirand (Guillaume), pr., II, 18.
Letourneur (Jacques), de Laigle, I, lxii ; II, 172.
Letourneur (Julien), pr. de Champsecret, II, 242.
Letourneur (de la Manche), réprés. I, xlix, lii.
Levain (Jerôme), c. de Valframbert, III, 60.
Levêque (Joseph), pr. de S.-Brice, II, 48.
Levesque, pr. de Moulicent, III, 87.
Ligotière, c. de Mauves, III, 88.
Lioust (Pierre), de S.-Hélier-l-B., I, xlviii.

Loiseau (Jacques), c. d'Orgères, II, 51.
Loiseau (Marie Gabriel), v. de Saint-Patern, I, 150.
Loublier (Marin), c. de Condé-s-S.,I, 81.
Louée (Georges), c. de Congey, II, 8.
Louis XVI, I, IV, VXVIII, XXIX, XXXII, 23.
Magne (Charles), pr. d'Alençon, II, 18, 111, 185.
Magnier (Nicolas), s. prieur de la Trappe, III, 68.
Maignan (François), pr. d'Alençon, II, 18.
Maillard (Louis), pr. de Baulandais, II, 121.
Malherbe (Pierre), pr. de la Lande-P., III, 130.
Mallet (Louis), c. de Saint-Hilaire-s.-E., II, 39.
Mans (dioc.), I, XIV, XXIX, XLIX, LIII, LXII. 2, 107, 152, 163, 185 ; II, 2, 7, 14, 19, 40, 42, 44, 47, 48, 51, 54, 74, 80, 118, 121, 241, 242; III, 14, 36, 52, 88, 89, 10 6, 113, 115, 132, 138.
Marchand (Ambroise), c. de Larré, II, 18, 129.
Marre, v. de Mortagne, I, XLI, 67; III, 35.
Martin (Etienne), v. de Saint-Denis-s-S., I, 150, 185.
Martin (Pierre), c. du Chalenge, I, 149, 185.
Mary (Pierre), pr. d'Alençon, II, 18.
Mary (Pierre Nicolas), capucin d'Alençon, II, 18.
Mary (Réné Jacques), capucin de Séez, II, 135.
Masson (Jean), pr. de Séez, III, 60.
Mérieux (Gervais), capucin, I, LXXVII ; II, 18.
Millet (Gaspard de), de la Chapelle-Moche, I, 2.
Millet (Jean René de), c. de Madré, II, 2.
Moissy (Jean), capucin, de Saint-Pierre-du-R., III, 49.
Mondet (Louis), c. de Saint-Jean-de-B., III, 126, 165.
Morandière, sacristain, III, 160.

Morel (Jacques), de Saint-Sulpice-s-R., II, 172.
Mortagne (ville), I, XVI, XLIV, XLV, 65 ; II, 18, 97 ; III, 73, 74, 210, 224.
Mortrée (par), I, LXXVII, 81.
Moulin (Guillaume), pr. de Saint-Jean-de-B., III, 340.
Moutiers (Matthieu), c. de Surdon, I, 163.
Onfray (Julien), chapelain des Genettes, III, 45.
Paillard (Toussaint), ch. de Mortagne, II, 18.
Passais (par), III, 87, 89, 220.
Pathou (Jean), c. d'Habloville II, 7.
Pépin (Charles), pr. de Domfront, III, 136.
Périer (Antoine), de Champosou, I, XXII.
Perrault (Jérôme), c. de Ménil-Scel, II, 131.
Perrault (Léonard), anc. c. de Ménil-Scel, II, 10.
Petitbon, pr. de Bellême, III, 75.
Pichard (François), pr. de la Sauvagère, III, 88.
Pie VI (le saint Pape), I, IX, XIX, LXXIII, LXXXIX; III, 228.
Pigeon (Pierre), c. de Saint-Pierre-du-R., II, 2.
Pillu (Nicolas), v. à Autheuil, III, 143.
Pineau (François), pr. de Ceton, III, 37.
Pique (Jean), v. de Saint-Quentin-des-Ch., II, 5.
Poirier (Claude), v. de Saint-Germain-d-l-C., III, 75.
Pollard (Louis), pr. de Colombiers, II, 18, 128.
Poret (Pierre R. N.), c. de Boitron, II. 27.
Portail (François-Ch. du), pr. de Bellême, I, 9, 170.
Pôtel (Jean), c. d'Avenelles, II, 19.
Prod'homme, pr. de Séez, I, LXII ; III, 191.
Provost (Joseph), président du tribunal criminel de l'Orne, I, LIII, LXIV, LXXVII, LXXX, 30, 42 ; II, 136, 143, 191, 209; III, 55.
Prud'homme (Joseph), trappiste, II, 170.

Putanges (Par.), I, LXXXVII, 3.
Quillet d'Aubigny, v. gén., II, 240.
Ragaine (François), pr., II, 19.
Ragaine (Jean), de la Ferrière-B., II, 18.
Raimbault, c. constitut. de Bellou, III, 88.
Ravaux (J.-B.), de Bellême, III, 59, 75.
Riblier (Jacques), v. de St-Martin-l'Aig., II, 213.
Riblier (Pierre), instituteur à Chênedouit, III, 146.
Richer, c. de Pertheville, III, 126.
Richy (Eloi), trappiste, II, 113.
Rivière (Jean), v. de S.-Georges-de-R., III, 138.
Robbeville, v. de Cigné, I, XXIX.
Robine (François), c. de la Fresnaie-a-S., III, 59, 75.
Rocher (Jean), c. de Magny-l-D., II, 74.
Roger (Jacques), c. de Trun, II, 76.
Roger (Pierre), c. de S.-Maurice-s-H., II, 39.
Rollet (Thierry), c. d'Autheuil, II, 112.
Rosé (Charles-Et.), pr. de Ticheville, I, LXII ; II, 125 ; III, 75, 196.
Rossignol, (Pierre), pr. de Vimoutiers, III, 59.
Rouen (diocèse), II, 110, 112, 115, 116 ; III, 68.
Rousseau (Pierre), pr. d'Alençon, III, 88.
Roussel (Charles), pr. de Domfront, II, 18; III, 52.
Roussel (Julien), de Domfront, III, 207.
Saint-Aignan (François de), v. de S.-Ouen-de-Séez, II, 228.
Saint-Martin (François de), c. de Ménil-glaise, I, 167.
Saint-Martin (Guillaume de), v. de Marcé, I, 3.
Saint-Martin (Pierre), c. de Rosnai, I, 29.
Savary (François), c. de Courgeon, II, 39.

Sebire (Pierre), pr. de Flers, III, 144.
Séez (ville), I, XII, XVI, XVIII, XLII, XLIV, LV, LVIII, LXII, LIX, 153, 163 ; II, 11, 110, 135, 206, 228, 240 ; III, 3, 37, 54, 60, 75, 86, 151, 180, 191, 276, 291.
Tablet (Jacques), c. de la Lande-P., III, 108.
Tabouret (Nicolas), c. de Necy. II, 19, 49.
Thibault (Jacques), c. de Ste Marg.-de-Carrouges, II, 19, 139.
Thiboult (Jean-Jacques de), c. de Ste-Céronne, III, 49.
Tison (Julien), c. de Feings, II, 39 ; III, 77.
Tinchebray (ville), II, 17, 18 ; III, 45, 59, 75, 126, 127, 130, 165, 174.
Thuault (Pierre), bénédictin, I, LXXVIII.
Trappe (l'abbaye de la), I, XV, 25 ; II, 17, 39, 96, 108, 113, 170, 195 ; III, 68, 70.
Trun (par.), II, 76.
Valframbert (Charles), capucin d'Alençon, I, 132, 178.
Valframbert (Mathurin), c. de Coulonges-s-S., II, 19 ; III, 60.
Vallée (Guillaume), c. de S.-Quentin-d-Ch., III, 126.
Vallet (Pierre), pr. de Bonneval, III, 60.
Vanier (Catherine), d'Alençon, I, LXII ; II, 127.
Vaudoré (Guillaume), pr. de Serans, III, 59.
Vaugeois (Jean), d. de Lonlay-l'Ab, III, 106.
Vaultier (Jacques), c. de Fresnes, II, 19.
Verdrie (Pierre), v. de Rezenlieu, I, 165.
Villeroy (Guillaume), v. gén., III, 158, 159, 160.
Vimoutiers (ville), I, XXII, 17, 129 ; II, 116 ; III, 59.

TABLE DES MATIÈRES

LIVRE TROISIÈME.

LES MARTYRS DU DIOCÈSE DE SÉEZ, SOUS LE DIRECTOIRE.

                                                                            Pages.

CHAPITRE PREMIER. — Prêtres morts en exil : MM. André-Martin David, curé de Saint-Pierre-de-Séez ; — Pierre-Jacques-François Dufriche des Genettes, curé de Fleurey ; — Noël-Joseph Boulard, curé de Saint-Fulgent-des-Ormes ; — Jacques-Julien Onfray, chapelain des Genettes ; — Gilles Gosselin, curé de Barges ; — Michel-Jean-François Gourdel, curé de Bazoches-en-Houlme ; — Henri-Louis Gérard, curé de Méheudin ; — Jean-Jacques de Thiboult, curé de Sainte-Céronne ; — Jean-Baptiste Moissy, capucin de Saint-Pierre-du-Regard... 2

CHAPITRE II. — Prêtres morts dans les prisons de la république : MM. Charles-Julien Roussel, de Domfront ; — Charles-Guillaume Leclencher, de Séez ; — Charles-Jean Bonvoust, religieux bénédictin, d'Alençon... 51

CHAPITRE III. — Prêtres déportés à la Guyane : MM. Pierre Brétault, d'Alençon ; — Joseph-Charles Carret, de Lacourbe ; — François-Nicolas Magnier, sous-prieur de la Trappe.. 61

CHAPITRE IV. — Prêtres déportés aux îles de Ré et d'Oléron : MM. Claude-Alexandre Legros, trappiste ; — Julien Tison, curé de Feings............ 70

CHAPITRE V. — Prêtres condamnés à mort par les tribunaux militaires : MM. Julien Hervieux, de Domfront ; — Paul-Christophe Le Saulx, de Falaise.. 89

CHAPITRE VI. — Prêtres et laïques fusillés par les colonnes mobiles : MM. Jean-Julien Vaugeois, diacre, de Lonlay-l'Abbaye ; — Pierre-Charles-Augustin Géhan-Deslandes, séminariste, de Flers ; — Jacques Tablet, curé de la Lande-Patry ; — Jean-Baptiste Julienne, prêtre de Vaudeloges ; — N. Bouvet, notaire à Saint-Roch-sur-Egrenne ; — Jean Bunout, vicaire de Chênedouit ; — N. Lepetit, ordinand de Saint-Quentin-des-Chardonnets ; — Jean-Baptiste Dumont, curé de Cambremer ; — Guillaume Vallée, curé de Saint-Quentin-des-Chardonnets ; — N. Collet, prêtre de Montsecret ; —

302 TABLE DES MATIÈRES.

Pages.

Jean Chanu, diacre de Tinchebray ; — Pierre Malherbe, prêtre, de la Lande-Patry ; — Jean Hairie, prêtre à Brétignolles ; — Charles Pépin, prêtre de Domfront ; — Jean Rivière, vicaire de Saint-Georges-de-Rouellé ; — Guillaume Moulin, prêtre de Saint-Jean-des-Bois........................... 104

CHAPITRE VII. — Prêtres et laïques morts de misère ou victimes des mauvais traitements des persécuteurs : MM. Nicolas Pillu, vicaire d'Autheuil ; — Pierre Sébire, prêtre habitué à Flers ; — Pierre Riblier, maître d'école à Chênedouit ; — Pierre Lefrançois des Tourailles, vicaire-général ; — Louis Mondet, curé de Saint-Jean-des-Bois ; — Pierre-Charles Crosnier, curé de N.-D. de la Place à Séez... 143

SUPPLÉMENT..

Notices sur quelques confesseurs de la foi qui ont survécu à la révolution : Michel-Charles Magne, chapelain de l'Hospice d'Alençon ; — François Chalaux, curé de la Ferté-Macé ; — N. Prod'homme, de Séez ; — Pierre-François Anceaume, curé de Saint-Georges d'Annebecq ; — Charles-Etienne-Théodore Rosé, vicaire de Ticheville ; — Louis-François-Marin Deschamps-Lafosse, curé d'Echaufour ; — Jean-Jacques Garnier, curé de Mênil-Ciboult ; — Julien Roussel, de Domfront ; — Charles-Nicolas Lange, de Mortagne ; Laurent-Charles-François Godéchal, curé d'Almenêches ; — Jean Lebossé, curé de Passais ; — Jean-François Hignard, curé de Saint-Aignan-sur-Sarthe ; — Julien-Jean Legallois, curé de Couterne ; — Jean-Louis Laforge, curé de Bellou ; — Pierre Huet, curé de Flers.................. 185

PIÈCES JUSTIFICATIVES... 259

Bar-le-Duc. — Typographie des CÉLESTINS. — BERTRAND.

www.ingramcontent.com/pod-product-compliance
Lightning Source LLC
Chambersburg PA
CBHW071521160426
43196CB00010B/1605